国家自然科学基金项目（51278417）成果

# 适宜"老有所居"的城市社区居住环境规划与设计

周 典 著

中国建筑工业出版社

**图书在版编目（CIP）数据**

适宜"老有所居"的城市社区居住环境规划与设计／周典著．—北京：中国建筑工业出版社，2016.6
　ISBN 978-7-112-19397-4

　Ⅰ.①适⋯　Ⅱ.①周⋯　Ⅲ.①城市—社区建设—生态环境建设—研究—中国　Ⅳ.①D669.3

中国版本图书馆CIP数据核字（2016）第087083号

本书的研究论证了社区是城市建设适宜"老有所居"居住环境的合理空间单元和社会载体，构建了老龄化社会适宜"老有所居"的城市社区居住环境体系框架，提出了城市社区住宅适应"居家养老"的"终生可居住"的规划设计方法，总结了城市养老居住设施"社区化"、"小型化"和"家庭化"建设的新思路与规划设计方法。

本书可供广大城市规划师、建筑师、城市管理者、高等院校建筑学专业师生等学习参考。

责任编辑：吴宇江
书籍设计：京点制版
责任校对：刘　钰　李美娜

## 适宜"老有所居"的城市社区居住环境规划与设计
周　典　著

\*

中国建筑工业出版社出版、发行（北京西郊百万庄）
各地新华书店、建筑书店经销
北京京点图文设计有限公司制版
北京市密东印刷有限公司印刷

\*

开本：787×1092毫米　1/16　印张：15¼　字数：332千字
2016年9月第一版　2016年9月第一次印刷
定价：39.00元
ISBN 978-7-112-19397-4
　　　（28617）

版权所有　翻印必究
如有印装质量问题，可寄本社退换
（邮政编码　100037）

# 前　言

我国城市的老龄化社会进程正以较快速度向前发展，这俨然已成为倍受关注的社会问题，如何实现"老有所居"也成为每个人都必须面对和思考的问题。伴随老龄化社会进程的加快，科学地规划和建设适宜"老有所居"的城市生活环境，不仅是今后城市发展建设的重要任务，其建设方法研究也成为当前人居环境科学研究领域的重要课题。

从传统"分离"型的"老年人居住环境"到"统合"后的"老龄化社会居住环境"，从以往只考虑空间物理范围的"住区建设"到注重空间社会环境的"社区建设"，其思想理念与规划方法的转变，既是本书对以往我国老年人养老生活环境建设经验反思的结果，也是著者探索未来适宜"老有所居"城市社区居住环境建设方法的研究动因和思想基础。

本书充分利用了城市社区具有承载人与社会发展过程的基础空间这一特性，以物质性的生活空间环境营造和地缘性的社会关系影响两大因素为主线，提出了以城市社区为基础单位来建构老龄化社会的城市居住环境体系。在城市居住环境的规划建设中，尤其是针对老年人的生活行为与社会活动特征，社区比起传统的居住区更具有区域范围的合理性，更重要的是本书注重了社区所具有的社区管理、社区服务等社会职能以及地缘社会关系如何在适宜"老有所居"的城市社区居住环境建设中发挥作用。

本书在对西安市不同类型的城市社区居住环境进行考察和对生活在其中的老年人进行问卷调查的基础上，以适宜"老有所居"的城市社区居住环境为主要研究对象，运用"设计调查"的行为认知与心理分析方法、类型化分析与比较方法，以及城市社会学的城市环境结构分析方法等全面考察社区老年人日常生活行为特征与空间环境的适应性关系。运用定性研究为主，定量研究为辅的方法，以考察资料、统计数据、访谈记录以及问卷分析为基础，基于社区发展理论与家庭生命周期理论的视角，从宏观层面分析了适宜"老有所居"城市社区居住环境体系框架的构成内容与管理体系的作用机制；从中观层面分析了社区服务支撑援护体系的重要作用以及城市社区居住空间的结构调整与指标控制；从微观层面通过对城市社区住宅在家庭生命周期不同阶段居住的适应性分析以及养老居住设施"社区化"的发展趋势，探究了适宜"老有所居"城市社区居住环境的规划与设计方法。

通过本书的研究论证了社区是城市建设适宜"老有所居"居住环境的合理空间单元和社会载体，构建了老龄化社会适宜"老有所居"的城市社区居住环境体系框架，提出了城市社区住宅适应"居家养老"的"终生可居住"的规划设计方法，总结了城市养老居住设施"社区化"、"小型化"和"家庭化"建设的新思路与规划设计方法。

本书以最大限度地满足老年人的养老生活行为需求为目标，积极探索以社区发展建设为基础，人性化、科学化的适宜"老有所居"城市社区居住环境体系的建构以及规划与设计方法，旨在弥补建筑学科运用社区发展理论来研究老龄化社会养老居住问题不足的同时，拓展针对老龄化社会人居环境问题的建筑与社会学科的交叉研究，为今后建设"老有所养、老有所乐、老有所学、老有所为"的城市社区居住环境提供参考依据。

# 目 录

## 1 绪论 ... 1
### 1.1 研究背景 ... 1
1.1.1 跨入不可逆转的老龄化社会 ... 1
1.1.2 国外老龄化社会居住环境建设与研究现状 ... 4
1.1.3 国内老龄化社会居住环境研究现状 ... 9
### 1.2 研究的导向与思路 ... 12
1.2.1 从"老年人"到"老龄化社会"居住环境建设理念的转型 ... 12
1.2.2 从"住区"到"社区"规划与建设方法的转换 ... 15
1.2.3 研究目标 ... 15
1.2.4 研究意义 ... 15
### 1.3 城市社区及其适宜"老有所居"社区居住环境的概念界定 ... 16
1.3.1 城市社区 ... 16
1.3.2 适宜"老有所居"的城市社区居住环境 ... 17
### 1.4 研究框架、方法与技术路线 ... 17
1.4.1 研究框架 ... 17
1.4.2 研究方法 ... 19
1.4.3 技术路线 ... 19

## 2 我国城市养老居住环境建设的历史与现状、问题与发展趋势 ... 21
### 2.1 我国城市养老居住环境的发展建设历程 ... 21
2.1.1 作为社会福利的发展阶段 ... 21
2.1.2 住房制度改革后的发展阶段 ... 23
2.1.3 步入老龄化社会的快速发展阶段 ... 24
### 2.2 养老模式对老年人养老居住环境建设的影响 ... 26
2.2.1 养老模式的发展与变化 ... 26
2.2.2 养老模式与城市社区居住环境建设 ... 28
### 2.3 城市社区养老居住环境建设中的政策与措施 ... 29
2.3.1 "星光计划" ... 29

2.3.2 中国老龄事业发展"十二五"规划 ································ 30
　　　2.3.3 全面推进居家养老服务与宜居社区建设 ·························· 32
　2.4 城市社区养老居住环境建设中存在的问题 ······························· 32
　　　2.4.1 养老居住环境体系建构与统筹规划的缺失 ························ 32
　　　2.4.2 住宅建设与居家养老需求关系的脱节 ···························· 34
　　　2.4.3 养老居住设施与社区居住环境的分离 ···························· 34
　2.5 台湾地区养老居住环境建设综述 ········································· 35
　　　2.5.1 台湾地区的福利体系及住房体系 ·································· 35
　　　2.5.2 台湾地区养老居住建筑的发展 ···································· 36
　　　2.5.3 台湾地区老年人居住建筑的类别 ·································· 37
　2.6 本章小结 ··································································· 39

# 3 我国老年宜居环境的学术研究与设计实践 ································ 41
　3.1 老年宜居环境的学术研究 ················································· 42
　　　3.1.1 养老居住建筑研究 ················································· 44
　　　3.1.2 养老服务设施研究 ················································· 45
　　　3.1.3 养老户外环境研究 ················································· 45
　　　3.1.4 养老发展规划研究 ················································· 46
　3.2 老年宜居环境的设计实践 ················································· 47
　　　3.2.1 养老居住设施设计 ················································· 49
　　　3.2.2 老年文娱活动设施设计 ············································ 49
　　　3.2.3 老年住宅设计 ······················································ 50
　3.3 老年宜居环境的研究评述与展望 ········································· 51
　　　3.3.1 老年宜居环境研究综合评述 ······································· 51
　　　3.3.2 老年宜居环境未来研究展望 ······································· 51
　3.4 本章小结 ··································································· 52

# 4 老龄化社会城市社区居住环境需求与问题分析 ·························· 53
　4.1 调查研究的目的、内容与案例城市 ······································· 53
　　　4.1.1 调查研究的目的 ···················································· 53
　　　4.1.2 调查研究的内容 ···················································· 54
　　　4.1.3 以西安市为案例典型调查的概况 ·································· 54
　4.2 调查研究的对象、方法与实施 ············································ 55
　　　4.2.1 调查研究的对象 ···················································· 55

4.2.2 调查研究的方法 ···································· 56
4.2.3 调查研究的实施 ···································· 60
### 4.3 调查案例分析 ············································· 61
4.3.1 受访老年人的基本状况分析 ···························· 61
4.3.2 城市社区老年人"居家养老"居住生活现状分析 ············ 64
4.3.3 城市社区老年人"居家养老"生活援护现状分析 ············ 69
4.3.4 老年人养老居住生活中社区意识的调查分析 ················ 73
4.3.5 老年人对养老设施居住意愿的调查分析 ·················· 77
4.3.6 社区养老居住设施（空间—行为）利用实态的调查分析 ····· 78
4.3.7 社区养老居住设施使用者的利用需求调查分析 ·············· 86
4.3.8 调查案例综合分析结果 ································ 92
### 4.4 本章小结 ················································ 97

## 5 基于社区发展理论的适宜"老有所居"城市社区居住环境建构 ·········· 98
### 5.1 社区发展理论及其实践 ···································· 99
5.1.1 社区与社区发展 ···································· 99
5.1.2 社区发展的内容及构成关系 ·························· 101
5.1.3 社区发展理论在社区规划中的实践 ···················· 105
### 5.2 社区发展与老龄化社会居住环境建设 ······················· 107
5.2.1 我国城市社区的建设发展历程 ························ 107
5.2.2 城市社区类型与社区发展构成体系的作用关系 ············ 109
5.2.3 基于社区发展理论的老龄化社会居住环境建设 ············ 112
### 5.3 适宜"老有所居"城市社区居住环境体系框架 ················· 114
5.3.1 适宜"老有所居"城市社区居住环境体系框架的内容 ······ 114
5.3.2 社区居住环境的建设管理体系 ························ 117
5.3.3 社区居住环境的支撑援护体系 ························ 118
5.3.4 社区居住环境的居住场所体系 ························ 124
5.3.5 加快养老社会保障制度的建设 ························ 129
5.3.6 社区居住环境的空间规划与建设管理 ·················· 132
### 5.4 老龄化社会城市社区居住空间的规划与指标控制 ·············· 133
5.4.1 社区居住空间的布局规划 ···························· 135
5.4.2 社区居住模式的规划指标控制 ························ 138
### 5.5 本章小结 ··············································· 140

## 6 满足"居家养老"的城市社区住宅规划设计 …… 142

### 6.1 满足"居家养老"的城市社区住宅 …… 142
- 6.1.1 满足"居家养老"城市社区住宅的原则 …… 142
- 6.1.2 满足"居家养老"城市社区住宅的构成方式 …… 144
- 6.1.3 满足"居家养老"城市社区住宅的科学性和重要性 …… 145

### 6.2 城市社区"老年住宅"的适度建设 …… 146
- 6.2.1 "合居型"住宅 …… 146
- 6.2.2 "邻居型"住宅 …… 148
- 6.2.3 "独居型"住宅 …… 149

### 6.3 城市社区"终生可居住型"住宅建设 …… 151
- 6.3.1 "终生可居住型"住宅的概念与标准 …… 151
- 6.3.2 家庭不同阶段居住行为与居住空间的适应关系 …… 152
- 6.3.3 对现有城市住宅进行"适居性"改造 …… 160
- 6.3.4 新建城市住宅的终生可居住设计 …… 163
- 6.3.5 "终生可居住型"住宅的设计导则与设计内容 …… 172

### 6.4 运用保障性住房建设实现养老居住水平改善 …… 175
- 6.4.1 充分发挥保障性住房的引领作用 …… 175
- 6.4.2 老龄化社会保障性住房的建设发展构想 …… 177

### 6.5 本章小结 …… 179

## 7 城市社区养老居住设施的规划设计 …… 181

### 7.1 城市养老居住设施的现状与问题 …… 181
- 7.1.1 收养能力的局限性与设施利用的不均匀性 …… 182
- 7.1.2 地缘社会关系的割裂与设施服务质量的非亲情化 …… 182
- 7.1.3 养老生活内容与形式的异化 …… 183

### 7.2 城市养老居住设施"社区化"建设的意义 …… 183
- 7.2.1 充分利用社区医疗服务网络与"地缘"社会关系 …… 184
- 7.2.2 延续老年人的"家庭"生活方式 …… 184
- 7.2.3 社区资源的合理利用 …… 184

### 7.3 "社区化"养老居住设施的建构方法 …… 185
- 7.3.1 社区养老居住设施的规划方法 …… 185
- 7.3.2 社区养老居住设施的建设策略 …… 195

### 7.4 社区养老居住设施的空间设计 …… 197
- 7.4.1 社区养老居住设施的空间构成 …… 197

  7.4.2 居室空间设计 ········································································ 202
  7.4.3 起居空间设计 ········································································ 206
  7.4.4 厨房和餐厅设计 ···································································· 209
  7.4.5 卫生间、浴室设计 ································································ 211
  7.4.6 辅助空间及援护人员用房设计 ············································· 215
  7.4.7 户外活动场地 ········································································ 216
 7.5 本章小结 ························································································ 216

# 8 结论与展望 ···························································································· 218
 8.1 主要研究结论 ················································································ 218
 8.2 研究展望 ························································································ 220

# 参考文献 ···································································································· 222

# 后记 ············································································································ 233

# 1 绪论

伴随着我国跨入不可逆转的老龄化社会，如何能够科学地规划和建设好适宜"老有所居"的城市人居环境，已成为当前城市规划及建筑学科面临的一个新课题。

传统的将老年人的居住环境从一般城市居民中"分离"出来进行"老年人居住环境"的建设模式已无法适应当今老龄化社会城市人居环境建设的需要。家家有老人，人人会变老，立处新的城市社会发展阶段，我们必须尽快建立起面向"老龄化社会居住环境"的建设发展理念，必须转变仅仅注重物质空间营造的现有住区的规划与设计方法，要密切结合老年人的居住生活特点，充分利用社区所具有的居住环境合理空间单元和社会载体的特性，积极研究和探索适宜"老有所居"的城市社区居住环境体系的科学建构以及社区居住环境的规划与设计方法。

## 1.1 研究背景

第六次全国人口普查数据进一步证明了我国已进入到老龄化社会。人口老龄化，从一定意义上讲是社会文明进步发展的标志，是人的生存环境和生活条件得到改善的集中体现，但同时也给社会的经济保障、医疗保健带来巨大压力，特别是会对今后城市人居环境的建设方式与方法产生重要的影响。

### 1.1.1 跨入不可逆转的老龄化社会

依据现代人口学理论，人口老龄化是指一个国家或地区总人口中老年人口比例相应增长的动态过程。当65岁及以上的老年人口占总人口的比例超过7%，或60岁及以上老年人口占总人口的比例超过10%，则该国家或地区已跨入"老龄化社会"。人口老龄化最早出现在欧美等经济发达国家，到今天已经历了一百多年的发展历史。

瑞典是最早进入老龄化社会的国家，1887年就超过了7%，进入了老龄化社会，到1972年超过14%，进入老年型社会，前后共历时85年。2003年瑞典人口老化指数达到17.17%，发展成为稳定的老龄型社会[1]。

英国也是世界上较早进入老龄化社会的国家，早在20世纪50年英国60岁及以上老年人口在总人口中的比例就已达到15.5%；进入21世纪之后，英国的人口老龄化程度发展迅速，2000年其老龄化水平已达到20.8%，演变成为相对稳定的老龄型社会[2]。

美国是发达国家中生育率最高和人口增长最快的国家之一，人口总数居于世界第三位早在 20 世纪 40 年代美国的人口就已开始老龄化，到 2004 年 65 岁以上老年人口占到总人口的 12.4%[3]，成为经济最发达的老龄化社会国家。

日本人口的老龄化速度目前排在世界第一位，2006 年老年人口占总人口的比例已达到 21%，据统计现在大约每 5 个日本人中就有 1 个老年人[4]。

新加坡是一个城市国家，65 岁及以上老年人口占全部人口的比例在 1999 年超过 7%，进入了老龄化社会，目前正处于快速进入老龄型社会阶段。

老龄化并不是经济发达国家独有的现象，而是整个人类的共同问题。根据 2004 年世界人口数据表显示，全球 65 岁以上人口比重已达到 7%，其中较发达地区为 15%，不发达地区为 5%，亚洲为 6%。虽然目前发展中国家的老年人口比重低于经济发达国家，但如今全世界每年新增的 900 万老龄人口中有 77% 来自发展中国家，据预测到 2015 年，来自发展中国家的新增老龄人口将占到 80% 以上[5]。

中国已发展成为今天世界老年人口最多的国家。从我国历次人口普查中的年龄结构演变过程来看，进一步证明了人口老龄化是中国人口结构转变的必然结果。根据 1964 年第二次人口普查结果显示，当时我国 65 岁及以上老年人口占总人口的比例只有 3.56%，从 20 世纪 60 年代末开始，伴随着医疗卫生水平的提升，全国人口死亡率逐步降低，加之 20 世纪 70 年代计划生育的基本国策开始贯彻执行，全国的生育水平也开始产生了大幅度下降，人口老龄化速度开始不断加快。到 1982 年第三次人口普查、1990 年第四次人口普查和 2000 年第五次人口普查时，中国 65 岁及以上老年人口占总人口的比例已经分别达到了 4.91%、5.57% 和 6.96%。老年人口的数量也在迅猛增加，1964 年 65 岁及以上老年人口只有 2473 万人，到了 1982 年逐步增加到 4950 万人，之后继续保持增长，1990 年达到 6315 万人，2000 年达到 8811 万人，36 年中 65 岁及以上老年人口增长了 3.56 倍[6]。根据国家统计局 2010 年第六次全国人口普查主要数据公报（第 1 号）显示，全国 65 岁及以上人口占总人口的比例已达到 8.87%，总人数已经发展到 11883 万人（图 1-1）。

从年龄结构的类型演变上看，1964 年我国人口年龄结构基本上还属于"年轻型"，1982 年发展到"年轻型"和"成年型"之间，到了 1990 年人口年龄结构已经转变为"成年型"，而 2000 年时则已跨入到了"老年型"。

始于 20 世纪 60 年代中后期的中国人口老龄化过程，是人口结构转型进程中的必然结果。同世界上其他国家的人口结构变化相比，中国的人口老龄化呈现出老年人口基数大，老年人口增长速度快，高龄化趋势明显的特点。

第六次全国人口普查数据显示我国 60 岁及以上人口占到总人口的 13.26%，超过世界老年人口总量的 1/5。根据联合国人口署预测，中国在 21 世纪上半叶将一直是世界老年人口最多的国家，占世界老年人口的 20%[7]。1980～1999 年的 20 年时间里，我国人口年龄结构已基本完成了从"成年型"向"老年型"的转变，而瑞典完成这一过程大约用了 40 年，英国则用了 80 多年时间。近年来我国 80 岁以上高龄老人以年均约 4.7% 的速度增长，明显快于60岁以上老年人口的增长速度。目前80岁以上老年人口达到1300万，约占老年人口总数的9.7%[8]。

"21世纪的中国将是一个不可逆转的老龄社会。"这是全国老龄工作委员会发表的《中国人口老龄化发展趋势预测研究报告》得出的结论。该报告指出，21世纪的中国人口老化趋势可以分成三个阶段：第一阶段（2001~2020年）是中国社会快速老龄化阶段，期间平均每年增加596万老年人口，年均增长率3.28%；第二阶段（2021~2050年）是加速老龄化阶段，平均每年增加620万老年人口，2050年老龄人口将超过4亿；第三阶段（2051~2100年）是稳定的重度老龄化阶段。2051年中国老龄人口达到巅峰的4亿3700万，约为少儿人口的2倍，老龄人口将持续稳定在占总人口的31%左右[9]。

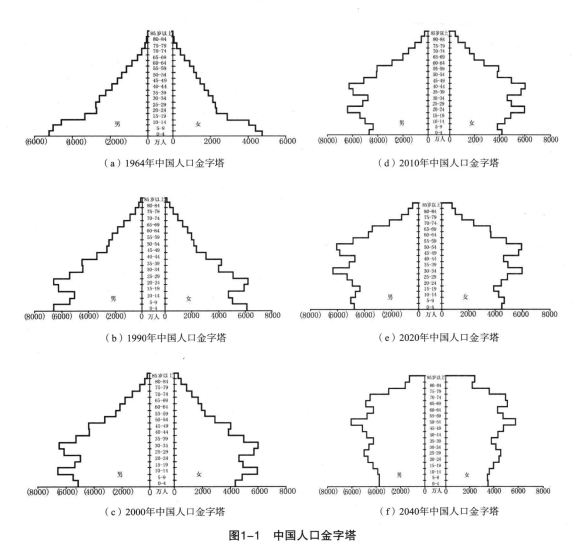

图1-1 中国人口金字塔

资料来源：(a)~(d)4次人口普查，国务院人口普查办公室、国家统计局；(e)~(f)预测数据来源于美国普查局国际项目中心国际数据库（IDB）

与其他老龄化国家不同的是，我国的人口老龄化是在经济发展和社会保障还处于较低水平的环境中出现的，人口老龄化与社会经济发展水平不相适应。西方国家是国先富人后老，在人均GDP达3万元以后才步入老龄化社会。中国却是国未富人先老，人均GDP只有3000元，便较早地步入到老龄化社会[10]。老龄化社会中必然会有大量的老年人处在生理和身体机能上的老化、衰弱和疾病困扰之中，老年人生理和身体机能上的变化也必然会对居住、交通、日常家居生活、医疗帮助、心理援助、公共交往等方面提出新的需求。伴随着老龄化社会进程的发展，我国城市的人居环境建设也必须适应老龄化社会转型的需要。

### 1.1.2 国外老龄化社会居住环境建设与研究现状

人口老龄化最早出现在欧美等经济发达国家，面对日趋严重的老年人养老居住问题，这些国家一方面通过制定和完善福利政策，并采取不断增加经济投入大量建设养老住房的方法加以解决，取得了一定的效果；另一方面有众多学者面对发展过程中所产生的问题开始从养老制度与政策、住宅规划与设计、养老援护与服务等方面开展研究，其研究成果对养老居住环境的建设发挥了重要的指导作用。这些国家在经历了长期的建设与发展之后，形成了各具特色的老龄化社会居住环境建设的成果与经验，为本研究的开展提供了宝贵的借鉴。

1. 英国老年人居住环境建设

英国在老年人居住环境的建设上可以划分为三个主要阶段：第一个阶段是从20世纪60年代中期开始，重点在于发展规模数量，对居住的适应性要求不高。第二个阶段始于20世纪80年代经济高速增长之后，开始由注重数量转向质量，关注解决老年人对居住性能的需求。第三个阶段从2002年开始，由于高龄老人的数量逐年增多，开始强调住宅的居住特性与医疗特性对于老年人养老居住生活的影响。

从20世纪80年代开始，为了让老年人能够继续居住在他们熟悉的环境中，英国开始大量修建继续住宅，与此相配合政府开始加快发展居家照护服务，并且将社会保障资金的重点转向住房补贴[11]。1981年英国公布名为"逐渐老化"（growing older）的白皮书，提出了全新的老年人居住政策，其核心内容是"让老年人独立的居住在他们自己的家里，这就是老人最大的期望"[12]。以这个白皮书的发布为象征，英国开始了照护服务的改革，目标是使继续住宅中的老年人也可以得到所需要的照护服务，并通过《照护标准法2000》的颁布得到强化。

截至2001年在全英国的家庭化居住老年人中，约88.32%的老年人居住在普通住宅中，约2.88%的老年人居住在退休住宅内，约4.80%的老年人居住在各种照护住宅内[13]。

2. 瑞典老年人居住环境建设

20世纪50年代瑞典通过立法规定老年人的社会保障是国家责任，取消了子女的赡养义务。20 世纪 60 年代开始实行社区照顾，70 年代开始建造有照顾功能的住宅。瑞典老年人照护的基本原则是在 20 世纪 80 年代初建立的，其核心内容包括正常化原则、人格尊重原则、整体原则、自决原则、影响与参与原则、适度活动原则。

瑞典是世界上最早推出老年人建筑设计规范的国家之一，1964 年瑞典颁布的《老年人特殊规范》是北欧国家中最早的老人居住建筑规范。瑞典还是世界上最早采纳无障碍设计标准的国家，1977 年颁布的《建筑基准法》是世界上第一部无障碍建筑设计法规。这部法律规定凡是 1977 年后新建或者翻修的住宅建筑都应该符合无障碍设计标准，凡是 3 层以上的住宅建筑都应该安装电梯设备[14]。

1982 年的《社会服务法》提出了"尽可能排除机构化的居住环境，让老人终生居住在自己的住宅，重视社会住宅政策的最终目标"，因此瑞典的老年住房政策开始转向以扶助老年人独立生活为目标，同时尽最大努力满足老年人长期居住在他们熟悉的地方和环境中的意愿[15]。为实现这一目标，瑞典政府采取了一系列措施，如在普通住宅区内建造老年公寓、康复中心，在一般住宅建筑中配套建设老年住宅，免费为老年人进行住房的适老改建，为需要长期护理的老年人配备家庭护理并发放护理补贴，社区派遣家庭服务员定时上门为老年人购物、备餐、整理卧室和处理家务等[16]。

根据 2003 年统计，65 岁及以上老年人中，91.88% 的老年人生活在社区的普通住宅里，8.12% 的老年人居住在专用的老年居住建筑内，共计约 12.5 万人。其中服务住宅占 2.71%，合居住宅占 1.62%，老人之家占 1.84%，护理之家占 1.95%[3]。瑞典老年居住体系的重点在于能够为老年人提供各种适宜的住宅，并为居家养老的老年人提供全方位的社区服务。

瑞典的社会保障、社会福利制度以及老龄化社会居住环境建设所取得的成就，成为今天世界上许多国家发展养老事业学习的对象，瑞典的发展模式及建设经验对我们研究我国"老有所居"的环境建设问题给予了良好的启示及借鉴。

3. 日本老年人居住环境建设

日本是目前世界上老龄化程度最高的国家，受传统文化影响，在宅养老一直是老年人的主要居住模式。20 世纪 80 年代后，日本老年人的家庭居住模式开始发生变化：①传统的多代合居型家庭数量逐年减少；②独代居住的家庭比例在不断上升，其中尤以独居老年人数量发展最快；③在生活上需要照护服务的老年人比例逐年上升，其中尤以失智老年人的数量越来越大，超过需要护理老年人数量的半数以上。

据日本厚生劳动省 2003 年的统计数据显示，约占全国老年人总数 0.73% 的老年人居住在包括私费老人之家、收费老人之家与养护老人之家的照护住宅中，在满足第三类型照护的合居住宅中居住的老年人约占全部老年人总数的 0.15%[17]，约占全部老年人总数 1.40% 的老年人居住在特别养护之家中，1.01% 的老年人居住在保健设施中，此外还有 0.26% 的老年人居住在暂托服务设施中[18]。

1964 年在公营住宅中开始兴建适合有老年人家庭居住的住宅，同时还推出了"与老人同居家庭"优先入住公营住宅的优惠制度，后来这种鼓励与老年人同居的扶持政策被推广到了全部保障性住宅上[19]。

20世纪70年代开始国民福利大幅度提高，日本老年人居住建筑逐渐形成了"多代合居"的住宅体系与"空巢或者独居"的福利体系两种发展模式。《老人保健法》的实施推进了福利体系"去机构化"，政府也开始反思模仿北欧福利国家做法中存在的问题，老年人居住建筑开始转向以原居安老为目标的发展。

1981年公营住宅首次提出"自立老人住宅"的构想，第一次将"高龄化住宅政策"列为建设重点。1989年日本厚生省提出了"十年黄金计划"，大幅度提高了各类老年人福利设施的建设规模。1991年日本建设省为适应高龄化社会的发展，提出住宅应能够满足老年人居住需求，制定出长寿住宅的对应指标，提出住宅设计应满足无障碍标准，建造可供残疾人、老年人方便居住的住宅，并开始对既有住宅进行适老改造。1995年正式颁布了《老龄化社会住宅设计指南》，开始推出"高龄者特护住宅"。这种住宅内部配备有老年人照护需要的各种设备，通过按照ADL分级安排的专用设备以及无线监护仪器，使老年人在照护人员的帮助下可以实现继续居住在原有社区的目的，这项技术在住宅新建项目和改造项目中被广泛利用[20]。日本的住宅体系经过"通用设计"的推广已经形成了"通用住宅"的概念，专门的老年人居住建筑仅仅作为提供参考的标准，因此老年人居住建筑基本上与一般公共住宅没有区别[21]。

养老服务设施在1990年后开始积极推进"住宅化"与"社区化"，在"介护保险"实施后又进一步提出了"生活单位型照护模式"的改革[17]。2002年后在社区内出现了5～9人规模的"组合之家"小型养老设施，2006年开始厚生劳动省将这种融合了住宅与养老设施功能的"组合之家"全面制度化并分散设置在社区中，使之成为居住环境中的一部分。

4. 新加坡老年人居住环境建设

新加坡是一个城市国家，1957年新加坡政府通过了"中央公积金"福利制度，经过40年的发展，该制度逐渐形成集养老、保健、住房和家庭保障等多种功能的综合性社会保障体系。新加坡政府一直把公共住宅建设作为一项最基本的社会福利，早在1964年就宣布了著名的"居者有其屋"计划[22]。

在老年人居住环境的营造方面，住宅的规划建设主要由建屋发展局负责，一方面不断新建老年人居住住宅，另一方面也对既有住宅进行适老改造。新加坡的老年人居住建筑经历了鼓励多代合居、合居与改造并重、有针对性建造三个阶段。在1990年之前的第一个阶段，政府通过强调传统家庭价值观，积极鼓励老年人与子女合居或相邻居住，并在政策上给予一定的帮助。1990年后新加坡老年人居住建筑的建设进入到"合居与改造并重"的第二阶段，在继续鼓励两代合居的基础上，开始为空巢老年人建设"庇护住宅"。从1998年开始新加坡进入到"有目的建造"老年人居住建筑的第三个阶段，该阶段开始实施"乐龄公寓"计划。"乐龄公寓"是在老年人集合住宅的居住面积以及适应老龄化建筑设计两个标准上都有了相应提高的产物，其设计有三个特点：①公寓面积较小；②采用开放式厨房；③尽量减少室内隔断[23]。

5. 国外老年人居住环境的相关研究

从上述国家老龄化社会居住环境的建设历程可以看出，今天的发展现状既是社会、经济与生活环境不断进步与发展的体现，也是众多学者面对发展中出现的问题从养老制度、生活保障、援助服务以及居住方式等方面进行老龄化社会居住环境研究所取得的应用成果。

例如，英国在20世纪60年代通过制定《老年居住建筑分类标准》开始大量建设老年住宅，并将建设重点放在发展的规模与数量上。经过十多年的发展建设，老年住宅开始逐步从注重数量转向居住生活质量，在此期间有大批学者通过研究提出了老年人的养老居住方式应重新回归家庭、发展居家照护服务的养老居住环境发展策略。1980年英国政府调整了建设目标，开始重点发展居家照护服务，提出了全新的老人居住政策[12]。

瑞典养老居住方式中最受欢迎的"合居住宅"就是由"瑞典健康与社会服务规划及合理化研究所（SPRI）"提出的。这个研究所是由中央与地方政府联合兴办成立于1968年，一直是瑞典老年人福利政策的重要制定者与推动者。该研究所早在1977年就开始了"合居住宅"利用试验，到20世纪80年代中期已经在全国展开并在1991年向全国正式推广。"合居住宅"作为瑞典独创的新型养老居住设施后来被推广到北欧、日本等国家。同时瑞典在养老设施的建设上也充分借鉴了相关的研究成果，探索将过去郊区化、大规模、集中设置的社会福利养老设施家庭化、人性化、小规模化[24]；美国在1980年以后把重心放在多种多样老年住宅和老年社区建设上，同时兴建了一系列综合服务设施，为老年人提供全面的安全保障[25]。

在亚洲，日本和新加坡是较早进入老龄化的国家。快速老龄化使得日本政府投入了大量的人力和物力进行老龄化社会居住环境建设对策的研究。有学者对日本建筑学会大会梗概集和建筑计划部分论文集所发表的有关老龄化社会居住环境的论文进行过相关统计，自20世纪80年代开始，老龄化社会居住环境的研究逐步成为建筑计划学科的重点研究领域，1986～2002年的16年间，发表的有关老龄化社会居住环境的论文数量增长了7.5倍，形成了一个研究的高潮时期，研究内容涉及城市住宅、养老设施、居住环境以及援助服务等方面，取得了众多研究成果，为日本老龄化社会居住环境的发展建设起到了重要的指导作用[26]。日本老龄化社会居住环境的发展没有完全照搬欧美经济发达国家的模式，而是把研究的重点放在着力维护和加强传统的家庭养老方式上。研究注重了对老年人在家庭和各类养老设施中养老生活实态的调查[27-29]，1986年的《日本长寿社会对策大纲》提出了在加强在宅养老福利对策的同时兼顾设施养老[30, 31]，在改善和保护传统的家庭养老环境的同时又重视社会养老设施和社区服务网络的建设[32, 33]。在老龄化社会居住环境建设方面提出了"适应终生生活设计"的原则，要求社区规划和住宅建设应确保人们终身居住的安定、安全和安心，研究取得了较好的应用效果[34, 35]。

纵观上述各个国家老龄化社会居住环境的建设发展与科学研究，尽管每个国家的国情不同，社会保障制度不同，解决问题的具体做法也有很大不同，但从他们所取得的建设成就经验来看，其共通之处在于：

1）制定了有关老年人居住环境建设的政策法律

首先，在老年人居住问题上解决较好的国家都制定有一套行之有效的政策体系，这个政策体系涉及国家的多个部门，而非只由单个的政策构成。例如日本除了《高龄居住法》为老年人居住问题而立法外，《老人福祉法》、《高龄社会对策基本法》等多个福利政策也都有与住房相关的条款。英国的劳动和社会保障部制定住房补贴政策，地方政府的相关部门则通过进行审核和执行的方法对补贴政策完成补充及监督作用。

其次，通过有效的法律支持老年人住房政策的实现。发达国家的住房保障制度基本上是以法律形式存在的，并且反映在不同时期的住房法规中。日本、瑞典都有多部法律支撑本国的住房保障制度，不同形式的法律法规在建设住房保障制度方面起了不可替代的作用，为老龄化社会居住环境的建设实施提供了法律支撑。

2）推行了适合老年人居住方式的住宅类型

老年人居住政策执行比较成功的国家都注重推出了适合老年人居住方式的住宅类型。如日本和新加坡就是顺应了文化背景及国情，主推"两代居"的老年人住宅，既考虑到了老年人生活的便利性，又满足了老年人想与子女住在一起的心愿；瑞典的老年人住宅保持了传统民居的形式特点，分为普通住宅、合居住宅、年金者住宅、服务住宅等，为老年人的居住方式提供了多种选择。同时采取了在普通住宅区内建造老年公寓、康复中心，在一般住宅建筑中建设便于老年人居住的辅助住宅，免费为老年人改建住房，使普通住宅变成适于老年人居住的老年住宅；英国按照建筑形式和服务内容为老年人提供了继续住宅、退休住宅、照护住宅和居住性照护住宅等多种类型。近年来为了适应更多老年人愿意在家中接受照护服务的发展趋势，英国政府制定了新的住房计划，要求这些新建住房必须满足老年人无障碍居住，符合老年人居家照护的各种需要，同时还制定了对现有住房进行适老改造的计划。

3）研究成果推动了将老龄化社会居住环境建设重点转向社区

上述各个国家在老龄化社会居住环境的发展建设过程中，政府投入了大量的人力和物力进行科学研究，并且无论在政策的制定、体系的建立还是环境的营造等方面都取得了丰硕的研究成果。例如大批学者通过研究提出了老年人的养老居住方式应重新回归家庭和社区、发展居家照护服务的养老居住环境建设策略；针对社区住宅建设提出了"适应终生生活设计"的原则；社会福利养老设施的建设应当转向家庭化、社区化和小规模化等。特别是 20 世纪 90 年代以后逐渐把老年人养老居住环境的研究与建设重点转移到社区，正是依据了当时的研究成果。

4）注重基础与方法的研究

在老龄化社会居住环境的研究上，与既有的研究方法和内容相比，近年来众多学者更加注重将社会学、经济学、心理学和老年人体工学作为研究的理论基础,强调基础调查在研究中的重要作用。运用社会调查的方式了解老年人的居住现状、养老政策、保障制度等方面存在的问题,把握老年人的养老居住需求;以跟踪观察的调研方式把握老年人的日常生活领域,在养老设施和家庭中的生活样态,研究社区环境、居住空间与老年人生活行为的适应性,并对环境建设、住宅空间改造、居住设施的规划设计提出改良意见。在应对老龄化社会的发展上,一些国家还开始逐步将重点从"养老"问题转向"妨老"问题的研究上。

由于各国的社会经济发展情况不同、历史文化背景和生活习惯的差异,因而所采用的对策也各不相同。他山之石,可以攻玉,近年来各国对社区养老居住环境建设的高度重视以及社会养老设施在规模上的"家庭化"、场所上的"社区化"为本研究的开展提供了良好的借鉴。

### 1.1.3 国内老龄化社会居住环境研究现状

新中国成立后,我国城市养老居住环境的发展建设历程大致可以划分为三个重要阶段,即作为社会福利发展的建设阶段、住房制度改革后的发展建设阶段和步入老龄化社会下的快速发展阶段。而我国养老居住环境相关研究的开展也正是与养老居住环境的发展建设历程紧密关联的。

1. 作为社会福利发展的建设阶段与研究空白期(1949~1979年)

一方面由于当时的养老居住环境建设主要归属在社会福利体系之中,以社会福利院的形式体现,主要照护的对象是"三无"老人且可容纳人数较少;另一方面当时我国城市人口老龄化程度较低并且得益于传统的家庭养老方式,使得这一阶段我国老年人的养老居住问题并不突出。因此这一阶段我国有关养老居住环境建设的科学研究除《建筑学报》发表的一篇"井冈山敬老院"外,可以说还处于空白阶段。

2. 住房制度改革后的发展建设阶段与研究发展期(1980~1999年)

改革开放启动了我国整个社会住房体制的转变。党的十四届三中全会后,住房制度改革取得了重大进展,长期以来实施的住房实物分配制度被停止,取而代之开始实行住房分配的货币化。住房制度的变化促进了城市住房供给能力的提升,使得城市居民的居住环境条件与过去相比有了较大幅度的改善。同时伴随着城市核心家庭数量的增多空巢老年家庭的数量也在不断地增大,一些城市60岁以上老年人口的比重陆续超过10%,城市老年人以及老年人的养老居住问题开始逐步引起社会的关注。在这种社会发展背景下,我国城市养老居住环境建设方法的科学研究与老年学研究同步开始于20世纪80年代。

1982年在奥地利维也纳召开的第一次老龄问题世界大会进一步引发了我国学术界对老龄问题的关注,1990年"国际老年人日"的确定和"世界老人问题宣言"的发表对我国老年人养老事业的发展产生了重要影响,1996年我国正式颁布了"中华人民共和国老年人权益保障法",1999年国家成立了全国老龄工作委员会,老年人养老居住环境的建设正式从国家层面开始启动。伴随着人口老龄化程度的不断增长,老年保障、老年医疗以及养老居住问题成为众多学者的研究热点,相关研究成果也陆续开始在期刊上发表。纵观这一时期发表的研究文献可以看出,一方面由于老年人养老居住问题显现的时间还较短,对产生问题的认识和把握还需要经历一个过程;另一方面针对老年人养老居住的相关建筑设计实践还很少,缺少经验的积累,因此这一时期的老年人建筑研究大多集中在两个方面:①对国外老年人居住建筑发展现状和养老建筑设计案例的介绍;②关于老年住宅、老年公寓以及家庭养老居住方式下两代合居住宅的设计探讨。

从这一阶段的研究内容上看,一些学者通过老年住宅的规划与设计探讨老年人居住环境的建设方法[36-39],提出了老年人与子女采取同住型、邻居型等不同形式的老年人居住方式[40]。通过相关研究总结出我国老年人的居住方式将会从现阶段代表性的两代同住型发展到混合型的居住方式,并且逐步向老年社区、老年公寓等分开型居住方式转变[41]。在城市养老设施研究方面,一些学者认为养老设施的规划须从全市角度考虑设置市一级老年服务设施[42],在居住区中配置为老年人服务的基层公共设施,满足不同老年人需要的多层次、多样化的老年人服务设施系统[41]。在老年人户外活动环境研究方面,一些学者提出要根据老年人在生理、心理、社会三方面对户外环境的特殊需求,建设有助于维持老年人独立生活能力和身心健康的多层次多种类的户外活动环境[43]。在建设上要增强住区室外空间环境的识别性,为机体能力衰退和丧失的老年人提供便利[44]。在城市绿地中应科学设置老年人的活动区域[45]。

从这一阶段的研究手段上看,侧重于文献综述与设计实践介绍的较多,针对问题开展深入调查分析的偏少;对欧美及日本等经济发达国家的经验和方法进行对比性分析研究的较多,结合老龄化理论系统开展老年人居住环境综合研究的较少。

这一时期重要的研究成果有:1992年由东南大学胡仁禄教授主持的国家自然科学基金资助项目"城市老人居住建筑研究";哈尔滨建筑大学常怀生教授组织编写,国家建设部颁布的《老年人建筑设计规范》JGJ 122—99;上海现代设计集团陈华宁总建筑师编写的上海市工程建设规范《养老设施建筑设计标准》DGJ 82—08—2000;中国建筑技术研究院开彦总建筑师撰写的《老年人居住建筑设计导则》;东南大学胡仁禄教授编写的《老年居住环境设计》等。

3. 步入老龄化社会下的快速发展阶段与研究繁荣期(2000年至今)

根据2000年实施的全国第五次人口普查结果,我国60岁以上老年人口的比例已达到10.2%,标志着我国已经步入到老龄化社会。世纪之交制定的《中国老龄事业发展"十五"计划纲要》,2001年起连续3年在全国推行的"社区老年福利服务星光计划"之后又颁布实施了《中国老龄事业发展"十一五"规划》以及《中国老龄事业的发展》,确立了"居家养老"是我国发展老年人养老事业的基本国策。2011年9月在国务院发布的《中国老龄事业发展

"十二五"规划》中,又进一步明确了"构建居家为基础、社区为依托、机构为支撑的社会养老服务体系,创建中国特色的新型养老模式"的发展建设目标。这些政策与措施的实施,极大地推动了我国老年人养老居住环境与条件的建设并取得了较快速度的发展,其成果主要体现在经营方式的多元化、建设规模的扩大化以及养老居住方式的多样化等方面。

与此同时,老年问题的研究也进入到一个新的历史发展阶段。一些社会科学研究者进一步研究了我国老龄人的生活现状、养老制度以及社会保障等问题[46-48],建筑科学研究者则从建筑与城市规划的角度对我国城市养老居住环境开展了广泛深入的研究,研究内容也从单纯的养老居住建筑扩展到养老生活环境构筑的宏观规划、公共设施及服务的配套、室内外空间环境质量的提升以及养老居住环境的设计标准与规范等方面,各类研究成果不断涌现。

在老年住宅研究方面:结合以往的研究成果开展了更加广泛的探讨,提出在大力倡导家庭养老的同时,构建大众化的社会化养老体系,满足不同层次的老年人养老之需[49]。也有学者提出尽管目前我国兴建的老人社区、老人公寓等在居住方式上具有许多优越性,但不会改变以两代同住型为主,分开型为辅的养老居住方式的基本趋势[50]。"在宅养老"模式城市居住环境体系的构筑在解决城市老年人安居养老上具有科学性与合理性,对城市住宅可持续发展建设具有重要意义[51]。一些学者还指出通用住宅在解决中国老年居住问题方面意义深远,为老年人或残疾人与普通人生活在一起提供了可能性[52]。

在老年住区的规划研究方面:一些学者提出了建设独立老人住区的建议,老年住区易于做到设施完善和符合老年人的使用需求,应成为老年人改善居住环境条件的一种选择[53, 54]。老年住区应利用城乡接合带具有适宜休养的良好自然环境进行建设,建成环境易于符合老年人的使用特点和要求[55]。胡仁禄等学者提出应该逐步在功能结构上对现有居住区进行更新与改造,使居住环境能够满足由于家庭结构改变所造成的老年人生理、心理上发生变化的需要[56]。城市居住区的规划和建设应从两方面来进行:①将部分老年住宅融贯在城市居住建筑体系之中进行建设;②应将重点放在做好终生可利用型城市住宅的规划、设计和建设中[51]。

在城市养老设施研究方面:老年公寓、养老院或护理院等不同老年福利设施应将现在单一的集中式管理模式逐步转化为灵活多样的开发、经营和管理方式,使老年人能够根据需要进行多种选择[57]。针对当前城市养老居住设施数量上的严重不足、建设中追求床位数量"规模化"、建设场所"郊区化"所产生的问题,提出城市养老居住设施建设应转向生活形式"家庭化"、设施建设"社区化"的新方向[58]。强调要科学地构筑"在宅养老"模式下的城市社区老年健康保障设施建设,为实现"在宅养老"营造安全、方便的社区居住环境[59]。

在老年人户外活动环境研究方面:应积极营造开放的户外空间,促进老年人与青少年、儿童等不同年龄群体进行活动交往,使老年人保持与社会环境的紧密联系,避免在心理上产生社会隔离感[60]。也有学者基于老年人户外活动的实证调查来把握其切实需求[61],总结城市老年人住宅区的户外空间设计要点[62]。

在既往的研究中，虽然从居住环境的各个方面开展了相关研究，也取得了众多研究成果，但由于对"老年人居住环境"与"老龄化社会居住环境"的概念和意义区分不够，多在住区规划和设计层面上研究老年住宅、老年公寓以及两代同住的居住方式，忽略了目前城市住宅建设所采用的市场化运作模式、多处于中低水平的老年人经济状况等因素的影响，使得研究成果很难在住宅开发建设中落实；另一方面，虽然在一些已有研究中探讨了"老年社区"和"社区养老"，但前者主要是从资源与设施的有效利用和专业管理角度，提出的集中建设大规模老年人居住社区的构想，后者虽然是以"居家养老"为基础提出的社区建设策略，但研究重点却主要停留在如何发展社区养老的服务内容与方式上。由于以往的研究对城市社区以及社区所具有的地缘社会关系在老龄化社会居住环境建设中能够发挥的作用认识不足，未能将社区居民、社区组织、共同意识和物质环境作为一个有机的整体进行系统的规划建设，因此造成研究成果难于在建设实践中发挥出有效的指导作用，主要体现在：

（1）在研究思路上：当研究老年住宅、老年公寓等时，住区仅仅视为一个被动的空间场所，进行规划设计时可操作的界面。而在研究社会养老服务设施（养老院、老年之家、老年活动中心）时，又脱离开住区将城市作为一个建设区域，导致设施建设出现地域分布的不均匀性和郊外化趋势。

（2）在研究方法上：对居住环境现状中应对老龄化社会发展存在的关键问题要素把握的不够准确，未能将城市老年人的安居养老问题与城市社区发展紧密结合起来。传统的家庭养老模式注重的是人的亲缘关系，在老龄化社会下要解决好老年人的安居养老，更重要的是要发挥社区地缘关系的重要作用。

（3）在研究手段上：过去往往只注重将老年人的生活需求放在实体物质空间中加以考察，忽视了社区社会组织网络对老年人居住生活的影响，造成难以准确把握需求的影响因子，切实提高调查结果的信度和效度，影响了研究结论的针对性和有效性。

建设适宜"老有所居"的城市社区居住环境不仅仅是物质空间条件上的改善，更重要的它是一个复杂的社会生活环境的提升。只有全面系统地将老年人的行为表象和行为规律放在社区环境中进行综合的观察、分析和研究，充分利用社区具有的社会资源条件，从社会环境与物质环境问题的多重根源着手进行解析，基于社区发展的丰富内涵建立科学、系统的居住环境建设规划，才有可能真正解决好老龄化社会城市社区居住环境的发展建设问题。

## 1.2 研究的导向与思路

### 1.2.1 从"老年人"到"老龄化社会"居住环境建设理念的转型

"老年人居住环境"，顾名思义笔者将其定义为在城市中以老年人为特定使用对象，为满足老年人养老居住的基本需求而集中建设的居住生活环境。

长期以来，我国城市老年人绝大部分采用的是以"家庭养老"为主的居住生活方式，老年人与子女共同居住，在相互照料中老年人得到精神上的慰藉与经济上的帮助。而一少部分无法实现"家庭养老"而又符合国家赡养条件的孤寡老人则被安置在社会福利院等养老居住设施中，这些由国家建设、民政部门管理的养老居住设施可以称为城市早期专门为老年人建设的居住环境。

改革开放后，伴随着家庭结构日趋核心化，子女异地就业造成空巢家庭的不断增多等因素的影响，传统"家庭养老"的职能受到严重削弱。与此同时，老年人口的快速增长使城市逐步进入到老龄化社会，老年人的安居养老问题也越来越引起全社会的高度关注。面对新的形势，我们还依然希望通过加大力度建设老年住宅、老年公寓、老年之家以及老年住区等方式来解决老年人的养老居住问题，这种建设方式虽然在一定程度上实现了改善老年人养老居住需要的物质生活条件，但却难以满足老年人养老生活中不可或缺的精神需求。

分析、总结以上阶段所实施的建设思路，我们可以清晰地看出采用的是将老年人的养老居所与一般居民生活环境建设相"分离"的"老年人居住环境"的建设方法。

从20世纪80年代开始，为了应对全球的老龄化问题，联合国1982年批准了《国际老龄问题行动计划》，1991年联合国大会通过了老年人"自立、参与、照料、自我实现、尊严"五个基本原则的《联合国老人原则》，1992年又通过的《老龄问题宣言》，确立了"建立不分年龄人人共享的社会"的主导思想。

在这样一个大背景下，我国政府也在2001发布了《中国老龄事业发展"十五"计划纲要》，之后又颁布实施了中国老龄事业发展"十一五"、"十二五"规划以及《中国老龄事业的发展》等纲领性文件，确立了"居家养老"是我国发展老年人养老事业的基本国策，提出要依托社区，重点建设和发展养老服务。从2001年开始，民政部连续三年在全国推行"社区老年福利服务星光计划"，通过该计划的实施，全国城市逐步建立了社区老年福利服务网络，初步实现了为老年人的居家养老提供帮助和支持。同时作为居家养老形式的补充，国家也加大了资金投入并鼓励社会力量来建设城市老年居住设施。这种建设方式体现了"居家养老"为主，"设施养老"为辅，在社区中发展老年人养老居住环境的建设策略，至此，本研究认为，我国城市"老龄化社会居住环境"的建设理念才开始得到确立。

笔者提出的"老龄化社会居住环境"，其建设理念的突出特点是将整个城市社区建设成能够满足老年人"老有所居"生活需要的居住环境，是将城市老年人的养老居所与一般城市居民的生活环境建设相"统合"。

以往"分离"型的"老年人居住环境"与现在"统合"型的"老龄化社会居住环境"，两种建设理念在适用主体对象、居住场所和建设区域的选择上存在明显的差异（表1-1）。

老年人居住环境与老龄化社会居住环境的内涵比较　　　　　　　表1-1

|  | 老年人居住环境 | 老龄化社会居住环境 |
|---|---|---|
| 利用对象 | 现实生活中的老年人 | 所有城市居民 |
| 建设目标 | 提供老年人养老居住的物质空间环境 | 建设适宜"老有所居"的城市生活居住环境 |
| 建设内容 | 老年住宅、老年公寓、城市养老设施 | 完善的社区居住生活环境 |
| 建设方式 | 专项建设老年人的养老居住场所 | 将老年人的养老居所融入到城市社区居住环境中建设、完善 |
| 建设范围 | 在城市中选择有建设条件的地区 | 城市的各个社区 |
| 组织方式 | 自上而下的计划、安排 | 自上而下与自下而上的协调互动 |

1. 适用主体的选择

"老年人居住环境"建设思路的突出特点是将老年人从一般城市居民中"分离"出来，把老年人看作社会人群中的一个特殊部分，强调老年人居住环境的适用主体是老年人。因此，采取了具体问题具体解决的专项建设方式，把集中建设老年住宅、老年公寓甚至老年住区看成是解决老年人养老居住需求最直接、最有效的方法。

"老龄化社会居住环境"建设所遵循的是"不分年龄，环境共享"的思想理念，强调老年人是社会人群中不可分割的重要组成部分，老年人应当与社会其他成员一起在城市中共同生活，老年人的养老居住环境应与整个城市的居住环境建设相融合。

2. 居住场所的选择

"老年人居住环境"是把老年人的养老居住场所设定为不同于一般城市住宅的专用生活空间进行建设，忽视了城市住宅在解决老年人居住生活方面能够发挥的重要作用，因而在城市住宅的规划和建设上并未提出必须满足老年人养老使用的强制性要求，结果造成大量已建成的城市住宅很少考虑为居住者提供老年阶段使用上的便利。而"老龄化社会居住环境"建设则强调城市住宅才是真正实现"老有所居"的必然选择，城市住宅都应具备满足使用者"终身可利用"的居住要求。

3. 建设区域的选择

城市"老年人居住环境"建设的老年住宅、老年公寓以及养老设施在规划布局上通常是以整个城市为建设区域范围，与考虑地域分布的均衡与配置合理性相比，场地入手的便利性被看作项目选址的一个更重要依据。

"老龄化社会居住环境"则强调将城市社区选择为发展建设的基础区域范围单位，这样既有利于发挥社区的社会管理和社会服务职能，维系老年人在长期居住生活中形成的良好社会关系，又能体现社区作为老年人日常生活环境所具有的区域范围合理化特点，以适宜"老有所居"的社区环境建设带动整个城市人居环境的建设和发展。

从传统"分离"型的"老年人居住环境"走向"统合"型的"老龄化社会居住环境"，

其建设发展理念的转型，既是本研究探索适宜"老有所居"城市社区居住环境体系建构的理论基础，也是今后发展建设城市"老龄化社会居住环境"的必然选择[63]。

### 1.2.2 从"住区"到"社区"规划与建设方法的转换

从"住区建设"到"社区建设"，其规划与建设方法转换的提出，是本论文在适宜"老有所居"城市社区居住环境科学化建设方法上进行的探索。

我国城市规划学科中最初并没有"社区"的概念，对于居住环境的相关概念是"住区"。住区是指在一个城市中住宅集中并设有一定数量及相应规模公共服务设施的地区，住区在城市规划中还有着居住人数和用地面积等特定规模的概念。长期以来从城市规划中的住区规划实际编制结果来看，物质规划一直是住区规划的核心，而对非物质层面的因素考虑较少。

选择城市社区作为发展建设"老龄化社会居住环境"的基础区域范围单位有着十分重要的现实意义。今天的城市社区既是城市构成的基础单位，也是老年人日常生活的主要区域场所，社区已成为承载城市社会管理和直接服务群众的最基层机构。因此，在城市规划上将未来适宜"老有所居"的城市养老居住环境放在"社区建设"中，既能较好地依托城市社区发展的有利条件，充分发挥社会服务体系、医疗服务网络等公共资源的使用效率，体现城市人居环境单位空间范围的合理性，又能真正将老龄化社会的城市人居环境建设落在实处。

适宜"老有所居"的城市社区居住环境建设的核心内容，就是要重点发挥城市住宅以及社区养老居住设施的重要作用，将城市社区营造成适宜"老有所居"的长久生活环境，使老年人能够在长期生活的环境中重新获得生活自立、自理的能力和信心。

随着社会对人居环境在广度与深度方面发展的关注，随着"居家养老"以及依托社区重点发展养老服务的基本国策的推进，使我们清楚地认识到传统的"住区建设"规划方式已很难满足"老龄化社会居住环境"建设的要求，必须积极研究和探索适宜"老有所居"的城市"社区建设"的方法与途径。

### 1.2.3 研究目标

本研究充分利用社区是承载人与社会发展过程的基础空间这一特性，以物质性的空间环境营造和地缘性的社会关系影响两大因素为主线，研究不同类型城市社区居住环境对老年人生活质量的影响过程、方式与程度，以最大限度地满足老年人养老生活需求为目标，提出人性化、科学化的适宜"老有所居"城市社区居住环境体系的建构方法，归纳总结出城市社区"居家养老"居住体系、养老居住设施"社区化"和社区生活援护与健康保障设施的规划设计方法。

### 1.2.4 研究意义

人口老龄化，是我国城市发展建设中面临的一个新问题。长期以来我们一直把解决老年人安居问题的研究重点放在城市老年住宅和养老设施上，未能将"老有所居"建设与城市社区发展紧密结合，导致研究成果在指导城市人居环境建设上没有发挥相应的作用。

老年人能否安居养老不但关系到每一个家庭，也影响着社会的稳定与可持续发展。党的十六大确立了全面建设小康社会的宏伟目标，党的十七大又提出了要加快推进以改善民生为重点的社会建设，因此，实现"老有所养，住有所居，推动建设和谐社会"的发展任务已成为实现小康社会的一项重要任务。

科学的规划和建设是实现"老有所居"城市人居环境的重要保障。当前我国的城市老龄化社会居住环境还相对落后，造成这一现状的原因虽是多方面的，但缺乏对适宜"老有所居"城市社区居住环境的规划与建设方法进行科学有效的基础研究却是问题的关键所在。基于从"分离"到"统合"，从"住区建设"到"社区建设"理念的转变，对于当前中国这个"未富先老"的特殊型老龄社会来说，要使老年人在社区的家庭中能够生活得安心和放心，积极探索以社区发展建设为基础，开展适宜"老有所居"的城市社区居住环境体系研究和建设，是构筑具有中国特色的城市"老龄化社会居住环境"的重要保障。

本研究基于"社区发展理论"的指导意义，以适宜"老有所居"的城市社区居住环境体系研究为基础，充分利用社区具有承载人与社会发展过程的基础空间这一特性，重视社区管理与社区服务职能的发挥以及亲缘性、地缘性社会关系在社区居住环境中的作用，以物质性的空间环境营造和地缘性的社会关系影响两大因素为主线，通过研究分析社区管理、社区服务和地缘社会关系对社区老年人居住质量的影响过程、途径与作用机制，研究养老居住设施、生活援护与健康保障设施在社区中的构成方式与规模配置等问题，探索适宜"老有所居"的城市社区居住环境体系的建构方法，归纳总结出城市社区"居家养老"居住体系、养老居住设施"社区化"和社区生活援护与健康保障设施的规划设计方法，为进一步研究和营造老龄化社会城市人居环境提供理论基础与规划设计依据。

## 1.3 城市社区及其适宜"老有所居"社区居住环境的概念界定

### 1.3.1 城市社区

城市社区是指在城市的某个区域内（空间范畴），以共同的文化为特征，以共同的利益为纽带（社会体系），在社会生活各个方面有着某种相同属性的地域性社会组织和社会群体（行动单位）。

社区是城市的基础，是城市管理与城市建设的基本单元。城市由不同类型的社区组合而成，社区成为今天承载城市基层管理和直接服务群众的最基层机构。城市居民的生活活动基本上是在其所在的社区进行的，以亲缘群体关系组成家庭，以邻里之间的地缘群体关系建立起多种社会人际关系，并通过社区这种媒介形成相互合作的社会共同体。

### 1.3.2 适宜"老有所居"的城市社区居住环境

我国的城市社区发展始于20世纪80年代中后期,社区建设的目的在于强化城市基层管理,加强群众自治组织建设。经过20多年的发展,我国城市的社区组织建设取得了显著成效,社区管理的行政体制已基本形成,社区管理网络基础也已基本完善,形成了一套较为系统、规范的管理体系。

城市社区居住环境是指与社区居民居住生活行为密切相关的外部条件的总和。社区居住环境是社区建设的一个重要内容,社区居住环境以一种特定的方式承载着人与社会的联系。

良好的社区居住环境是养育、培养高素质居民的重要基地。社区居住环境对于社区居民来说是其住宅家居环境的外部扩展,也是城市人居环境适居性的一种体现,居民生活的舒适性和便利性都会在社区居住环境中真实地反映出来。良好的社区居住环境不仅能够提升包括老年人在内的所有居民的居住生活水平,同时还能够增进社区中居民之间的相互联系,增强居民社区归属感的建立,而归属感的形成也是社区发展建设的一个重要目标。

将城市社区居住环境作为研究适宜"老有所居"的基础对象,突出了以下三个方面的特点:

(1)相对于宏观的城市而言,微观的社区是研究城市老龄化社会居住环境的良好切入点,社区不仅代表一个地域范围,而且是与城市同构的一个最基本的社会单位,老年人的养老生活不仅需要物质上的空间,同时又与社会发生着密切联系。城市社区的居住生活环境是与整个城市人居环境的营造融会贯通的,可以通过"小社区"发展"大城市"。

(2)在"亲缘"家庭关系之外,应充分发挥"地缘"社会关系在老龄化社会城市居住生活中的重要作用,发挥社区所具有的管理与服务职能,建立"居家养老"社区服务与"设施养老"社区化的完整老龄化社会城市社区居住环境体系。通过对适宜"老有所居"的城市社区居住环境体系的重点研究,启迪了我们在老龄化社会城市人居环境研究上的新思路。

(3)社区是老年人日常生活最主要的活动区域,通过对生活在不同社区内老年人生活行为的有针对性分析,有助于建筑师正确地把握老年人在社区中活动的性质和特点,因而在物质环境设计中能够采取有效的措施,使物质环境与生活行为更好地相适应。

## 1.4 研究框架、方法与技术路线

### 1.4.1 研究框架

本书开展的相关研究由8个章节构成,分为前后两大部分,前4章为研究基础、导向与关键问题的把握,后4章为分析与解决问题实证研究的结果(图1-2)。

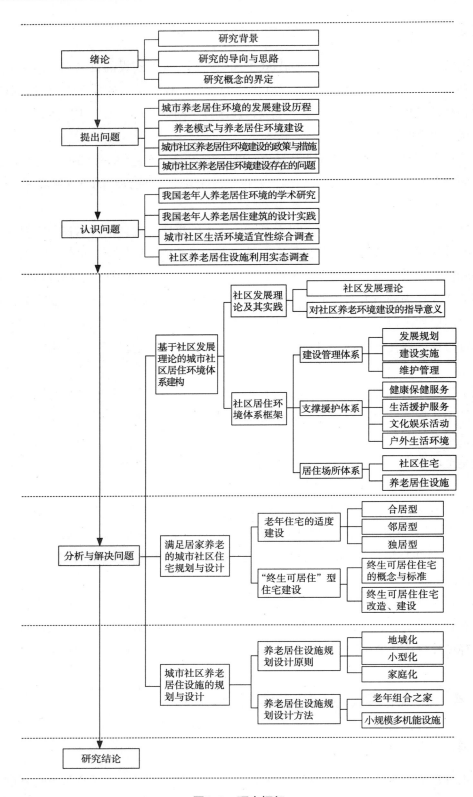

图1-2 研究框架

在前一部分中以真实把握城市社区养老居住环境面临的问题为基础，通过对城市养老居住环境建设历程的梳理，相关学术研究与设计实践成果的分析以及对社区养老居住环境深入开展的实态调查，厘清和准确把握了城市社区养老居住环境存在的关键问题。

针对存在的关键问题，在后一部分的研究中重点论述了基于社区发展理论来建构老龄化社会城市社区居住环境体系的科学意义和实效作用，并以此为主线重点探讨了满足居家养老的城市社区住宅和机构养老的社区养老居住设施的规划与设计方法，第 8 章是对全书研究成果的总结。

### 1.4.2 研究方法

本研究以适宜"老有所居"的城市社区居住环境为对象，通过对不同类型城市社区居住环境进行全面系统的对比分析，探讨适宜"老有所居"的城市社区居住环境体系的建构方法，在此基础上进一步探索未来和谐社会中城市人居环境科学化建设的对策与途径。在研究上注重方法的科学性，重视研究成果的现实可操作性。具体表现在：

1. 运用"设计调查"的科学方法

通过深入细致地对城市社区老年人的养老居住现状进行调查；充分把握老年人对社区养老居住环境的需求；全面了解老年人在社区中居住行为的规律及其特点；准确掌握社区管理与服务对老年人养老居住环境质量的影响。

2. 基于"社区发展理论"的指导

重视社区管理与社区服务职能的发挥以及亲缘性、地缘性社会关系在社区老年人养老居住环境中的作用，以辩证的观点分析和判断社区老年人居住行为与生活环境的作用关系。

3. 系统分析与综合研究

适宜"老有所居"的城市社区居住环境体系的构成具有系统性，各构成要素紧密联系。研究注重系统的整体性、关联性和适应性，由微观到宏观，从要素到结构逐层分析，揭示其相互之间的关系。同时秉承"融贯"的学术研究思想，进行多学科的综合交叉研究。

4. 分类分析与比较分析

不同类型的社区结构在所构成的居住生活环境上也会存在较大差异，基于这些差异，通过对适宜"老有所居"的城市社区居住环境进行分类分析与比较分析，掌握其个性与共性、局部与整体的相互关系，提升研究成果的科学性和有效性。

5. 理论研究与建设实践相结合

注重结合我国城市社区发展规划中经济和社会的发展，将阶段性目标与长远规划相结合，重视研究成果的现实可操作性。

### 1.4.3 技术路线

本研究的技术路线如图 1-3 所示。

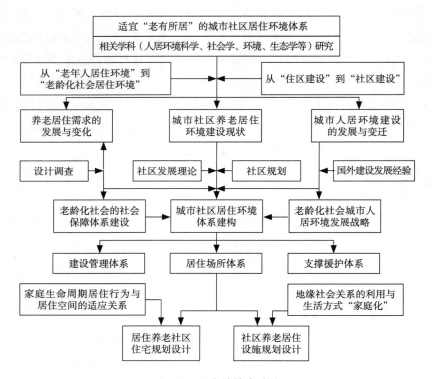

图1-3 研究的技术路线

# 2 我国城市养老居住环境建设的历史与现状、问题与发展趋势

## 2.1 我国城市养老居住环境的发展建设历程

据相关史料记载，我国国家性社会福利制度的建立最早始于北宋时期，有分析认为这要归功于宋代"以文治国"理念的建立，同时较为发达的经济水平也为建立社会福利制度提供了良好的基础。宋哲宗元符元年（1098年）开始设立了专门收养鳏、寡、孤独老人的"居养院"，并对"老"的概念也加以了界定，在元丰旧法中规定男女60岁以上为老。通过发布政府"元符令"，要求"鳏寡孤独贫乏不得自存者，知州、通判、县令、佐验实，官为居养之"[64]。在"居养院"的设置上提出了"诸城、砦、镇、市户及千以上有知监者，依各县增置"的要求，并制定了明确的管理方法[65]。

明、清两代虽然将宋代建立起来的一些社会福利制度延续下来，但由于后来战事连年不断，对社会经济造成了重大冲击，导致社会救助和福利发展在这一时期基本处于停滞状态。从明代起，中国开始有了民间慈善组织，这些慈善组织不以宗教、宗族为限制，对生活无着的孝子、节妇以及贫老病者进行生活上的帮助，还设立了具有老年人养老居住功能的建筑"普济堂"[48]。

1911年在结束了长期的封建社会之后我国进入了"中华民国"时代，1943年民国政府颁布实施了《社会救济法》，成为中国历史上最早的国家济贫法。其后又陆续颁布了如《社会救济法施行细则》（1944年）、《社会部奖助社会福利事业暂行办法》（1944年）、《救济院规程》（1944年）、《管理私立救济设施规则》（1945年）、《赈灾查放办法》（1947年）等一系列法规，但由于连年战乱和经济发展停滞不前等原因，造成这些法律、法规并没有得到真正的实施。

新中国成立以前，针对社会中的老年人群进行有计划、有目的的养老居住环境建设可以说还根本无从谈起，"养儿防老，多子多福"成为长期以来社会最普遍的认识和做法。在大量住无居所的孤寡老人中，只有非常有限的少数老年人能够通过社会的帮助解决养老居住问题，并且得到的照顾程度也是非常低下的。

### 2.1.1 作为社会福利的发展阶段

1949年新中国建立后我国政府高度重视社会保障工作，尤其是城市社会保障体系的建

设，而养老保险制度的不断完善对于老年人养老居住问题的解决起到了至关重要的作用，城市老年人养老居住环境的建设才有了真正的开始。

新中国成立后在迅速恢复生产、发展国民经济、巩固新生政权的同时，"要逐步实行劳动保险制度"已成为建设国家《共同纲领》中的重要内容。解放战争时期各解放区所建立的劳动保险制度的实践经验也为新的劳动保险制度的出台提供了良好的借鉴。1951年以前，全国共有1213个公营企业实行了劳动保险，覆盖职工1427519人[66]。对于私营企业，新中国成立后也开展了大规模的集体合同制定运动。1951年2月，国家正式颁布了《中华人民共和国劳动保险条例》，这是我国第一部关于社会保险的法规。条例规定了劳动者退休后，按其工龄的长短，可以按月领取本人工资一定比例的养老补助费。1956年由于国家基本完成了对个体手工业和私营工商业的社会主义改造，《保险条例》的实施范围逐步扩大到了所有国营企业和一些规模较大、经济效益较好的集体所有制企业。据资料统计，1956年全国被劳动保险制度覆盖的职工达1600多万人，而参加退休养老保险的人数则达2300万[66]。全国国营、公私合营、私营企业职工总数的94%享受到了养老保险。《保险条例》的实施，对退休老年人的基本生活提供了良好的经济保障，不仅对当时的经济和社会发展产生了积极的促进作用，同时对我国养老保障事业的发展也起到了重大推动作用[67]。

在建立和完善社会保障制度的同时，城市居民住房的安置和居住条件改善也得到政府的高度重视，城市住房建设进入到一个较快的发展阶段。在城市居民住房的建设与管理上，国家采用了公有住房的统筹制度，并逐步建立起最广泛的公有住房保障体系及住房福利化分配制度。这一时期对城市居住环境的建设主要体现在三个方面：①对质量较差的居住区进行改造，改善环境卫生和基础设施条件；②对一些私有住房实行公有化管理；③结合工厂建设新建以面向工人居住的多层、多户的集合式住宅，大量的工人新村成为这一时期住房建设的重点。例如新中国成立后的上海市，在解决城市居民的住房问题上，一方面通过没收旧官僚和国民党政府的房产并逐步对市场出租住宅进行"社会主义改造"，实现了政府统一支配管理的社会主义公有住房制度。另一方面，结合城市工业化建设把建设工人新村作为解决普通劳动者住房的基本策略，在市郊大量建设工人新村和工业区配套住宅新村，解决了普通劳动者的住房问题，实现了由政府统一投资、统一建设、统一分配和统一管理的城市住宅发展模式。

新中国成立以来，由于国家推行和采用的是以"单位制"为模式的社会管理方法，对于"单位人"以外的社会成员则通过设置街道办事处和居民委员会来进行管理。因此，当时国家的公有住宅也可以分为两种基本形式：①由政府有关部门直接管理的"直管公房"，分配的使用对象主要是政府机关工作人员和"单位人"以外的社会成员；②由国家企事业单位建造、分配和管理的"单位公房"，其使用对象主要是本单位的职工。这两种形式从住宅建造的资金来源上看都属于国家财政拨款，住房产权在属性上都归国家所有。这一时期在城市中发展较快的是以单位和企业为实施主体的住房建设计划，在单位附近建设职工住宅区并配置日常生活需要的设施，规模较大的企、事业单位还设置了医疗、教育以及文化活动等设施，在这种配置模式下，形成了具有中国特色的"单位社会"型城市空间形态。

城市住房采用统一的"福利配给"制度，分配住房的面积大小主要依据家庭的人口数量、职务高低和工龄长短等指标来决定。由于当时劳动者和公职人员的收入普遍较低，因此住房采用了低租金的利用方式。在这种分配和管理制度下，年长者在住房分配中享有比较大的优势，并且居住水平一般也会略高于社会的平均水平。尽管地区不同，任职单位不同，在一定程度上会造成居住环境条件和质量的差异，但在这一时期退休的职工居住问题基本上都能够得到解决，同时伴随着社会保障制度的逐步建立与实施，积极促进了退休后在经济上能够得到保障的老年人普遍采取居家养老的生活方式。另一方面由于20世纪50~60年代的高出生率使得70年代以前我国城市老年人口所占比重比较低，并且城市普遍以多子女家庭为主，绝大部分的老年人都能够与子女共同生活在家庭中，实现了传统意义上的居家养老，为维护社会稳定作出了积极贡献[49]。

在社会化养老居住环境的建设上，针对特殊条件老年人的养老居住设施建设在全国各地也有了较快的发展，其中在城镇建设了一批"残老教养院"（后更名为社会福利院），在农村则通过集体方式兴办各种敬老院等福利设施，逐步形成了一套全面的福利事业体系。当时在城镇中建设的社会福利院主要由国家民政部门管理，在社会福利院居住的基本上都是无家可归、无人照顾、无生活来源的单身老人，由于当时"三无"老人在城市总人口中所占的比例非常小，因此这一时期建设的老年人养老居住设施——社会福利院还带有显著的孤老救济特征。伴随着逐步健全的社会保障制度与社会经济发展，与新中国成立初期相比，这一阶段不但社会福利院的数量有了显著增加，并且福利院的设施水平也有了较大提升。

从新中国成立到20世纪80年代，一方面得益于不断建立和完善的城市社会保障制度，另一方面由于当时的城市人口老龄化程度不高以及传统家庭价值观念的保护作用，使得这一时期我国城市老年人的养老居住问题总体上表现得并不突出。

### 2.1.2 住房制度改革后的发展阶段

自20世纪80年代开始，我国一些城市60岁以上老年人口的比重先后超过了10%，社会老龄化问题开始逐渐被人们感知。与此同时，国家在社会经济发展上实施的改革开放政策使得国家的经济实力和人民生活水平都开始有了快速提高。

改革开放不仅促进了经济发展，同时也启动了我国整个社会住房体制的转变。20世纪90年代初期住房的产权模式开始出现重大改革趋势，党的十四届三中全会后，住房制度改革取得了重大突破，停止了长期以来的住房实物分配，取而代之开始实行住房分配的货币化。鼓励职工利用工资收入和住房公积金购买现有住房，或通过银行发放的个人住房抵押贷款购买商品房，逐步建立起以经济适用住房为主体的多层次新的住房供应体系。对收入较高的家庭提供档次较高的商品住房，实行市场价；对中低收入家庭提供经济适用住房，实行政府指导价；对低收入家庭提供廉租住房，租金实行政府定价。住房市场化改革的各项措施逐步到位，市场配置住房资源的新体制也初步建立起来。

为了保障包括老年人在内的中低收入家庭的住房问题，各级地方政府不断探索和完善廉租住房制度，基本形成了三种较为完善的保障方式：对已租住公房的最低收入家庭进行廉租住房对象认定，实行廉租住房租金；新建或收购部分旧住房向孤寡老人等最低收入家庭按照廉租住房出租；对其他低收入家庭按照家庭人口等条件给予房租补贴，资助租赁住房。住房制度改革极大地解放了中国住宅产业的生产力，住宅建设进入到一个前所未有的高速发展时期，在拉动国民经济增长，改善人民群众住房条件，增加就业，稳定社会等方面都起到了积极的作用。

在城市住房条件得到不断改善的同时，进入老龄化社会初期阶段的城市老年人养老居住问题也日益引起全社会的关注，主要表现在以下几个方面：

（1）在城市住房供给能力不断提高的同时，子女离开父母获得独立住房的机会也越来越大，同时伴随着核心家庭数量的不断增多，子女异地就业等因素导致城市中空巢老年家庭的数量在快速增长，造成很多老人家庭在精神慰藉和生活帮助中遇到困难。

（2）单位社会形态的逐步解体、住居迁移等造成老年人的精神需求与居住环境发生矛盾。地缘社会关系的变化，单元式住宅的居住方式使得邻里交往减少，给老年人养老生活中的情感交流与社会交往造成困难。

（3）伴随着城市中不断增多的老年家庭，老年住宅、老年公寓等建筑形式不断出现，这种类型的居住方式虽然为老年人的养老居住提供了一定的选择条件，但在实际利用中仍然遇到难以满足老年人的使用需求等各种困难。

### 2.1.3 步入老龄化社会的快速发展阶段

1994年我国开始制定并实施老龄事业发展计划，1996年8月颁布了《中华人民共和国老年人权益保障法》。2000年实施的全国第五次人口普查的统计结果显示我国60岁以上老年人口的比例已达到10.2%，标志着我国已经步入到老龄化社会。伴随着社会人口结构的转型、保障体制建设的不断完善，我国老年人养老居住环境与条件的建设得到了较快速度的发展，其成果主要体现在经营方式的多元化、建设规模的扩大化以及养老居住方式的多样化。

1. 多元参与的经营方式

新中国成立后全国各类福利养老设施全部归各级地方政府管理，形成了政府单一的经营管理模式。从20世纪80年代中后期开始，为了更好地开展老年人养老居住环境的发展与建设，解决国家财政投入不足的困难，政府开始动员各方力量参与到养老居住环境的建设之中，此后各类养老居住建筑发展迅速，在管理与经营模式上也随之出现多样化趋势。

上海市1984年建设的钱湾老年乐园是我国老年人居住建筑中最早的民营化探索，1986

年安徽省安庆市兴办了安庆老年公寓，这也是我国第一个老人公寓建筑。之后各种民营、民办公助、公办民营等多种经营方式已成为各种养老福利设施的普及经营模式[3]。

多元参与的经营方式不仅出现在各种养老福利设施上，在城市商品化住宅的建设中，也开始针对老年人的养老居住需求进行老年住宅的建设。1986年江苏省常州市建造的红梅新村，就是一个针对多代合居老人家庭的住宅建设项目，上海市1988年建造的虹口老年公寓则是主要针对独代居住的老人家庭。社会集资也成为老年人居住建筑的一种发展模式，温州市永嘉县1994年建成的康乐山庄就是由离退休干部集资建造的，这个项目对于居住者的年龄有着明确的限制，其居住者必须为老人，当老人去世后居住单元的受让人或继承者也必须大于50岁，这种养老居住建筑的建设与经营模式在全国各地产生了较大影响[3]。

2. 建设规模的扩大化

20世纪80年代中后期开始，随着城市人口老龄化程度的不断加剧，老年人的养老居住问题越来越引起全社会的关注。国家专门建立了老龄工作专门委员会开始对老年人的养老居住问题给予研究，建设部在1993年发布的《城市居住区规划设计规范》GB 50180—93中，要求将社会福利设施特别是老年人服务设施纳入公共设施进行统一规划。1996年《中华人民共和国老年人权益保障法》颁布实施，在这部法律中指出"国家鼓励、扶持社会组织或个人兴办老人福利院、敬老院、老年公寓、老年医疗康复中心和老年文化体育活动场所等设施"。2000年又颁布了《国务院11部、委、总局制定的对社会力量投资创办社会福利机构的优惠政策》(国发办[2000]19号)，强调"社会福利机构的建设用地，按照法律法规规定应当采用划拨方式供地的，要划拨用地；按照法律法规规定应当采用有偿方式供地的，在地价上要适当给予优惠；属出让土地的，土地出让金收取标准适当降低"。

随着国家鼓励政策的不断出台和贯彻实施，老年人养老居住环境的建设有了快速发展，建设规模日趋扩大，这种发展速度在老年人养老居住设施的建设上体现得更为突出。1986年全国城乡各种社会福利院数量达到35010个，共设有床位58.7万张。其中各种形式敬老院共有33295个，共设有床位46.4万张[68]。到1990年全国城乡各种福利院的规模进一步扩大到40583个，床位数量增加至78万张[69]。至2000年全国城乡各种福利事业单位规模发展到4万个，床位数量达到了近113万张[70]。

3. 养老居住方式的多样化

区别于1986年前老年人非家庭养老居住方式的福利院、敬老院的单一模式，进入老龄化社会之后的老年人养老居住方式也越来越多样化。

虽然非家庭居住方式的养老设施仍然是我国规模最大的老年人养老居住模式，但后来出现的老年公寓、老年之家等养老居住设施则进一步丰富了老年人居住方式的选择。例如1999年上海建成的众仁花苑老年公寓，设置了较为齐全的日常生活配套设施，良好的居住硬件环境条件吸引了众多的老年人。

由于居家养老仍然是社会的主要养老居住方式，因此在城市住宅的建设中，也开始了一些老年住宅的有益尝试，例如在一般住宅建设项目中配比建设老年住宅，为空巢家庭老年人的居住选择提供了条件。同时在一些新建住宅开发项目中开始尝试针对多代合居家庭进行住宅户型的设计与开发建设，例如常州1986年建设的红梅新村，整个居住区设置了针对多代合居家庭的居住单元共计268套，占到全部单元总数的6%。其后在2000年建成的大连阳光家园居住区，2001年建成的北京太阳城居住区中也对多代家庭的合居模式住宅进行了建设[3]。这些养老居住方式的探索与实践，丰富了老年人养老居住方式的多样化选择。

## 2.2 养老模式对老年人养老居住环境建设的影响

养老模式是对老年人养老生活规律与表现形式的总结，认真分析不同养老模式的内涵特征，归纳总结不同养老模式对居住环境的要求特点，有助于我们能够针对老年人养老居住的不同需求进行居住环境的科学建设。

### 2.2.1 养老模式的发展与变化

养老模式一般可以采用两种不同的分类方法，①针对养老责任承担者的不同，将养老模式分为"家庭养老"和"社会养老"；②按照老年人居住场所和环境的不同，将其分为"居家养老"和"设施养老"。

养老责任，主要是指由谁来承担对老人的经济赡养、生活照料和精神慰藉的责任，是由家庭还是由社会，或各自按比例承担相应的责任。而居住场所和环境主要是指老年人养老居住的场所选择，老年人是选择在自己居住的住宅中还是养老设施中。

家庭养老，是指由家庭成员（主要是子女）承担全部或主要的养老责任，这种养老方式是建立在以血缘关系为基础的亲情养老上。长期以来由于家庭养老具有在提供情感交流和心理需求上的优势，加之传统文化及养老观念等因素的影响，家庭养老依然是今天绝大多数老年人的第一选择，是现行养老模式中的主要形式。

社会养老，顾名思义就是由社会承担全部或绝大部分养老责任，这种养老模式曾经早期一度被西方发达国家视为发展方向，但实践的结果使得政府逐渐背上了沉重的经济负担，难以持续为继，之后都相继作出调整。

居家养老，是指老年人的养老居住场所是在自己长期居住的住宅中，或与子女共同生活，居住在子女家中。

设施养老，是指老年人离开自己居住的住宅，到老年公寓、养老院、福利院、护理院等养老设施中进行集住性养老。

中国深厚的文化传统和社会经济因素，在家庭中形成双向抚养的亲子关系，虽然目前许多老年人和子女在经济上都能够自立，但在众多家庭中父母与子女仍然居住在一起，子女在各个方面为老人提供生活上的照顾和精神上的慰藉。因此,"家庭养老"已成为中国长期以来最为主要和普及的养老模式,并且这种养老模式必将继续发挥着重要的作用。

为了控制国家人口的增长速度,我国自20世纪80年代开始实施独生子女政策,经过长期的贯彻执行,在城市中"四二一"家庭结构的数量在逐年增加,使得家庭构成逐步走向小型化。一方面伴随着住房条件的不断改善,使婚后与父母同住的家庭数量逐渐减少,并且由于生活习惯、兴趣、观念等方面的不同,老年人与子女选择分开居住的比例也在不断增加。另一方面子女出国或异地就业,使年轻一代与老年父母共同生活的机会减少,导致"空巢"家庭问题普遍出现。1990年,我国65岁及以上的老年人口中在"空巢"家庭户的比例只有26.86%,2000年上升到33.43%,而2005年则增加到41.46%[71]。"空巢"现象除了造成老年人在生活上难以得到关爱之外,更为主要的是在心理上增加了老年人的孤独感,因此有很多空巢老人常常深居简出,很少与社会交往,由此造成内心抑郁,带来更多疾病和痛苦的事例比较常见。

社会养老模式是新中国成立我国针对"三无"(无法定赡养人、无固定生活来源、无劳动能力)老人采用的一种养老模式。从国外发达国家养老模式的发展历史来看,从一开始推行社会养老模式,希望减少家庭承担的沉重养老负担,到后期由于造成国家沉重的经济负担,转而回归家庭以解决社会养老所面临的各种社会问题,经历了一个"否定之否定"的发展过程。因此,借鉴国外的发展经验,社会养老模式今后依然需要,受国家经济发展水平的制约,适用老年人的范围和数量仍然是有限的。

设施养老的优点在于能够为入住的老年人提供各种生活服务,当老人遇到紧急情况时能够得到及时帮助,无论是服务人员的数量还是专业服务水平均相对具有明显的优势。目前,生活在设施中的老年人多为身边无子女照顾的高龄老人或生活不能自理或部分无法自理的老年人。

但老年人在是否利用养老设施上,由于受传统观念的影响,老人和子女都会心存顾虑。目前由于大部分养老设施的服务重点大多还停留在生活照顾方面,重生活护理而轻感情交流,使很多入住的老年人在情感交流的需求上难以得到满足。其次他们离开家人和长期生活的社区,容易在心理上产生受到家人和社会冷落的孤独感。同时由于目前设施养老的规模和服务质量参差不齐,聘用的服务人员缺少专门培训,对于老年病的护理和一些生活护理技术还缺乏了解,导致一些机构的护理人员专业化水平较低,老年人在设施中的生活难以像预期那样得到专业化的照顾和服务。

居家养老模式是在传统家庭养老模式的基础上,随着具有经济自立和生活自理能力老年人群数量的增多而衍生出来的一种养老形式。它是指老年人的日常生活起居依然在自己居住的家中,为其提供经常性生活照顾的不再是家庭成员而是社区居家养老服务机构。居家养老模式的优点在于能够较好地弥补传统家庭养老形式存在的不足,解决了老年人养老生活中所需生活援助方面遇到的困难。

目前居家养老模式面临的主要问题在于社区目前能够承担的养老责任不足：①配合居家养老服务的设施还不够完善；②还没有建立起成熟的生活援助人员的培训和管理体系，制度不完善，专业化程度低，难以较好地满足老年人养老生活的基本需求。

老年人的养老生活质量主要包含三个综合因素，即身体健康情况，精神生活和营养状况[72]。因此我们可以将老年人的基本生活需求分为经济保障、生活照料和精神慰藉三个方面。老年人的养老生活不仅仅满足于衣食无忧，生活能够得到照料，而更需要得到子女的关怀、理解和精神安慰，老年人这种心理和感情上的需求，是任何养老设施都难以满足的。

提供老年护理依赖于可获得的财政支援和一个国家未来的经济增长，这实际上是无法提前确定的。这种不确定性当然会给国家带来一定的社会经济风险，尤其是老年人[73]。中国当代养老模式的选择，首先应当从亲情和社会的角度来考量，任何技术与经济手段都只能作为方式而存在，而思考问题的出发点，则必须以社会伦理和传统文化为基础，我们都希望能够实现《礼运·大同篇》中所说的"老有所终"，让老年人都可以安享晚年。总之，不同养老模式的特点各异，其优点和不足也都不是绝对的。在选择具体结合形式时，除了从社会、经济发展状况的角度考虑之外，还必须从模式之间的相互关系出发。对于养老模式的选择，在目前的国情条件下，必然表现出多种模式相互结合、相互补充的现状，形成家庭养老为主，社会养老为辅，居家养老为主，设施养老为辅的多种养老模式的混合形式。

### 2.2.2 养老模式与城市社区居住环境建设

在充分借鉴国外养老保障发展经验，结合现阶段我国城市老龄化特点的基础上，我国政府在世纪之交制定了《中国老龄事业发展"十五"计划纲要》，之后又颁布实施了《中国老龄事业发展"十一五"规划》以及《中国老龄事业的发展》，确立了"居家养老"是我国发展老年人养老事业的基本国策。2011年9月在国务院发布的《中国老龄事业发展"十二五"规划》中，又进一步明确了"构建居家为基础、社区为依托、机构为支撑的社会养老服务体系，创建中国特色的新型养老模式"发展建设目标。

"居家养老"的特点在于保留"居家"的形式，一方面满足了老年人对"家"的情感需求，另一方面居家养老还可以利用老年人家中原有住房、家具、生活设施等物质资源，节约了社会对养老物质需求的投入资金，节约了社会养老成本。在养老服务上，由社区为老年人提供长期、短期、定期、临时等个性化、专业化生活援助服务，能够最大限度地满足老年人对居家养老生活照料的需求。

社区既是城市构成的基础单位，也是老年人日常生活的主要区域场所，将城市社区选择为发展建设的基础区域范围单位，这样既有利于发挥社区的社会管理和社会服务职能，又能维系老年人在长期居住生活中形成的良好社会关系，体现社区作为老年人日常生活环境所具有的区域范围合理化特点。因此，将未来城市养老居住环境放在社区中建设既能较好地依托城市社区发展的有利条件，发挥"居家养老"社会服务体系的效率，充分利用社区医疗服务网络和让老人们一直生活在自己熟悉的环境中,又能真正将老龄化社会的城市人居环境建设落在实处。

要将城市社区营造成适宜"老有所居"的长久生活环境,就必须将社区中的居民住宅、相应的生活服务设施以及整体户外生活环境建设成能够满足老年人生活行为的需要;就必须建设一个良好的社区服务网络,为老年人提供集医疗、保健、家政、娱乐活动等一系列的综合性服务。城市社区居住环境建设要充分考虑不同年龄人群的生活行为特点,特别是老年人的生理和心理需求,使居住环境做到更加人性化,突出强调便利性、健康性和安全性,通过不断地有针对性的对社区环境进行"适老"改善,使老年人能够在长期生活的环境中重新获得生活自立、自理的能力和信心[63]。

## 2.3 城市社区养老居住环境建设中的政策与措施

为了应对老龄化社会的发展趋势,切实解决好老年人的安居养老问题,1994年,我国开始制定实施了老龄事业发展计划;从2001年起民政部连续三年在全国开展"社区老年福利服务星光计划";2006年发布的《中国老龄事业发展"十一五"规划》,确立各个阶段老龄事业的发展目标、任务和措施;2006年2月,国务院办公厅转发十部委联合制定的《关于加快发展养老服务业的意见》;2008年,十部委又联合下发《关于全面推进居家养老服务工作的意见》,2011年在《中国老龄事业发展"十二五"规划》中,提出了"在城乡规划建设中,充分考虑老年人需求,加强街道、社区'老年人生活圈'配套设施建设,着力改善老年人的生活环境"的建设任务。这些政策与措施的制定,对进一步开展城市社区老年人的养老居住环境建设起到了积极的推动作用。

### 2.3.1 "星光计划"

在国家确立了以居家养老为基础、社区服务为依托的应对老龄化社会居住环境建设发展目标之后,2001年5月,民政部制定并下发了《"社区老年福利服务星光计划"实施方案》,提出用2~3年的时间,通过发行福利彩票筹集社会福利资金,主要用于资助城市社区的老年人福利服务设施、活动场所和农村乡镇敬老院的建设。

"星光计划"实施的总体要求是,以满足社区老年人的需求为出发点,通过社会福利资金的资助,动员各级地方政府加大投入,积极引导社会力量参与,大力挖掘社区资源,建立和完善社区老年福利服务网络,为居家养老提供支持,为社区照料提供载体,为老年人活动提供场所。"星光计划"以社区为对象,其发展的深层目标正如一些学者指出的那样:中国的社区政策的社会建构化色彩浓厚,政策的核心目标是积极构建地区社区与功能社区相结合的新型社会单位,从而为社会结构转型与社会现代化建设事业奠定坚实的稳固的社会基础[74]。

从2001年开始实施"星光计划",到2004年全国已经分三批超计划完成了32000多个"星光老年之家"的建设项目。2001年主要在省会城市的社区中建成了7278个"星光老年之家",共投入了30.77亿元;2002又主要在全国地级城市的社区中建成了14943个"星光老年之家",共投资52.56亿元;2003年主要在县城镇和农村乡镇建起了10269个"星光老年之家",共投资51.52亿元。"星光计划"三年总投入134.86亿元,民政部本级福利彩票公益金投入了13.5亿元,地方福利彩票公益金投入26.33亿元,地方财政投入43.36亿元,项目单位自筹和其他方面投入51.59亿元[75]。

通过三年时间的建设,星光计划取得了较好的成绩。在城市社区中新建和改扩建了一大批社区老年人福利服务设施和活动场所,逐步形成了社区居委会有站点、街道有服务中心的社区老年人福利服务设施网络。这些立足社区、面向老人、小型分散、方便实用、星罗棋布、形成网络的社区居家养老服务设施和活动场所的建设,对推动城市社区居家养老环境的营造发挥了重要作用。

总结回顾星光计划的实施过程,仍然可以发现存在一些问题和不足:①部门利益的局限使得地方福利彩票公益金的投入不足,仅达到预期的75%;②对于星光老年之家的管理和运营缺乏完善的政策体系,导致星光老年之家在运营过程中出现混乱,影响了其整体功能的发挥;③后续资金不足,忽视了对项目建成后管理和运营的资助,导致有些运营不久的星光老年之家出现了亏损、关门的现象;④星光老年之家总体服务功能不够完善,多样化服务不够[76]。

### 2.3.2 中国老龄事业发展"十二五"规划

"十一五"时期是我国老龄事业快速发展的五年,通过对《中国老龄事业发展"十一五"规划》的贯彻执行,我国养老保障体系逐步完善,基本养老保险实现了省级统筹,老年社会福利和社会救助制度逐步建立,老龄服务体系建设扎实推进,养老服务机构和老年活动设施建设取得较大进步,老年福利、教育文化、体育等事业也有了较大发展。和"十一五"时期的社会老龄化程度相比,随着第一个老年人口增长高峰的到来,进一步加快了我国人口老龄化进程。快速老龄化与家庭小型化、空巢化相伴随,与经济社会转型期的矛盾相交织,社会养老保障和养老服务的需求在急剧增加。在综合分析"十一五"期间取得的建设成果以及仍然面临的问题的基础上,2011年9月国家正式颁布了《中国老龄事业发展"十二五"规划》。

中国老龄事业发展"十二五"规划提出了"十二五"时期老龄事业发展的总体目标为:建立应对人口老龄化战略体系基本框架,初步实现全国老年人人人享有基本养老保障,建立以居家为基础、社区为依托、机构为支撑的养老服务体系,居家养老和社区养老服务网络基本健全,全国每千名老年人拥有养老床位数达到30张,全面推行城乡建设涉老工程技术标准规范、无障碍设施改造和新建小区老龄设施配套建设规划标准,增加老年文化、教育和体育健身活动设施，为实现"老有所养、老有所医、老有所教、老有所学、老有所为、老有所乐"的目标创造更为有利的社会条件。

"十二五"时期的主要建设任务包括：在老年社会保障方面，加快推进养老保险、基本医疗保险制度建设，完善老年社会福利制度，积极探索中国特色社会福利的发展模式；在老年医疗卫生保健方面，推进老年医疗卫生服务网点和队伍建设，开展老年疾病预防工作，发展老年保健事业；在老年家庭建设方面，改善老年人居住条件。引导开发老年宜居住宅和代际亲情住宅，鼓励家庭成员与老年人共同生活或就近居住。推动和扶持老年人家庭无障碍改造；在老龄服务方面，重点发展居家养老服务。城市街道和社区基本实现居家养老服务网络全覆盖，大力发展社区照料服务。把日间照料中心、托老所、星光老年之家、互助式社区养老服务中心等社区养老设施，纳入小区配套建设规划。统筹发展机构养老服务，按照统筹规划、合理布局的原则，推进供养型、养护型、医护型养老机构建设；在老年人生活环境方面，加快老年活动场所和便利化设施建设，加强街道、社区"老年人生活圈"配套设施建设，推动建设老年友好型城市和老年宜居社区。同时还要加快老龄产业、老年人精神文化生活、老年社会管理、老年人权益保障等方面的建设[77]。

特别值得我们关注的是"十二五"规划相比于"十一五"规划，在主要发展目标上将"十一五"规划的"建立以居家养老为基础、社区服务为依托、机构养老为补充的老年人社会福利服务体系"中的机构养老为"补充"改为了"支撑"，这一变化一方面说明了面对老龄化社会进程的加快，在居家养老方面遇到困难的老年人数量在不断增加，养老机构今后必须承担起更多的老年人养老生活照护的责任，并且还明确了实现全国每千名老年人拥有养老床位数达到30张的目标。另一方面也提示我们必须尽快开展养老设施科学化建设的相关研究，例如如何使居住在养老设施中的老年人能够实现在他们原有熟悉的环境中延续养老生活，并且养老居住设施能够营造出"家庭化"的生活环境；如何规划使得养老居住设施易于做到区域范围配置的合理性和易操作性，并且有利于充分利用社区的医疗服务设施以及社区生活服务援助；如何实现养老居住设施是老年人"生活场所"的设计理念，使其具有城市住宅的居住形态等。

"十二五"规划充分体现了适应人口老龄化新形势，以科学发展为主题，建立健全老龄战略规划体系、社会养老保障体系、老年健康支持体系、老龄服务体系、老年宜居环境体系和老年群众工作体系。"十二五"规划的颁布实施，有利于提高全社会的老龄意识，增强应对人口老龄化挑战的责任感和使命感；有利于解决老年人实际问题，改善和提高老年人的生活生命质量；有利于推动经济社会全面协调可持续发展，促进社会和谐稳定，让广大老年人共享改革发展成果。

"十二五"规划其内容具有全面性、战略性、创新性、务实性和可行性等特点，是未来五年国家开展老龄工作、推进老龄事业的重要指导性文件。

### 2.3.3 全面推进居家养老服务与宜居社区建设

2006年发布的"十一五"规划中提出了加快构建养老服务体系的任务，2008年1月，全国老龄委办公室、发展改革委、教育部、民政部、劳动保障部、财政部、建设部、卫生部等十部委又联合下发了《关于全面推进居家养老服务工作的意见》，为进一步在社区中将居家养老服务的工作建设好提出了具体任务和保障措施。经过"十一五"期间的建设，全国城市社区初步建立起了多种形式的居家养老服务网络，社区居家养老服务设施得到充实，服务内容和形式逐步丰富。

在老龄化社会居住环境的发展建设上，国家通过"十二五"规划：①进一步确立了"建立以居家为基础、社区为依托、机构为支撑的养老服务体系，居家养老和社区养老服务网络基本健全"的建设目标；②强调要大力发展社区照料服务，把日间照料中心、托老所、星光老年之家、互助式社区养老服务中心等社区养老设施，纳入小区配套建设规划，本着就近、就便和实用的原则，开展全托、日托、临托等多种形式的老年社区照料服务，推进供养型、养护型、医护型养老机构建设；③提出要加强街道、社区"老年人生活圈"配套设施建设，推进无障碍设施建设，突出高龄和失能老年人居家养老服务设施、环境的无障碍改造，推行无障碍进社区、进家庭；④强调把老年宜居环境建设纳入城乡发展总体规划，建设老年友好型城市和老年宜居社区。

上述一系列国家政策的发布与实施，不仅对今后我国老龄化社会人居环境的建设起到了积极地促进与推动作用，同时也对我们开展适宜"老有所居"的城市社区居住环境研究起到了重要的指导作用。

## 2.4　城市社区养老居住环境建设中存在的问题

步入老龄化社会后的我国城市社区养老居住环境建设，在经历了"星光计划"、"十五"计划和"十一五"规划的实施建设后，在养老保障体系、老年医疗保健、为老社会服务、老年文化教育和老年人参与社会发展等方面都取得了长足的进步，城市社区的养老居住环境也有了重大改观。但是，伴随着城市人口老龄化程度的不断加剧，我们能够深刻地感受到与城市老年人的养老需求相比，目前我们城市社区的养老居住环境建设还存在着诸多的问题。

### 2.4.1 养老居住环境体系建构与统筹规划的缺失

虽然国家通过老龄事业发展机制、"十二五"规划等多种形式积极营造发展老龄事业的社会环境，引导全社会关心、支持和参与老龄事业的发展，并且在"十二五"规划中也明确提出了要推动老年宜居社区建设，但在实施推进过程中，我们对如何科学、有效地进行宜居社区建设还缺少相应的理论指导，还未能将社区养老居住环境作为一个系统化的综合体系进行建构，在城市社区居住空间的规划与指标控制上还缺少与宜居社区建设的紧密结合，具体表现在以下几个方面：

1. 缺少科学的理论指导

改革开放前，我国城市普遍实行的是"市—区—街道办—居委会"的"三级政府、四级公共服务体系"的社会管理体制，政府或单位包揽一切社会事务，而居委会发挥的作用十分有限。进入到20世纪90年代中期我国城市的社区建设才开始全面开展，2000年底中共中央办公厅、国务院办公厅转发了《民政部关于在全国推进城市社区建设的意见》这一重要纲领性文件，标志着我国城市社区建设进入到一个快速发展阶段。由于我国城市社区建设的历史还较短，缺少相应的建设管理经验，特别是从社区构成的结构形式和相关要素来看，社区建设的主要内容应包括社区成员、共同意识、社区组织和物质环境四个方面，虽然经过"十一五"和"星光计划"的实施，社区养老居住物质环境有了较大改善，但与老龄化社会的快速发展以及居家养老社会需求相比，各方面还存在着巨大的差距。

营造适宜"老有所居"的社区居住环境不仅仅只是物质环境的建设，从社区建设构成体系的内容和相互作用机制来看，只有它们各组成部分协调共进，才能实现社区建设的愿望与目标。通过对目前社区建设的现状分析可以看出，造成当前发展滞后问题的原因虽然是多方面的，但缺少相应的科学理论用来指导社区发展建设，已成为严重影响社区全面、统筹发展的重要因素。

2. 缺少系统化的养老居住环境体系建构

适宜"老有所居"城市社区居住环境是一个复杂的综合体，除了硬件环境建设（住宅、场所、设施等）外，还包括软件环境（保障、服务、管理等）的建设，其复杂性在于构成要素之间的相互作用关系。在"星光计划"和两个"五年"规划实施中，都将重点放在了社区养老服务设施的建设上，但是对社区养老居住硬件环境整个系统的建设还缺乏全面的统一规划。当前的发展现状是我们比较侧重于物质环境的建设，在活动设施、户外场地和健身器械的建设方面投入人力、物力较多，而对软件环境的建设重视不够，从而也导致了硬件环境难以发挥其有效作用，使得社区的宜居性和环境综合质量受到较大影响。

适宜"老有所居"的城市社区居住环境建设是一个系统工程，我们只有全面梳理与解析适宜"老有所居"城市社区居住环境中的影响因子，科学评价各影响因子的影响程度与作用机理，厘清各要素之间的相互关系与连带作用，建立起系统化的适宜"老有所居"城市社区居住环境体系框架，才能帮助我们科学、高效地开展社区养老居住环境建设，避免沿用过去头痛医头、脚痛医脚的解决问题方法。

3. 缺少与宜居社区紧密结合的居住空间规划

我国城市居住空间的规划模式借鉴了西方的邻里单位和苏联的居住街坊，形成了"小区—组团—院落"和经过改良形成的"小区—院落"组织结构，无论是邻里单位，还是小区模式，都是以功能主义的城市规划理论为基础，体现出功能至上的特点，在居住区规模、空间组织结构和建设指标控制等方面忽视了人对居住空间的主体性，忽略或舍弃了与人的居住生活相对应的有机复杂的内在机理，缺少对社区的地域、成员、共同意识、空间和组织结构进行全面、系统和均衡发展的考虑。在进入老龄化社会、居住环境建设逐步从单纯追求"物质环境"提升到注重"精神内涵"的过程中，传统规划方式就暴露出越来越多的问题。

在老龄化社会城市居住空间的组织方式需要不断发展以及尽快营造适宜"老有所居"的城市社区居住环境的今天，改变居住空间规划的小区模式，调整居住空间组织结构，完善规划的建设指标控制，其必要性和迫切性是不言而喻的。居家养老根植于社区，因此作为宜居社区的规划建设，就必须充分考虑社区居民特别是老年人的生活需要。

### 2.4.2 住宅建设与居家养老需求关系的脱节

长期以来在住宅的规划和设计上，我们一直是将城市住宅和老年住宅区分开来进行规划与设计的，城市住宅在设计上虽有一些无障碍的要求，但要很好地满足老年人居家养老的使用需要还存在较多的不足，另外这种区分使用对象的规划设计方式也体现在现有的住宅设计规范上。

同样，在老年人的养老居住环境建设方面，过去我们一直将重点放在城市养老居住设施、老年住宅、老年公寓、老年之家以及老年住区的建设上，在城市居住环境的研究中也常常把老年住宅与普通城市住宅割裂开来，忽略了城市住宅在解决老年人居住生活方面应发挥的重要作用，导致大量已建设的城市住宅很少考虑购买者将来居家养老的使用需求。改革后的城市住房制度逐步形成了以商品住宅为主的住宅所有制形式，购买住宅也成为人生中最大的生活消费，并且城市居民的住宅购买绝大多数都是利用分期付款，这就使得人们一生中不可能简单地根据生活需要更换居住场所。因此，城市住宅应该在解决老年人的居家养老上发挥出应有的作用。

老龄事业发展"十二五"规划提出了建立以居家为基础、社区为依托、机构为支撑的发展建设方针。面对社会需求，如何建立老龄化社会城市社区的居住环境体系，如何在城市住宅的设计上尽可能满足人生各个不同阶段的使用需求而实现持续有效地利用，已成为老龄化社会城市社区居住环境以及城市住宅迫切需要开展的研究课题。

### 2.4.3 养老居住设施与社区居住环境的分离

我国城市空巢老人与独居老人家庭数量的快速增长已成为全社会高度关注的一个问题。新中国成立后，民政部门通过建设社会福利院，收养城市中的"三无"（无法定赡养人、无固定生活来源、无劳动能力）老人，受经济发展水平的制约，能够收养的老年人数量有限。改革开放后，面对不断增多的居家养老有困难的老人，政府加大资金投入修建养老院、老年公寓等养老居住设施，并且鼓励民营企业参与养老居住设施项目的开发建设，全国城市的养老居住设施无论在数量上还是在质量上都有了较快速度的发展。

尽管如此，目前城市养老居住设施无论从"量"还是"质"上都与老年人的实际需求有着较大差距，主要表现在：

1. 缺乏科学合理的布局

一方面许多老年人找不到地方养老，另一方面一些养老居住设施的入住率并不理想，通过分析可以看出造成这一现象的主要原因是当前养老居住设施的规划布局不合理，设施的建设还没有与社区居住环境建设紧密结合，问题反映在设施的设置区位与数量分布上。从近年来一些城市养老居住设施的建设状况看，新建养老居住设施"郊区化"趋势比较明显，并且设施规模较大；而城区中的养老居住设施多以旧建筑改造方式居多，居住环境条件相对比较落后。郊区新建的养老居住设施虽然环境条件相对较好，但由于老年人必须远离原有的生活环境，使得一部分老年人宁可选择居住在条件相对较差的城区养老居住设施也不愿到郊区去，造成城区与郊区养老居住设施在使用上出现"冷热不均"的问题。

2. 缺乏对地缘社会关系利用的重视

"亲缘"与"地缘"是老年人社会关系中最为重要的两个部分。亲缘关系是指老年人与子女、亲属等由血缘联系构成的社会关系，而地缘社会关系是老年人在长期的居住生活中与地域周围的邻居、朋友、熟人以及地域中各种组织所构成的社会关系。传统的养老模式是以亲缘关系为基础的，在空巢老年人家庭不断增多的趋势下，我们就必须重视"地缘"社会关系在养老居住环境建设中的作用。

由于目前的城市养老居住设施建设并没有完全按照老年人口分布状况和实际需求进行配置布局，这就容易导致入住到养老居住设施中的老年人既远离亲缘关系又脱离了社区的地缘社会关系，造成老年人在设施中易于产生寂寞与孤独等精神问题[60]。

如何为日益增多的空巢老人与独居老人营造一个良好的养老居住环境，如何将养老居住设施与老龄化社会城市社区居住环境建设紧密结合，已成为城市人居环境建设必须解决的一个重要课题。

## 2.5 台湾地区养老居住环境建设综述

台湾地区人口老龄化始于20世纪70年代，1990年时65岁及以上人口占总人口的6.1%，1993达到7%，正式进入到老龄化社会。2000年又达到8.5%，依照目前老龄化的发展速度，推算到2033年将达到20%[78]。

### 2.5.1 台湾地区的福利体系及住房体系

台湾地区的社会保障制度是在20世纪80年代才建立起来的，在此之前的社会福利主要是向无法维持基本生活的少数居民提供基本救助，老年人的基础养老主要还是依靠家庭赡养功能。台湾地区养老年金的发放对象主要集中在军队、公务员和教师三种职业上，一般工薪阶层的退休保险则在综合性的《劳工保险条例》中进行了规定，与前述三种职业相比，劳工的保障给付水平较低，一些从小企业退休的职工甚至得不到保障。1980年台湾地区通过了《老人福利法》，开始面向中低收入家庭中的65岁及以上老年人提供生活补贴、特别照顾津贴等经济保障，这部法律的实施标志着台湾地区向福利社会转型的开始。到20世纪90年代台湾地区开始酝酿养老社会保障制度改革，2004年台湾地区"立法会"正式通过了《劳工退休金条例》法案，该法案对台湾地区的养老社会保障制度作出了重大调整，提出建立以"个人账户（个人退休金专户）"为主，"年金保险制"为辅的新退休金制度。

福利体系也从早期仅对社会底层生活无所依靠的老年人提供收容居住，扩展到了后来对中等偏低收入老年人提供居住服务，但由于福利体系社会救助原则中设定了很多条件限制，因此造成老年人居住建筑的建设规模难以扩大。1976年台湾地区在公布的"经济建设六年计划"中开始鼓励民间团体及社会发展单位参与兴办老年人福利事业及投资建设老人之家，为老年人提供食宿、康乐、医疗等服务。20世纪80年代台湾地区开始兴建自费养老设施，例如1983年建立的"台北市立自费安养中心·松柏楼"等，这些设施完全为老年人居住而设计并且主要面向生活能够自理的健康老人。

公共住宅在台湾地区也被称为国民住宅，台湾地区的国民住宅在整个住房市场所占比例仅为7%，低于其他亚洲新兴国家与地区[79]。台湾地区住宅短缺问题初见于1948年，随着1949年国民党政权溃败，超过150万人（其中60万是军人）涌入台湾造成了第一次房屋紧缺。20世纪60年代大规模城市化以及人口出生率高峰带来的城市人口高速增长，造成台湾社会大量的居住需求问题[80]。

1975年台湾地区通过了《国民住宅条例》，这部条例明确规定了政府有义务集中兴建国民住宅，国民住宅的建设被纳入到"十二项建设"范围内，国民住宅开始大规模开发建设，整个房地产市场有了突飞猛进的发展，高层住宅逐渐成为常见的住宅形式，经过一个时期的建设，社会的居住问题才得到了初步的缓解。

### 2.5.2 台湾地区养老居住建筑的发展

台湾地区养老居住建筑的发展长时期并存于社会福利体系与城市住宅体系之中。《老人福利法》颁布之前，养老居住建筑主要在福利体系中发展，其目的是解决社会底层生活没有依靠的老年人的养老居住问题，但由于政府资金投入和救助原则的限制，难以形成大规模的建设发展。而养老居住建筑在住宅体系中也发展缓慢，其原因有两个：①当时住宅体系发展的主要目的是为了尽快解决社会住房短缺问题，公共住宅建设并没有把老年人的养老居住需求放在重要位置；②私人住宅开发项目也不会将大多处于低收入阶层的老年人群作为销售对象进行住宅开发建设，仅有少量针对高收入老年人的住宅出现。

《老人福利法》颁布后，养老居住设施中也出现了完全收费的自费养老居住方式，可经营性促进了民间资本投入到养老居住设施的建设中,使得老年人养老居住建筑的建设有了较快速度的发展,政府也统一将这类设施命名为"仁爱之家"。例如当时中国大陆救济总会建设的"翠柏新村"就是一所不再属于福利部门,而是市场化的完全针对老年人养老居住进行设计的养老居住建筑。又如 1996 年由润泰集团与日本中银公司合作开发建成的润福生活新象·淡水馆,项目共设置了 260 多间老年人居住套房,由于在设计上充分考虑了老年人的居住使用要求,项目配套设施齐全,装修标准较高,周边景观良好并且采用租赁的经营方式,使得项目一经建成就获得了 100%的出租率,取得了良好的经营效果和社会评价。

1997 年台南市政府投资建设的老年人长青公寓开始经营,这是台湾地区第一个以"老人公寓"命名的老年人居住建筑。后来其他县、市新建的福利性老年人居住建筑均被命名为老人公寓。2000 年台湾地区颁布了"公寓建设辅助计划",开始鼓励社会福利机构建设老人公寓。2003 年由台塑集团联合长庚医院开发建成了长庚养生文化村,这一项目改变了过去老年人居住建筑小规模的现状,成为台湾地区第一个建成的老年人居住区。长庚养生文化村总建成户数达到 4000 套以上,周边环境优美,设施齐备并配置了高尔夫球场,特别是由于发挥了长庚医疗集团的优势在住区中设置了医疗机构、护理之家和慢性病医院,形成完整的健康照护网络,满足了老年人在健康出现紧急情况时希望能够得到及时救助的愿望。虽然项目建在距离台北市区较为偏远的地方,但依然受到了老年人的欢迎。

为了鼓励更多的社会力量参与到老年人居住建筑的建设中,2004 年 7 月台湾地区正式通过《促进民间参与老人住宅建设推动方案》,将老人住宅纳入《促进民间参与公共建设法》。这部法律规定了民间投资老年人住宅事业可以适用于"促进民间参与公共建设范围福利措施"的相应规定,5 年内减免房屋税、地价税和营利事业所得税,并且可以享受投资抵减、进口器具免征进口税的优惠。这些相关政策的制定与实施,极大地推动了台湾地区老年人居住建筑的发展。

尽管从 20 世纪 90 年代开始台湾地区的老年人居住建筑有了较快速度的发展,但三代同堂一直是台湾地区社会主要的家庭居住模式,其原因一方面是受子女应赡养老人等传统文化的影响,另一方面在 1987 年房价飞涨前购买一套三代同堂的住宅成本还能够为多数家庭所接受。1997 年台湾地区修订后的《老人福利法》仍把鼓励三代同堂作为老年人居住模式的一个重点,并给予申请三代同堂家庭多方面的优惠。而对于无子女照顾的独居老人,则通过社会福利体系使他们的生活能够得到基本上的照护。

### 2.5.3 台湾地区老年人居住建筑的类别

台湾地区老年人居住建筑总体上可以按照居住的场所属性分为老年人住宅和养老居住设施两大类。在老年人住宅中又可分为老人公寓和银发住宅两种(表 2-1),养老设施又分为老年人安养机构、养护机构、长期照护机构、护理之家和荣民之家五种。

台湾地区老年人住宅比较　　　　　表2-1

| 类别 | 运营主体 | 住户空间及设备 | 公用设施 | 服务内容 |
|---|---|---|---|---|
| 老人住宅 | 公、私立财团法人 | 单人或双人套间，简单卫浴和厨房设备 | 餐厅、会客、休闲活动、阅览等用房 | 饮食服务，生活咨询和安全管理 |
| 银发住宅 | 民间企业或私立财团 | 单人或双人1K、2K平面组合户型住宅，配置卫浴和厨房设备 | 餐厅、游泳池健身房、游戏厅及各种兴趣活动空间 | 饮食服务，生活咨询和安全管理，付费家务服务 |

老人公寓是在参考了美国老人退休者住宅、英国庇护住宅和瑞典年金者住宅等居住政策后，1990年开始实施老人公寓建设辅助计划，采用近似一般住宅而非养老设施的自费养老方式，主要解决非经济因素的中产阶级老年人的居住需求。采用租赁方式，住户单元内设有卫浴设备和简单的厨房设备，分为单人和双人套间两种，另外公寓中设有餐厅、活动厅和健身用房等公共空间。

银发住宅是为满足有较强经济能力的老年人居住需求的住宅，主要由民间企业和私立财团参照日本自费养老设施和欧美高级老年人社区推出的居住形式。住宅单元内设施完善并设有紧急呼救系统，分为有卧室和起居室各一间的1K、2K平面组合的单身和夫妇两种居住户型，在公用空间上采用豪华酒店的经营方式设施了如餐厅、游泳池健身房、游戏厅和各种兴趣活动空间。

台湾地区《老人福利法》将养老居住设施分为社会福利体系、卫生医疗体系和退辅会体系三大类五种设施，即老年人安养机构、养护机构、长期照护机构、护理之家和荣民之家（表2-2）。

安养机构收住自费老人或无抚养能力的老人，设施提供饮食、安全管理和应急服务，每间卧室设置床位数不超过3个，公共部分设有护理站、餐厅、会客室、阅览室和活动室等，平均每位老年人的建筑面积控制在20m$^2$左右。

养护机构收住丧失部分生活自理能力的老人，设施提供饮食、家务服务、全管理和应急服务，每间卧室最多设置8床，设置满足卧床和轮椅老人能够使用的卫浴设备，公共部分设有护理站、餐厅、污物处理室、洗衣室和活动室等，平均每位老年人的建筑面积控制在16m$^2$左右。

长期照护机构收住患有长期慢性疾病并且需要医护的老人，机构为老人提供饮食、家务协助和护理照顾等服务，每个卧室最多设置8个床位，平均每床建筑面积为16m$^2$左右，公共部分除设有护理站和卫浴设施外，还按每床4m$^2$的面积标准设置日常活动场所。

护理之家是按照1985年颁布的"护理机构设置标准"进行设立，主要收住患有慢性病需要长期护理和出院后还需继续护理的日常生活无法自理的老人，设施为老年人提供饮食、家务服务、个人照顾和身体护理等服务，每个卧室最多设置8个床位，平均每床建筑面积为20m$^2$左右。

荣民之家主要收住 1949 年来台的荣民老人，早期荣民之家的卧室设置 6 个床位，卫浴设施为公共利用，后来为改善居住条件每个卧室设置 3～4 个床位，另外设置了餐厅、图书室和活动室等公共空间，设施提供饮食和家务协助等服务[81]。

台湾地区养老居住设施比较　　　　　　　　　　　　表 2-2

| 类别 | 管理部门 | 住户空间及设备 | 公用设施 | 服务内容 | 规模 |
| --- | --- | --- | --- | --- | --- |
| 安养机构 | "内政部" | 每间卧室设置 3 床，不含卫浴每床平均 7m² 左右 | 卫浴设备、护理站、餐厅、会客室、阅览室和活动室 | 饮食服务，生活咨询和安全管理 | 50～500 人 |
| 养护机构 | "内政部" | 每间卧室设置 8 床，不含卫浴每床平均 7m² 左右 | 卫浴设备、护理站、餐厅、污物处理室、洗衣室和活动室等 | 饮食服务，家务协助和安全管理 | 50～300 人 |
| 长期照护机构 | "内政部" | 每间卧室设置 8 床，不含卫浴每床平均 7m² 左右 | 照护区、护理站和日常活动场所 | 饮食服务，家务协助和护理照顾 | 50～300 人 |
| 护理之家 | "卫生部" | 每间卧室设置 8 床，不含卫浴每床平均 7m² 左右 | 卫浴设施、护理站 | 饮食服务，家务协助和护理照顾 | 50～300 人 |
| 荣民之家 | "退辅会" | 每间卧室设置 3～4 床，附设卫浴设施 | 餐厅、图书室和公共活动室 | 饮食服务，家务协助和护理照顾 | 500 人以上 |

台湾地区"内政部"2000 年人口普查的统计数据显示，台湾地区合法立案的老年人安养、养护机构共有 756 家，设置床位 35570 床，其中安养机构 52 家，可收容 11913 床；养护机构 696 家，可收容 22945 床；长期照护机构 17 家，可收容 712 床[82]。

台湾地区近年来正努力把福利机构中的安养功能转化为养护功能，鼓励民间资源投资老年人居住事业，引导在福利体系中的老年人居住建筑逐步退出，住宅体系中过去仅仅面向高收入阶层的老年人居住建筑逐步调整到面向更广泛的老年人群。

## 2.6　本章小结

围绕我国城市老龄化社会居住环境的发展建设历程进行分析，我们可以深刻地认识到经过半个多世纪的发展，一方面无论在养老制度的制定和完善上，还是在居住环境的建设与改善上以及老年人养老物质生活和精神生活的保障方面，我们都取得了巨大的建设成就。另一方面在新的历史阶段如何应对社会老龄化进程的快速发展，如何解决好日益增多的老年人的安居养老问题，无论在发展的思路上还是建设的方法上，我们还面临着诸多迫切需要解决的问题。借鉴经济发达国家和地区的发展建设经验，能够给予我们很多有益的启示。

（1）新中国成立以前，针对社会的老年人群进行有计划、有目的的养老居住环境建设可以说还根本无从谈起，在大量住无居所的孤寡老人中，只有非常有限的少数老年人能够得到社会的帮助，并且得到的照顾程度也是非常低下的。"养儿防老，多子多福"成为旧中国长期以来社会最普遍的认识和做法。

（2）新中国成立后，在经历了作为发展社会福利的早期阶段、住房制度改革后的发展建设阶段以及步入老龄化社会的快速发展阶段之后，一方面在老年人社会养老保障制度的建立与完善上取得了巨大成果，另一方面在城市住宅的发展建设上通过住宅所有制的转型，老年人的居住条件和居住环境都有了很大程度的改善，形成了居家养老与社会养老并存的发展格局。

（3）伴随着社会老龄化程度的不断加剧，在结合了长期的社会发展实践经验和国情现状的基础上，国家确立了以居家为基础、社区为依托、机构为支撑的应对老龄化社会居住环境建设发展目标，这对建设未来适宜"老有所居"的城市社区居住环境具有重要的指导意义。

（4）"星光计划"、"中国老龄事业发展十五计划纲要"和"中国老龄事业发展十一五规划"的实施，"中国老龄事业发展十二五规划"的发布，对全面发展社区养老服务，改善社区养老居住环境条件的建设起到了巨大的推动作用。同时，通过对建设实践的现状进行分析，总结归纳出在建设适宜"老有所居"的城市社区居住环境上，特别是在养老居住环境体系建构与统筹规划、住宅建设与居家养老需求关系、养老居住设施与社区居住环境的结合等方面还存在诸多问题。

（5）通过对台湾地区在解决老年人养老居住问题方面的发展经验的分析，我们从中可以看到虽然社会保障制度不同，解决问题的具体做法也不尽相同，但台湾地区在养老居住环境发展的理念上、相关政策的制定上以及实施的方法上都能够给予了我们有益的启示。

# 3 我国老年宜居环境的学术研究与设计实践

研究收集了国内在建筑与城市规划学科具有重要学术影响力的学术刊物[①]自1962年以来发表的有关老年宜居环境的相关研究文献，通过对检索到的400多篇已发表的学术论文进行梳理，并结合我国社会发展历程与人口老龄化进展，对发表的文献进行了全面、系统的分析。我国城市养老居住环境的发展建设历程经历了作为社会福利发展的建设阶段、住房制度改革后的发展建设阶段和步入老龄化社会下的快速发展3个重要阶段，而针对老年人养老居住环境所开展的相关研究也是与这3个发展建设历程紧密关联的。

在作为社会福利发展的建设阶段（1949~1979年），一方面由于当时我国城市人口老龄化程度较低并且得益于传统家庭养老模式的广泛利用，使得这一阶段我国老年人的养老居住问题并不突出；另一方面当时的养老居住环境建设主要归属在社会福利体系之中，是以社会福利院的形式体现，照护的主要对象是"三无"老人且人数较少。因此这一阶段我国有关养老居住环境建设的研究论文只有1962年《建筑学报》发表的一篇"井冈山敬老院"，老年宜居环境的相关研究可以说还处于空白阶段。

在住房制度改革后的发展建设阶段（1980~1999年），经济上的改革开放也启动了我国整个社会住房体制的转变，住房制度的变化使得城市居民的居住环境条件开始有了较大幅度的改善。与此同时伴随着城市核心家庭和空巢老年家庭数量的增大，城市老年人的养老居住问题逐步引起社会的关注。1982年第一次老龄问题世界大会的召开和1990年"世界老人问题宣言"的发表对我国老年人养老事业的发展产生了重要影响。1999年国家成立了全国老龄工作委员会，老年人的养老居住问题也逐步成为众多学者研究的热点，相关研究成果开始陆续在期刊上发表，且论文登载数量呈现不断上升趋势。纵观这一时期发表的研究文献可以看出，研究内容主要集中在两个方面：①对国外老年人居住建筑发展现状和养老建筑设计案例的介绍；②关于老年住宅、老年公寓以及家庭养老居住方式下两代合居住宅的设计探讨。

在步入老龄化社会下的快速发展阶段（2000年至今），2000年全国第五次人口普查结果显示我国已跨入老龄化社会，《中国老龄事业发展"十二五"规划》中又进一步明确了"构建居家为基础、社区为依托、机构为支撑的社会养老服务体系"。这些政策与措施的实施，极大地推动了我国老年宜居环境的建设并取得了较快速度的发展。与此同时，老年宜居环

---

① 《建筑学报》《世界建筑》《南方建筑》《新建筑》《华中建筑》《建筑师》《城市规划》《城市规划汇刊》《规划师》《国外城市规划》《城市规划学刊》《中国园林》《住宅科技》以及"建筑老八校"学报等。

境的学术研究内容也从单纯的养老居住建筑扩展到养老生活环境的宏观规划、公共设施及服务配套、室内外空间环境以及设计标准与规范等方面，各类研究成果不断涌现，2014年期刊论文的发表创下新中国成立以来的最高数量。从2000年开始无论是从老年宜居环境的建设上，还是在相关学术研究与设计实践方面都进入到一个繁荣发展的新阶段（图3-1）。

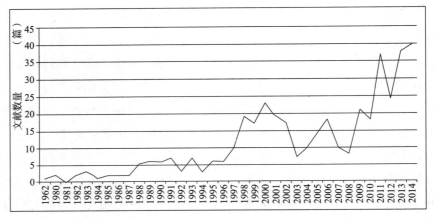

图3-1　国内老年宜居环境研究文献发表的经年变化

## 3.1　老年宜居环境的学术研究

通过对已发表的与老年宜居环境相关的400多篇学术论文进行梳理和分析（图3-2），根据其研究内容可以大致划分为"养老居住建筑"、"养老服务设施"、"养老户外环境"和"养老发展规划"四大类研究领域（图3-3）。

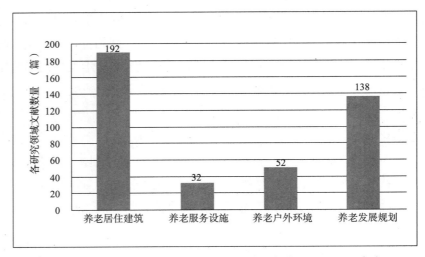

图3-2　国内老年宜居环境学术研究领域分布（1962～2014年）

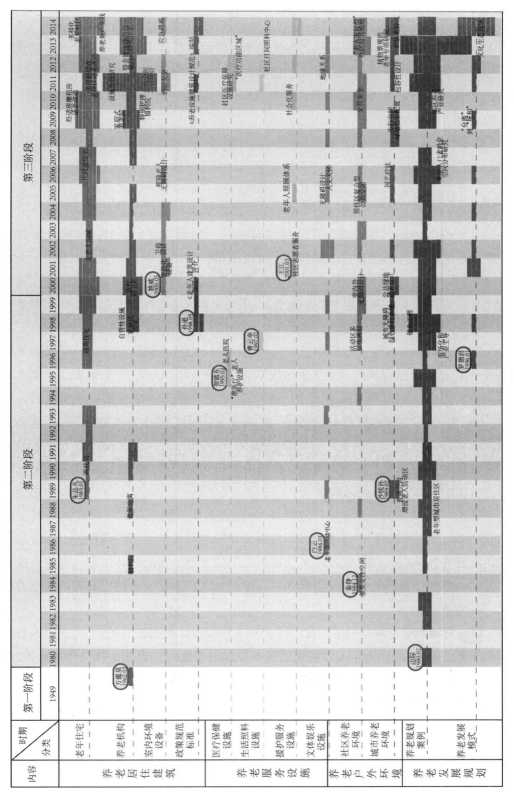

图3-3 国内老年宜居环境研究发表的相关文献

### 3.1.1 养老居住建筑研究

养老居住建筑研究主要是指根据老年人养老居住的生活需求和利用特点对居家养老与设施养老的建筑空间所开展的相关研究。在已发表的研究成果中共收集到有关养老居住建筑方面的文献192篇，2014年是研究文献发表最多的一年（图3-4a），研究内容集中以下四个方面：

（1）老年住宅：早期的研究成果是1989年在《规划师》上发表的"老年人住宅标准"[83]。此后结合传统"家庭养老"方式，一些学者在住宅的规划与设计上提出"两代居"[84]和"通用住宅"的概念[85]，以及关于家庭养老居住模式逐步向集中养老模式过渡的探讨[86]。进入老龄化快速发展期后，一些学者提出要建立我国特有的高龄者居住建筑体系，即以家庭养老为主，社会养老为辅，实现养老社会化的模式[87]。2000年之后针对大规模老年住区建成使用后存在的问题，有学者指出将老年人大规模集中居住的不合理性，并提出发展混合老年住区是我国城市老年居住环境发展的方向[88]，同时还有学者提出了应在集合住宅规划中通过"分散近居"实现年龄层的社会混合[89]。近年来有关老年住宅的相关研究在类型上也有所扩展，开始从城市公共住宅扩展到传统里弄住宅和农村住宅的适老化设计方面[90]。

（2）养老机构：1976年《建筑学报》发表的"井冈山敬老院"是有关养老机构早期的研究成果[91]，此后研究的视角逐步从关注建筑功能空间的完整性转向如何满足老年人心理需求的个人参与和家居氛围营造方面[92]；进入21世纪，随着养老机构的逐步发展，有学者提出了基于机构养老和家庭养老之间的家庭式养老院模式[93]，也有学者提出了城市养老机构建设应转向生活形式"家庭化"、设施建设"社区化"[94]，以及通过进一步对养老机构的运营管理和利用需求进行深入调查，针对养老机构的主要功能空间从功能配置、空间设计和室内装修等方面提出设计建议[95]。

（3）室内环境设备：2000年《住宅科技》"适合老年人使用的厨卫设计"是较早的研究成果[96]。除了对室内装修的适老性探讨之外，由于老年人的生理特殊性，卫浴空间始终是室内环境研究的重点，在设计策略上从最早提出的方便、安全设计原则，发展为重视老年人私密性、智能化及人性化的设计策略[97]，也有学者从消防安全角度对老年住宅进行了相关设计研究[98]。

（4）政策标准规范：国家先后颁布了《老年人建筑设计规范》（1999）、《老年人居住建筑设计标准》（2003）、《城镇老年人设施规划规范》（2007）和《养老设施建筑设计规范》（2013）等，这些标准规范既是对老年宜居环境建设提出的基本要求，也是相关研究成果的集中体现。规范颁布实施后一些学者还对其开展了相关评价研究[99]，以及对规范的设计原则、分类和用房配置等方面的思考建议[100]。近年来一些学者还针对老龄化社会居住环境规划存在的问题提出了调整和完善居住空间规划指标的必要性和迫切性，并从用地结构、面积指标、设施配置等方面提出了合理化建议[101]。

### 3.1.2 养老服务设施研究

养老服务设施是指为老年人提供生活照料、医疗保健、文化娱乐等方面专项或综合性服务的建筑。在收集到的研究成果中有关养老服务设施方面的文献共计32篇，研究数量总体偏少，内容主要集中在以下四个方面（图3-4b）。

（1）医疗保健设施：较早关于老年医疗保健设施的研究成果是1995年发表于《世界建筑》的"准医疗老人养护设施探索"[102]，该研究提出了介于家庭与医院之间的一种中间设施。之后也有学者提出在规划布局中将社区性老人医院和老人病防治中心分级布局，逐步形成我国"老有所医"的医疗体系[103]。进入新世纪后结合医疗体制改革对健康保障设施有了更系统的研究，一些学者提出了应从基地选择、总体布局到建筑配置三方面来建设完善多级的社区老年健康保障设施[104]。

（2）生活照料设施：发表于《住宅科技》的"城市社区老年服务设施的建设"[105]提出了居住区中的公建配套标准应考虑老年群体需求，之后也有学者提出在住区规划中要以居家养老为核心来配置住区养老设施及相关项目[106]，强调要实现老年人居家养老，就必须从管理和规划层面在社区内建立完善的家政服务、餐饮服务和日间照料服务相关设施[107]。近年来一些学者还针对社区日间照料中心使用中存在的问题，从使用者、空间环境和服务项目三者有机地结合的角度，开展了老年人行为系统与设施空间对应的设计模式研究[108]。

（3）援护服务设施："家庭养老与社区志愿服务的立法"[109]是早期从立法的角度开展居家养老服务的研究成果，此后有学者提出要发展社区服务志愿者，通过增强管理来改善社会援护对于养老照顾体系的支撑[110]，也有学者开展了如何建立全面连续的社区养老服务设施发展框架，以及集约高效社区养老服务设施的空间支持方法研究[111]。

（4）文体娱乐设施，早期关于老年文体娱乐设施的研究是在《华中建筑》发表的"老年干部活动中心（站）设计"[112]，之后逐步扩展到对老年活动中心的设计探讨。2000年后在研究内容上开始注重设施的开放性、无障碍设计和人文关怀[113]，以及如何提升老年人的相互交流与沟通等人性化设计方面[114]。

### 3.1.3 养老户外环境研究

养老户外环境的研究主要是指以老年人的户外活动空间为研究对象，针对老年人户外活动需求和利用特点对居住环境的空间营造展开的相关研究。在收集到的研究成果中有关养老户外环境的文献共52篇，2014年是研究成果的快速增长期（图3-4c），研究内容主要集中在住区养老环境、城市养老环境两方面。

住区养老居住环境早期的研究成果是发表在《建筑学报》的"老年人与居住区规划"[115]，该研究提出了加强邻里交往空间、丰富公共娱乐环境、改善户外环境的设计规划建议。20世纪90年代有学者提出在城市住区内建设针对老人的多层次、多种类的户外活动环境，并总结出居家老人和集居老人各种户外活动空间的设计建议[116]。2000年后一些学者开展了对社区空间结构从层级式的圈层结构向功能复合型的多核结构转变的探讨[117]，老年人步行社区"设施网络的可达性能"与"场所网络的空间特征"研究[118]，以及基于群体多样性的住区公共服务空间适老化调查与设计研究[119]。

有关城市养老环境方面比较早的研究成果是在《中国园林》发表的"综合性公园增设老人活动区的探讨"[120]，研究了公共活动场所中老年人专项活动区的规划设计；还有学者开展了运用城市无障碍绿色步行系统来应对城市老龄化的研究[121]。2000年后，研究内容从设置专门为老年人活动的户外区域发展到城市公共活动场所，体现了老年宜居环境的通用性设计思路，例如对城市公共绿地的适老性改造研究[122]和老年人城市步行空间设计方法研究[123]。针对目前社会出现的老年人"广场舞"问题，有学者提出应通过加强公共空间的合理规划和动静分区，为老年人提供多种形式的活动空间[124]。

### 3.1.4 养老发展规划研究

有关养老发展规划的研究主要是围绕养老规划案例和养老发展模式两个重点进行的。在已发表的研究成果中共收集到有关养老发展规划方面的文献138篇，2013年是文献发表最多的一年（图3-4d）。

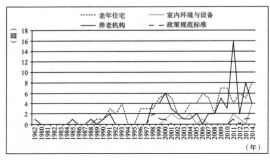

（a）"养老居住建筑"文献数量

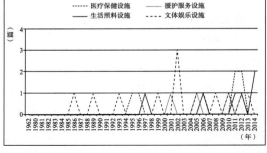

（b）"养老服务设施"文献数量

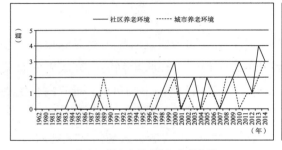

（c）"养老户外环境"文献数量

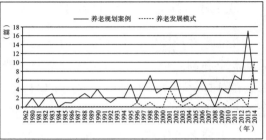

（d）"养老发展规划"文献数量

**图3-4 老年宜居环境各研究领域的文献经年变化（1962~2014年）**

早期关于养老发展规划的研究成果是在《住宅科技》上发表的"城市人口结构与生活环境"[125]，研究提出了在发展家庭养老的基础上，优化居住环境和家居模式，兼以社会福利设施的完善和居住区空间环境的改善来满足老龄化城市的发展需求。也有学者指出老年设施产业应从福利、政府主导向市场化和产业主导逐步转变[126]。2000年后发表的研究文献不断增多，提出构建大规模集中居住的老龄社区[127]，在特大型城市周边发展郊区养老产业[128]；在旧城区通过城市改造，发展养老社区[129]；以及强调以社区为建设基础，将城市老年人的居住环境融贯在城市社区人居环境建设之中[130]，也有学者提出发展我国养老产业必须从多学科入手，进行多领域的产业发展来支撑带动养老产业[131]。

## 3.2 老年宜居环境的设计实践

"井冈山敬老院"[91]既是我国有关老年宜居环境学术研究发表的早期文献，也是最早的设计实践成果。此后伴随着人口老龄化和老年宜居环境研究进程的发展，相关设计实践项目的研究发表数量在逐渐增多。从已发表的设计项目类型来看，养老机构、老年文化活动设施和老年住宅所占比例最大，并且设计实践探索的内容反映了同期的相关学术研究成果（表3-1）。

我国老年宜居环境的设计实践案例　　　　　　　　　　　表3-1

| 项目类型 | 文献信息 | | | | 项目信息 |
|---|---|---|---|---|---|
| | 作者 | 文献名 | 刊名 | 发表时间 | 设计师/单位 |
| 养老居住设施 | 方鑑泉、方菊丽 | 井冈山敬老院 | 建筑学报 | 1962.03 | 华东工业建筑设计院 |
| | 黄晓村、邱镜潭 | 厦门社会福利院设计 | 建筑学报 | 1985.06 | 中建房屋建设开发公司 |
| | 张伯扬 | 农村新型敬老院设计 | 住宅科技 | 1990.003 | 徐州市第二建筑设计院 |
| | 卢济威、顾如珍 | 探索适宜老人的空间环境——上海杨浦区社会福利院设计 | 建筑学报 | 1991.08 | 不详 |
| | 饶永 | 合肥市老年公寓设计 | 住宅科技 | 1998.09 | 不详 |
| | 王彦辉 | 镇江社会福利院创作设计谈 | 新建筑 | 1999.05 | 齐康 |
| | 田野、刘理钧等 | 传统与现代的契合——北京高德老年中心创作 | 华中建筑 | 2000.03 | 不详 |
| | 单军、吕富 | 应答式设计理念——呼和浩特市回民区老人院创作心路 | 建筑学报 | 2000.11 | 清华大学建筑学院 |
| | 陈龙、贾莲娜等 | 中原国际老人村设计体会 | 建筑学报 | 2001.11 | 郑州大学建筑系 |
| | 叶鹏、李雪 | 安庆市福利中心老年公寓的设计探索 | 华中建筑 | 2011.01 | 不详 |
| | 张应鹏、黄志强等 | 苏州高新区狮山敬老院 | 新建筑 | 2011.04 | 九城都市建筑设计有限公司 |
| | 孙大伟、刘文佳 | 与老年文化产业相契合的老年公寓规划设计——以嵩山夕阳红生态园规划为例 | 华中建筑 | 2011.08 | 不详 |

续表

| 项目类型 | 文献信息 | | | | 项目信息 |
|---|---|---|---|---|---|
| | 作者 | 文献名 | 刊名 | 发表时间 | 设计师/单位 |
| 老年文娱活动设施 | 陈政恩、周以文 | 南平老人活动中心 | 建筑学报 | 1989.01 | 福建省建筑设计院 |
| | 石德亮 | 利用环境 创造环境——临沂老干部活动中心设计 | 华中建筑 | 1997.02 | 不详 |
| | 劳诚 | 夕阳无限好——合肥老干部活动中心设计构思 | 建筑学报 | 1999.08 | 不详 |
| | 何晶 | 北京市老年活动中心设计 | 新建筑 | 2002.02 | 中国航天工业规划设计研究院 |
| | 姜传宗 | 选择与创造——南安市老年人活动中心的创作与探索 | 建筑学报 | 2002.11 | 华侨大学建筑系 |
| | 田利、仲德崑 | 轮廓消失的建筑——浙江省老年大学暨小百花艺术 | 华中建筑 | 2002.05 | 东南大学 |
| | 沈济黄、叶长青 | 浙江老年大学设计 | 建筑学报 | 2005.04 | 浙江大学建筑设计研究院 |
| | 沈济黄、朱江等 | 主客互动 情景交融——浙江省老年大学 | 新建筑 | 2006.01 | 浙江大学建筑设计研究院 |
| | 李宁、王玉平 | 以实为屏，以园为心——河南省老干部活动中心建筑方案设计 | 华中建筑 | 2008.08 | 浙江大学建筑设计研究院 |
| | 张林书 | 建筑形式的转换——彭城老年大学综合教学楼方案设计 | 华中建筑 | 2010.03 | 华侨大学建筑学院 |
| | 胡斌、张明子等 | 绿丘·漫步——伊金霍洛旗老年活动中心 | 华中建筑 | 2012.07 | 北京工业大学建筑规划学院 |
| | 张智、王冠华 | 城市老年活动中心建筑设计分析——以郑州市老干部活动中心综合活动楼为例 | 华中建筑 | 2013.11 | 华侨大学建筑学院 |
| 老年住宅 | 张帆、姜传拱 | 营造适合老年人生活的居住环境——苏州新城花园老年社区设计 | 新建筑 | 2001.04 | 机械工业部第二设计研究院 |
| | 于一平 | 北京太阳城国际老年公寓规划设计 | 建筑学报 | 2002.02 | 清华大学建筑学院 |
| | 玄峰、蔡军 | 小河山——杭州西湖小河山"老人度假公寓"规划方案设计 | 华中建筑 | 2005.03 | 浙江省设计院 |
| | 郑允 | 广州海富花园体现老龄化的设计综述 | 南方建筑 | 2005.03 | 广东建筑艺术设计院有限公司 |
| | 王庆 | 老年社区设计探讨——东方太阳城老年社区设计 | 建筑学报 | 2005.04 | 北京维拓时代建筑设计有限公司 |
| | 洪艳、濮东路 | 基于老年人心理行为需求的老年公寓设计探索——以普陀颐乐山庄一期为例 | 华中建筑 | 2007.09 | 杭州市规划建筑设计研究院 |
| | 薛峰 | "明日之家2012"适老住宅集成技术解决方案 | 建筑学报 | 2013.03 | 中国中建设计集团有限公司 |

## 3.2.1 养老居住设施设计

早期的"井冈山敬老院"设计着重表达了建筑与山地环境相结合的特点，居住空间采用外廊式连接和小规模宾馆式的空间组织模式。在"厦门社会福利院设计"[132]中，居住空间的组织方式出现了"四房一厅"的厅堂式布局，是对单廊式居室空间的一种改良和有益探索。进入2000年后，养老居住设施的居住空间则更加关注老人的交流和家庭氛围的营造，呼和浩特回民区老人院[133]的居室设计采用"室+廊"的布局；中原国际老人村的设计[134]则更加突出了通过共享起居空间以增加老年人生活中的相互交往。

纵观养老机构设计实践的探索历程（图3-5），我们可以清晰地看出养老机构的空间组织形式由早期的宾馆客房式开始逐步向注重老年居住空间家庭化方向转变；床位数量由追求经济效益的大规模化向逐渐向注重人性化关怀的小规模单元化方向转变。

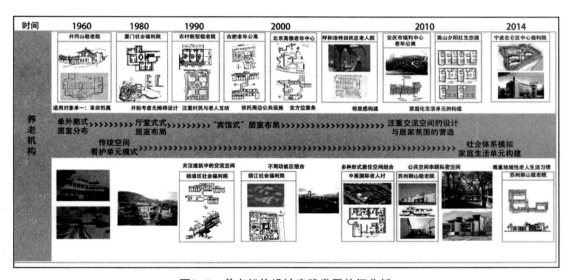

图3-5 养老机构设计实践发展特征分析

## 3.2.2 老年文娱活动设施设计

"南平老人活动中心"[135]是早期发表的老年文化活动设施类设计实践项目，同时也获得了建设部1989年优秀设计二等奖。20世纪80~90年代，对于该类设施的设计实例类型多为"老干部"活动中心，2000年后该类设施在设计上的使用对象开始从"老干部"转变到了普通老年人，设计理念也逐渐趋于普适化、人文化和功能综合化，设计实践探索的侧重点也开始向老年使用者的空间体验和活动行为转移。南安市老年人活动中心[136]将"聚落形态"引入设计理念，探索了在公共活动空间中进行家居气氛的营造。浙江省老年大学[137]探讨了关于"取舍与平衡"的若干思路，郑州市老干部活动中心[138]在设计上针对高层建筑形式进行了趋势探讨。

从老年文娱活动设施设计实践的探索过程可以看出，该类设施在设计上由关注建筑本体的功能性逐步向注重空间层次与无障碍设计方向转化，近年来则更加注重老年文娱活动与场所的融合性探索（图3-6）。

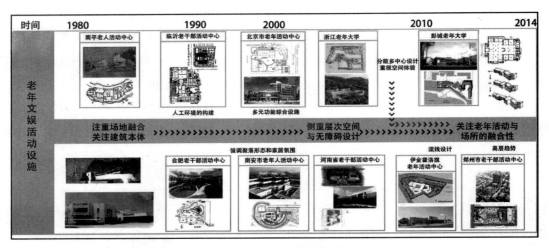

图3-6　老年文娱活动设施设计实践发展特征分析

### 3.2.3　老年住宅设计

有关老年住宅方面的学术研究虽然在20世纪80年代就已经开始，但相关设计实践成果的发表却相对滞后，苏州新城花园老年社区设计[139]是早期登载的代表性案例，该设计项目从养老模式、社区功能、住宅设计、社区多元化等方面对老年住宅与居住环境进行了实践探讨。北京太阳城国际老年公寓[140]在总体规划上采取"小区—组团"二级构成模式，简化小区的结构层次。在生活服务配套设施布局上，打破常规的集中公建模式，采取"由集中转向分散，由封闭转向开放"的布局模式，并设计了多层次的"交往空间"。由住建

图3-7　老年住宅设计实践发展特征分析

部住宅产业化促进中心推出的"明日之家2012"适老住宅集成技术示范房[141]，该项目积极探索了适老住宅的集成技术解决方案，在住区适老配套、室外适老措施、住宅适老改造、适老功能空间、适老部品配置、健康适老技术和社区适老关怀7个方面开展了技术运用实践。

老年住宅的设计实践经历了由早期注重居住空间适用性向重视生活环境质量方向的转化过程，通过探索居住方式的混合化、多元化、无障碍细节化以及住宅的适老化来营造老年宜居环境（图3-7）。

## 3.3 老年宜居环境的研究评述与展望

### 3.3.1 老年宜居环境研究综合评述

老年宜居环境研究是将老年人生活行为的多样性与空间环境的适应性关系作为主题来开展多视角、多尺度和多内容的研究。通过对以往在学术研究中所开展的四个领域和设计实践中探索的三大类项目的研究成果进行全面深入分析，从发表的大量研究成果中可以看出，老年宜居环境的研究正在从过去片段化设计概念的提出到系统化规划方法的建构方向转化，研究内容的深度和广度也在不断提高，并且从建筑学、城市规划学延伸到景观生态学、行为地理学、城市社会学和社会心理学等领域，并发展出一系列环境规划和环境营造的实践成果，老年宜居环境的研究方法也在逐步从定性研究向定量研究深化。

虽然努力营造出良好老年宜居环境的理念已经渗透到国内的相关研究与设计实践中，然而全方位、多层次的综合性研究尚不丰富。例如从住区规划上研究老年住宅、老年公寓以及两代居的居住方式以及住宅设计的精细化、无障碍化较多，却较少考虑目前城市住宅建设所采用的市场化运作模式以及老年人经济状况等因素的影响与作用，使得研究成果难以在住宅开发建设中落实；虽然在一些既有研究中探讨了"老年社区"和"社区养老"，但前者主要是从资源与设施的有效利用和专业化管理角度提出的构想，后者虽然是以"居家养老"为基础提出的社区建设策略，但研究重点却主要还停留在如何发展社区养老服务的内容与方式上。此外从研究成果的统计分析中还可以看出，老年宜居环境的理论研究与设计实践存在较为严重的脱节现象，因此造成研究成果难于在建设实践中发挥出有效的指导作用。

建设老年宜居环境不仅仅是物质空间条件上的改善，更重要的它是一个复杂的社会生活环境的提升。只有全面系统地将老年人的行为表象和行为规律放在城乡环境、社区环境和家庭环境中进行综合的观察、分析和研究，充分利用社区具有的社会资源条件，从社会环境与物质环境问题的多重根源着手进行解析，基于社区发展的丰富内涵建立科学、系统的老年宜居环境建设规划，才有可能真正解决好老龄化社会老年宜居环境的发展建设问题。

### 3.3.2 老年宜居环境未来研究展望

老年宜居环境应开展多视角、多维度的研究。将物质空间与社会空间中关于老年宜居环境的构成要素结合起来进行综合分析，将定性研究和定量研究以及与其他交叉学科的研究进行有机结合，通过分析在动态变化的社会空间和物质空间中老年人的行为表象，探求老年人的行为规律及其与空间环境的互动关系，把握适应老年宜居环境体系构成要素的变化特征。

老年宜居环境应采取多尺度、多层次的研究。应将规划空间层级与行政管理层级相互结合，整合现有国家规范标准进行老年宜居环境建设，形成囊括城市和乡村的适应全域覆盖的老年宜居环境空间规划编制和管理，可分为市、区（县）、居住区（街道、乡镇）和社区（行政村）四个空间层级属性进行分类研究，将更多的研究成果贯彻到城市规划的制定实施管理之中，为适应老龄化社会进程的发展前瞻性地引导物质空间与社会空间的重构，为营造出具有地域文化的老年宜居环境提供有力的科学指导。

老年宜居环境应进行多内容、多特征的研究。应结合老年人居住行为特征规律和生活领域构成特点进行城市社区老年宜居环境规划建设的标准体系研究，加强开展城市社区管理、服务职能及地缘社会关系对养老居住生活质量的影响研究，积极探索老年宜居环境综合体系的建构研究，在深入研究城市社区"居家养老"生活环境规划与设计方法的同时，积极探索养老机构地域化、社区化建设的途径与方法。

老年宜居环境还应加强开展理论与实践相结合的研究。建设老年宜居环境既需要科研人员不断地结合建设发展中存在的问题开展深入的学术研究，同时也需要工程设计人员能够及时将学术研究成果转化到设计实践中并开展进一步的使用后评价研究。只有不断繁荣老年宜居环境的学术研究与设计实践，才能真正实现科学地规划和建设老龄化社会的人居环境。

## 3.4 本章小结

我国老年宜居环境的学术研究与设计实践经过 50 多年的发展虽然取得了较为显著的成果，但与社会的发展要求和最大限度满足老年人养老生活的需求相比还存在较大差距，需要相关学者全面系统地将老年人的行为表象和行为规律放在城乡环境、社区环境和家庭环境中进行综合的观察、分析和研究，从社会环境与物质环境问题的多重根源着手进行解析，开展多视角、多维度的研究，探求老年人的行为规律及其与空间环境的互动关系，把握适应老年宜居环境体系构成要素的变化特征；采取多尺度、多层次的研究，将规划空间层级与行政管理层级相互结合，对市、区（县）、居住区（街道、乡镇）和社区（行政村）四个空间层级属性进行分类研究，探索适应老龄化社会进程发展的物质空间与社会空间的重构方法；进行多内容、多特征的研究，在加强开展社会管理、服务职能及地缘社会关系对养老居住生活质量影响机制和程度的同时，深化"居家养老"生活环境规划与设计方法研究，积极探索养老机构地域化、社区化建设的途径与方法；加强理论与实践相结合的研究，在积极开展学术研究的同时，要及时地将学术研究成果转化到设计实践中，只有不断繁荣老年宜居环境的学术研究与设计实践，才能真正建设好老龄化社会的人居环境。

# 4 老龄化社会城市社区居住环境需求与问题分析

开展老年人对城市社区居住环境的利用现状与使用需求调查，既是我们了解城市社区居住环境的本底情况以及老年人在社区中生活行为与空间环境相互关系的有效手段，也是开展适宜"老有所居"城市社区居住环境课题研究的重要基础。

从 20 世纪 90 年代后期开始，有不少学者从老年学、社会学和护理学的角度研究老年人的生活状况与生活质量，在北京、上海和广州等大城市多次开展相关调查，探讨老年人养老生活质量的评价体系以及改善途径[142-145]。

进入 2000 年之后，面对快速发展的老龄化社会进程，有关老年人养老生活的发展现状再次成为学者关注的重点，社会医学工作者开展了"城市老年人接受社区卫生服务的意向性调查"、"社区老年人生活质量及其社区护理需求调查分析"和"城市社区老年人健康状况调查"等调查工作[146-148]，为研究城市社区健康保障与医疗服务体系的建立发挥了重要作用。社会学者开展了"社区老年人生活质量调查"、"民办养老机构中老年人基本生活状况调查"和"养老院老年人生活满意度的调查分析"等工作[149-151]，积极探索适合中国国情的养老居住方式。此外还有从地理学的角度开展城市老年人日常购物活动空间的调查研究[152]。

## 4.1 调查研究的目的、内容与案例城市

在既往调查研究中，一方面虽然 2000 年之后以社区为单位开展老年人生活状况的调查在逐步增多，但大多还是集中在探索老年社会福利、健康保障以及养老服务上，对社区居住环境的调查也往往重点关注无障碍环境的营造和交流活动场所的设置，缺乏以社区的社会环境与物质环境为背景，综合考察老年人"居家养老"的生活状况以及养老设施的利用方式，缺乏全面系统地开展适宜"老有所居"城市社区居住环境关键"问题要素"的解析研究。另一方面，在城市人居环境的快速发展进程中，老年人的生活质量评价与居住环境需求也一直处在一个动态的发展之中，需要我们及时不断地进行了解、分析并把握发展的趋势。

### 4.1.1 调查研究的目的

为了做好研究工作，充分把握老龄化社会下老年人对社区养老居住环境的需求，全面了解老年人在社区中居住行为的规律及其特点，准确掌握社区管理与服务对老年人居住环

境质量的影响，本研究基于以往的调查研究成果，运用"设计调查"的科学方法，对老龄化社会城市社区居住环境从老年人的社区意识、社区居家养老的适应性、社区养老居住设施的适居性以及社区养老综合生活环境等方面进行了深入细致的调查，认识和把握适宜"老有所居"城市社区居住环境现状中存在的问题，真实了解老年人的养老居住需求，力争为进一步有针对性地开展后续研究打下良好基础。

### 4.1.2 调查研究的内容

本研究调查的主要内容分为以下三个方面：

1. 基于"老有所居"的城市社区居住环境现状综合调查分析

（1）城市社区老年人"居家养老"住生活现状的调查分析；

（2）城市社区老年人"居家养老"生活援护现状的调查分析。

2. 老年人养老居住生活中的社区意识及对养老设施的居住意愿调查

（1）老年人养老居住生活中社区意识的调查分析；

（2）老年人对养老设施居住意愿的调查分析。

3. 社区养老居住设施的使用现状调查

（1）社区养老居住设施（空间—行为）利用实态的调查分析；

（2）社区养老居住设施使用者的利用需求调查分析。

### 4.1.3 以西安市为案例典型调查的概况

为了使得调查的结果能够真实地反映出我国一般城市老年人在社区中的居住生活状态，提高调查结果的信度与效度，在调查案例城市的选择上，必须注重其典型性与代表性。在以往的调查研究中，以上海和北京作为调查对象城市的偏多，虽然上海和北京市的老龄化程度相对较高，但作为国家的直辖市，全国政治、经济和文化的中心，在经济发展、城市建设和民生改善等方面拥有全国其他城市所不具备的基础条件和发展机遇，因此调查所显示的问题具有一定的特殊性，难以客观反映出我国一般城市存在的普遍性问题。为此，本次研究选择西安作为案例城市开展调查，其原因在于：

（1）调查城市的典型性。一方面除去4个直辖市外，2000年国务院认定全国特大城市中的副省级城市（包括省会城市）有14个，西安市位列其中。另一方面，西安城市人口正在快速老龄化，截至2009年底，西安市60岁以上老年人口为125.68万人，占全市总人口14.9%，有57.2%老年家庭空巢，并且今后西安市人口老龄化还将以年均3.28%的速度递增[53]。由于西安市老年人口超过了全国12%的平均水平，接近北京市老龄人口15%的比例。因此，相对全国其他城市而言，西安所反映出的养老居住环境建设问题具有一定的典型性。

（2）调查结果的代表性。从西安市2005年1%人口抽样调查资料分析来看，西安市各城区的人口老龄化程度不一，最高的城区为17.7%，最低的城区仅为10.9%。本次调查主要集中在西安市老龄化程度最高的碑林区（17.7%）、新城区（15.7%）以及莲湖区（15.1%）三个城区进行，调查区域的老龄化程度较高，因此调查反映的结果具有一定的代表性。

（3）调查社区类型的普遍性。通过对目前城市社区类型样本的基本调查，从中分析出城市社区类型主要有传统型社区、单位型社区、新建大型住区型社区以及多种类型混合型社区。在本次调查实施的3个城区中，所涉及的社区涵盖了当前我国城市社区的基本类型，因此调查对象具有一定的普遍性。

此外，西安作为我国重要的历史城市，能够充分反映出中国社会所发生的社会变革与进步发展，并且较为完好地保留了我国几千年来的文化传统与风俗民情，是中国社会历史的缩影，也经历和见证了新中国成立后城市社会由计划经济时代的单位社会走向市场经济时代的新型社会转型。西安的城市发展历史较长，文化、商业、医疗与服务设施发展历史悠久，形成了较为完整的城市生活体系。20世纪90年代末期西安进入老年型社会，老年人的养老居住问题日益凸显，针对出现的问题，西安市探寻了多种解决方式，在发展建设老年人居住与服务设施、社区援助服务等方面作出了有益的尝试。

## 4.2 调查研究的对象、方法与实施

### 4.2.1 调查研究的对象

针对所开展研究内容的需要，将本次调查研究的对象设定为两类：

1. 问卷调查

有关城市社区"居家养老"生活环境的适宜性综合问卷调查，其调查对象主要选择在西安市的碑林区、新城区和莲湖区的社区中居住的60岁及以上老年人，接受调查的老年人意识清楚，基本能够在不用外人协助的情况下回答问卷的问题，通过亲身感受对自己生活环境的质量进行评价、表达需求的意愿。

有关城市社区养老居住设施的利用需求调查，其调查对象主要是在四所养老设施中居住生活的老年人，通过老年人在设施中的生活体验，表述他们对设施的功能空间、生活服务与健康管理等方面的利用意愿。

2. 实态观察

本次调查采用的实态观察主要是针对城市社区中的养老居住设施。

设施利用方式的实态观察对象选取了西安市碑林区文艺路星光老年之家、碑林区温馨苑老年公寓、莲湖区福星老年公寓和未央区裕华老年公寓（表4-1）。四所养老居住设施主要是从设施所处城市区位、机构性质、设施规模、建成方式以及管理状况等方面进行筛选的，其代表性与典型性主要体现在：

（1）四所养老居住设施均位于西安市九个城区中老龄化程度较高的三个城区中，其中三个设施地处中心城区的社区之中，另一个位于城郊接合部，基本包含了目前城市养老居住设施所处区位的特点。

（2）四所设施中一个是公办机构，一个是民营公助机构，另外两所是民营机构，涵盖了养老居住设施的所属性质类型。

（3）在设施规模上包含了50人以下、50~100人和100人以上三种，规模类型选择具有较好的代表性。

（4）在建设方式上有三个设施是由不同功能的既有建筑改造而成，另一个是与城市住宅建设结合的新建设施，基本包含了设施建设的基本方式。

调查对象概要一览　　　　　　　　　　　　　　　　　　　　　　表4-1

| 单位 | 碑林区文艺路星光老年之家 | 碑林区温馨苑老年公寓 | 莲湖区福星老年公寓 | 未央区裕华老年公寓 |
|---|---|---|---|---|
| 区位 | 社区中 | 社区中 | 社区中 | 城郊接合部 |
| 性质 | 公办机构 | 民营公助机构 | 民营机构 | 民营机构 |
| 设立时间 | 2002年 | 2004年 | 2006年 | 2002年 |
| 总建筑面积（m²） | 890 | 350 | 1260 | 1640 |
| 床位数（人） | 60 | 30 | 120 | 100 |
| 入住人数（人） | 48 | 21 | 77 | 57 |
| 入住者平均年龄（岁） | 70 | 72 | 71 | 78 |
| 职员人数（人） | 7 | 5 | 35 | 25 |
| 职员职业培训状况 | 少数有护理经验 | 经过护理培训 | 部分经过护理培训 | 部分经过护理培训 |
| 建成方式 | 办公楼改建 | 旧平房改建 | 楼房改建 | 新建住宅 |
| 收费标准 | 能自理750元/月；半自理900元/月；不能自理1200元/月 | 能自理650元/月；半自理860元/月；不能自理1200元/月 | 能自理600~1200元/月；半自理950~1500元/月；不能自理1300~2300元/月 | 能自理600~1200元/月；半自理950~1500元/月；不能自理1300~2300元/月 |

### 4.2.2　调查研究的方法

本调查研究主要采用了了解居住生活（现状—需求）的问卷调查法，把握生活实态（空间—行为）的观察调查法。

1. 问卷调查

针对研究内容中的基于"老有所居"城市社区居住环境现状综合调查、老年人养老居住生活中社区意识及对养老设施的居住意愿调查、社区养老居住设施使用者的利用需求调查等内容,运用设计调查的理论与方法,进行了开放式的问卷评估。

1)调查问卷的框架设计

(1)确立用户模型

针对养老居住环境设计调查问卷进行调研的最终目的在于建立老年人的用户模型,其后再根据用户模型特性指导居住环境的设计。本研究将用户模型分为行为与心理两个方面。行为模型将用户行为分为意图、计划、实施、评价和出错五个方面,在问卷中对老年人的生活行为从这五个方面进行评估。建立行为模型的目的主要在于对居住空间的"利便性"与"安全性"进行评价。当老年人回忆到自己在某一空间中的行为经常忾的出错经历时,则说明该空间与用户的行为需求存在矛盾。心理模型主要用来调查老年人的心理倾向,比如,对未来养老设施的居住意愿、对生活方式的倾向等等。心理模型相对于行为模型是用户的高级需求,在评价中分为以下五个方面:寻找、注意、感知、理解和记忆(表4-2)。

用户模型的构成内容　　　　　　　　　　　　　　　表4-2

| 调查目的 | 确定用户模型 | | | | | | | | | |
|---|---|---|---|---|---|---|---|---|---|---|
| 评价方法 | 行为模型 | | | | | 心理模型 | | | | |
| 细化因素 | 意图 | 计划 | 实施 | 评价 | 出错 | 寻找 | 注意 | 感知 | 理解 | 记忆 |

(2)问卷场景划分

确立用户模型时,为了使老年人在填写问卷的过程中能够有效回忆出自身经历,问卷中的问题应尽可能从用户角度出发,避免从设计师的主观想象发问。

第一,在现状问题中,研究者将对老年人生活环境质量的评价细分为四个方面,即:社区意识、居家养老生活情况、社区生活援护环境状况以及对养老设施的居住意愿(表4-3)。在各个评价方法中,将问题划归于不同的生活场景之下,从而使用户能够凭借顺畅的场景回忆有效地回答问卷问题。

生活环境评价内容　　　　　　　　　　　　　　　表4-3

| 调研方向 | 评价方法 |
|---|---|
| 城市社区养老居住环境 | 社区意识 |
| | 居家养老生活情况 |
| | 社区生活援护环境状况 |
| | 对养老设施的居住意愿 |

第二，由于老年人存在自身思维及反应能力逐步弱化的现象，在试调研中发现老年人对设问复杂的问题回答存在一定难度，因此，经过反复修改在实用问卷设计中采取了将问题不断精简，力求以最少的发问发现最多的问题，最终形成采用问卷调查的主要方面（表4-4）：

采用问卷调查的内容　　　　　　　　　　　　　　　　　表4-4

| | 行为需求 | 心理需求 |
|---|---|---|
| 社区意识 | — | 问卷调查 |
| 居家养老生活情况 | 问卷调查 | — |
| 社区生活援护环境状况 | 问卷调查 | — |
| 对养老设施的居住意愿 | — | 问卷调查 |

第三，此次问卷调查不仅包括老年人对社区环境现状的评价，也包括老年人对生活环境的期望。因此，用户行为需求和心理需求都划分为现状与期望两个方面（表4-5）：

使用需求调查内容　　　　　　　　　　　　　　　　　表4-5

| | 行为需求 | 心理需求 |
|---|---|---|
| 现状情况 | 现状使用 | 心理需求现状 |
| 意愿期望 | 期待的行为 | 心理期待 |

（3）问卷基本框架

根据用户模型构成的内容，从社区老年人生活环境中的社区意识、居家养老生活情况、社区生活援护环境状况以及对养老设施的居住意愿四个方面，以掌握老年人的使用需求为目的，设定了本次综合调查的问卷框架（表4-6）。

调查问卷框架　　　　　　　　　　　　　　　　　　　表4-6

| 评价方面 | 因素分类 | 具体因素 |
|---|---|---|
| 社区意识 | 现状情况 | 在现有社区中居住的时间；<br>对社区的熟悉程度；<br>社区活动的参与程度；<br>邻里关系与交往程度；<br>对现有社区的归属感 |
| | 意愿期望 | 对现有社区的居住意愿；<br>对社区活动的参与意愿 |
| 居家养老生活情况 | 现状情况 | 住房基本情况；<br>居住方式；<br>生活行为方式；<br>空间使用中的行为出错 |
| | 意愿期望 | 向往的居住方式 |

续表

| 评价方面 | 因素分类 | 具体因素 |
|---|---|---|
| 社区生活援护环境状况 | 现状情况 | 社区医院的利用方式；<br>具体的外出行为活动；<br>社区生活援助服务；<br>锻炼活动场地；<br>无障碍设施 |
| | 意愿期望 | 向往的文化活动 |
| 对养老设施的居住意愿 | 现状情况 | 居住方式 |
| | 意愿期望 | 向往的养老方式、地点；<br>生活方式 |

2）调查用户的分类

用户基本信息是问卷的重要组成部分。为了研究各调研问题的统计结果是否受到年龄、性别因素的影响，调研问卷对被访者的下列个人基本信息进行了调查：性别、年龄、健康状况、教育背景、经济状况、生活能力等。

在问卷数据的回收与统计分析中，笔者将用户按照性别与年龄分为8组（表4-7）：

问卷调查对象分组　　　　　　　　　　　　　　　　　　　　　　　表4-7

| 年龄段 | 男（Male） | 女（Female） |
|---|---|---|
| 60～65岁（不含65） | M-1 | F-1 |
| 65～70岁（不含70） | M-2 | F-2 |
| 70～75岁（不含75） | M-3 | F-3 |
| 75岁以上 | M-4 | F-4 |

用户分组的统计结果不仅体现了调研的客观性，也有利于了解样本年龄分布与性别比例，同时，用户分组也为问卷问题的分析提供了依据。

3）测评方法的选择

此次问卷问题主要分为两类，一类是五量表问题，另一类是选择性问题。

五量表问题中以1～5级数字量表对用户的意愿、倾向进行测评，使用户更为准确地表达自己的感受。1—非常不认同；2—不认同；3—不置可否；4—认同；5—非常认同。在数据回收统计中，用户对一个问题给分的平均值可以看作对该问题的评分。

本次调查针对老年人在城市社区中的居家养老生活状况、养老居住生活中对社区的认识以及对养老居住设施的居住愿望三个方面以五量表方式回答的问题进行分析，希望能够从程度上把握老年人的生活样态和生活愿望。四列统计列表是在运用excel软件对回收的问卷进行样本容量（N）、期望（Mean）、标准差（Std. Deviation）和标准误（Std. Error

Mean）计算的基础上分析而成。

选择性问题分为两种，是否问题及多选项问题，是否问题老年人较容易回答。在数据统计中，"是"即为"1"，"否"即为"0"，因此，用户对某一是否问题的评价结果为 0 ～ 1。当统计结果的平均值在 0 ～ 0.5 区间内，则反应答案趋向于"否"；结果在 0.5 ～ 1 区间内，则答案趋向于"是"。

2. 观察调查

针对社区养老居住设施（空间—行为）利用实态的调查内容采用了观察调查法，观察方法分为环境观察与行为观察。在环境观察中，重点考察了社区养老居住设施的空间构成、各空间的布局特征以及户外活动环境。在行为观察中，通过非参与性的直接观察，结合时间性比较与空间性比较，把握老年人在社区养老居住设施中的生活状态，调查方式见表 4-8 所列。

观察调查的方式与内容　　　　表 4-8

| 调查方法 | 调查内容 |
| --- | --- |
| 设施状况调查 | 了解调查对象设施的基本状况、经营性质、设施规模、设立年代、入住状况、建成方式以及管理、服务人员的现状 |
| 访谈调查 | 设立过程、运营状况、管理模式、服务内容、入居老年人的生活状况，确立调查用户模型 |
| 实测调查 | 绘制设施总平面以及建筑平面图、家具及陈设布置方式、设施情景拍摄 |
| 观察调查 | 记录观察时间段老年人的生活行为和场所的使用状况 |

### 4.2.3　调查研究的实施

1. 问卷调查的实施

针对基于"老有所居"城市社区居住环境现状综合调查、老年人养老居住生活中社区意识及对养老设施的居住意愿调查，实施于 2008 年 11 月 15 ～ 30 日，共发放调查问卷 600 份，回收问卷 570 份。根据回收问卷每个样本的填写情况和相互关联问题是否矛盾对问卷进行了筛选，剔除无效问卷后共得到有效样本 553 份，样本有效率达到 92%。

针对社区养老居住设施使用者的利用需求调查，实施于 2009 年 2 月中旬，在四所养老居住设施中向居住在其中的老年人共发放问卷 200 份，回收并剔除无效问卷后共得到有效样本 170 份，样本有效率达到 85%。

两次问卷调查都取得了较高的样本有效率，能够较好地反映调查结果的真实性和有效性。

2. 观察调查的实施

针对社区养老居住设施（空间—行为）利用实态的调查，通过 2009 年中旬开始的一周时间，重点了解了设施的基本状况，访谈设施的管理服务人员，进行建筑平面实测，包括家具和各种陈设。在绘制好的平面图上，记录观察时间段老年人的生活行为和场所的使用状况，然后进行统计分析，归纳总结老年人的生活行为特点与空间场所的相互作用关系，考察设施中包括居室、活动室、卫生间和户外活动环境、无障碍设施等方面存在的问题。

## 4.3 调查案例分析

### 4.3.1 受访老年人的基本状况分析

老年人的养老居住生活由于受到生理、心理以及社会等因素的影响，对养老生活环境的要求也会表现出多元化的倾向，要营造适宜"老有所居"的城市社区居住环境，掌握不同年龄阶层的老年人对生活环境需求的共性及差异就显得极为重要。

通过对调查问卷数据的统计，分析总结出老年人在城市社区中居家养老的基本生活样态。然后在此基础上按照年龄、性别等属性对老年人群体内部进行细分，试图分析相同年龄和不同年龄段老年人对生活环境的需求特点，以及随着年龄的增长老年人对养老居住环境需求的变化规律。

1. 受访老年人的年龄分布

此次受访人群中，男性人数（53.5%）略多于女性（46.5%），受访老年人在年龄段的分布上，表现出随年龄段岁数的提高受访人数呈减少趋势，这一现象也与目前不同年龄的老年人在社会总人口中所占比例关系相一致（表 4-9）。

调查对象的性别与年龄　　　　表 4-9

| 受访者年龄分布与比例关系 | 男（M） | | 女（F） | | 合计 | |
|---|---|---|---|---|---|---|
| | 人数 | 性别比例（%） | 人数 | 性别比例（%） | 人数 | 占总人数比例（%） |
| 60～65 岁（不含 65） | 91 | 46.9 | 103 | 53.1 | 194 | 35.0 |
| 65～70 岁（不含 70） | 96 | 54.8 | 79 | 45.2 | 175 | 31.7 |
| 70～75 岁（不含 75） | 64 | 51.6 | 60 | 48.4 | 124 | 22.4 |
| 75 岁以上 | 45 | 75.0 | 15 | 25.0 | 60 | 10.9 |
| 合计 | 296 | 53.5 | 257 | 46.5 | 553 | 100 |

2. 不同年龄段老年人的健康状况分析

从分析图（图 4-1）中可以看出，老年人对自身身体状况"健康"的判断人数，在 65～70 岁年龄段时开始低于 50%，并且随着年龄段的提高呈现不断减少趋势，身患各类疾病的老年人数量超过同龄"健康"老年人数的比例越来越大。由此可以看出，随着老年人年龄的增高，健康问题逐步成为影响老年人养老生活的重要因素。通过调查还进一步证实对老年人健康影响最多的是心血管疾病，其次是视力和听力障碍。

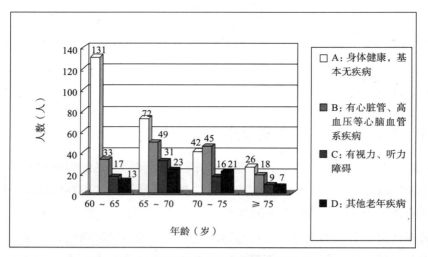

图4-1 不同年龄段老年人的健康状况

**3. 老年人接受教育状况分析**

接近半数以上的老年人接受过大学本科以下的教育，未接受过正规教育的老年人不到受访总人数的30%（图4-2）。

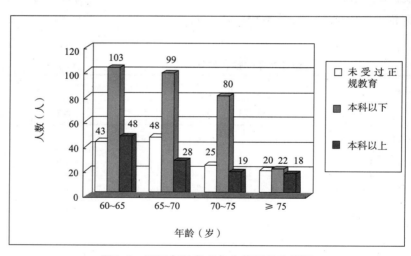

图4-2 不同年龄段老年人的受教育背景

接受过本科以上教育的老年人随年龄段的降低而提高，这也与国家文化教育事业发展水平的变化相一致。

**4. 老年人的生活经济状况分析**

各年龄段超过半数以上的老年人在生活经济上是独立的，并且随着年龄段的降低经济独立人数的比例在大幅度增加（图4-3）。依靠子女赡养的老年人只占调查总人数的10%左右，享受社会保障的老年人也在不断增多。在经济上能够自立的老年人的数量增长，进一步证明了发展居家养老的可行性和现实意义。

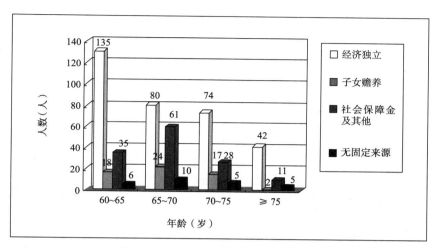

图4-3　不同年龄段老年人的经济状况

5. 老年人的独立生活能力分析

在70岁以下年龄组的老年人具有独立生活能力的超过半数以上，特别是60～65岁年龄段的老年人具有生活自理能力的达到83%。生活上需要接受他人帮助的老年人随年龄段的上升人数也呈增长性变化，需要专人在生活上进行看护的老年人占到受访总人数的5%（图4-4），在70～75岁年龄段生活需要他人照顾的老年人数量超过了能够自理的老年人，说明这个年龄段老年人的生活援护问题是我们应当关注的重点。掌握老年人生活自理能力的变化特点为我们今后在老年人养老居住设施的数量与规模的规划上提供了有力的依据。

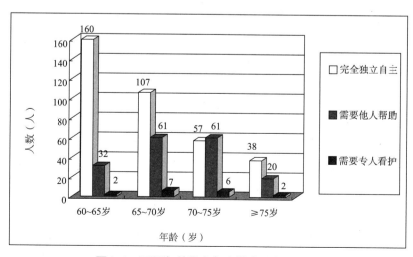

图4-4　不同年龄段老年人的生活自理能力

### 4.3.2 城市社区老年人"居家养老"居住生活现状分析

1. 不同年龄段老年人现有居住面积的对比分析

居住在 60～90m² 住房面积的老年人占到总人数的 39.4%，90m² 以上的占到总人数的 30.8%，因此可以看出有 70.2% 的老年人的居住面积超过 60m²，这也从一方面印证了城市居民的居住条件正在得到不断改善。从年龄分组情况可以看出，随着年龄段的升高，居住在 60m² 以上老年人的数量比也在增加，说明目前高龄老年人对住房的拥有能力比较强，可以理解为 70 岁以上年龄组的老年人正好享受到当时福利性住房分配制度下年龄资历的优势。调查发现仍有不到总人数 3% 的老年人居住在 30m² 以下的住宅里，接近 27% 的老年人居住在 30～60m² 的住宅中（图 4-5）。依据调查结果可以看出，今后我们一方面要继续帮助少部分老年人扩大居住物理空间，更重要的是要把建设的重点由数量的增加放到质量的提升上，提高住宅的适居性，改善居住环境的质量。

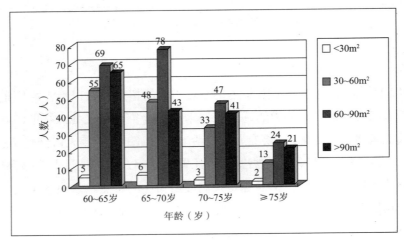

图 4-5 不同年龄段老年人的居住面积

2. 不同年龄段老年人现有居住方式的对比分析

占到受访总人数 84.6% 的老年人是与老伴或与子女一起居住，其中，老两口在一起居住生活的占到 47.2%，这组数据也充分显示了居家养老是当前老年人的主要养老居住方式。有 9.2% 的老年人独自生活，空巢家庭数量占到受访总人数的 56.4%，并且随着年龄段的降低，空巢家庭的比例在显著增加（图 4-6）。

这项统计结果一方面反映出国家执行独生子女政策后对家庭格局的影响，城市空巢家庭的数量在今后相当长一个时期内还会持续增长，另一方面也提示我们解决空巢家庭老年人的养老居住问题是我们今后研究的重点。独自居住的老年人在各个年龄段所占比例随着年龄段的增加人数比例增长显著，反映出今后在社区养老居住环境建设中我们必须解决好对独居老人的生活照料问题。与子女在一起生活的老年人占到受访总人数的 37.4%，说明传统的两代合居生活方式仍然占有较大比例，这对于今后进一步开展两代居住宅"合居"方式的研究提供了充分的依据。

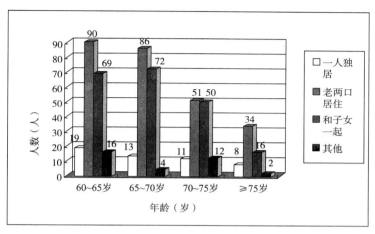

图4-6 不同年龄段老年人的居住方式

3. 不同年龄段老年人对未来养老居住方式的期望对比分析

根据统计有58.2%的老年人希望在现有住宅中养老，其人数比例关系不随受访者年龄段的变化而变化，可见在现有住宅中度过晚年生活是老年人的普遍居住意愿（图4-7）。在其他养老意愿中，重新购买住房养老的老年人占到总人数的20.1%，这一方面说明老年人的居住现状难以满足今后养老生活需求情况的严重性，另一方面也体现了老年人在经济上有能力重新选择养老住所的老年人在不断增多。选择在养老设施中居住的老年人虽然没有超过总人数的12%，但从不同年龄段的选择情况来看，随着年龄段的降低，选择将来在养老居住设施中生活的老年人人数比例在增加，这也进一步证明了人们逐步对养老设施这种居住方式认同程度的变化。

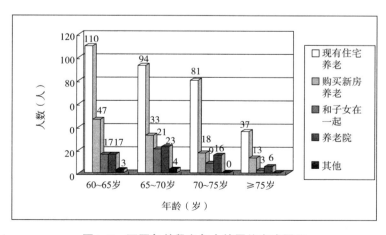

图4-7 不同年龄段老年人的居住方式愿望

4. 运用五量表方式对居家养老生活空间问题的分析

1）住宅公共交通空间的使用现状问题分析

通过对老年人居家养老环境现状的调查发现，老年人居住的住宅形式基本上是现代集合住宅。在住宅的公共交通空间中，随着年龄段的提高老年人独立行走遇到困难的比例在增大，说明当老年人的行为能力降低时，住宅交通空间在无障碍设计上还存在问题。不少老年人曾经发生过在楼梯间跌倒和在住宅楼入口的台阶或门槛处被绊倒的事故，并且随着年龄段的增加，这种事故发生的概率也在增大，因此在集合住宅楼梯间以及出入口的设计上，必须严格按照无障碍设计的要求进行落实。对于既有集合住宅的楼梯间、出入口以及地面处在高差的地方，应尽可能对照无障碍设计的要求进行改造。在高层住宅电梯的使用上，各年龄段老年人均能正常使用，没有表现出不适和不安的问题，这也证明高层住宅的居住方式对老年人的适居性影响不大，具体分析结论见表4-10所列。

住宅公共交通空间使用现状分析　　　　　　　　　表4-10

| 题目 | 年龄组 | 容量 | 期望 | 标准差 | 标准误 | 分析结论 |
| --- | --- | --- | --- | --- | --- | --- |
| 有时您在楼梯间需要扶墙行走 | 60～65岁 | 194 | 2.3191 | 1.1535 | 0.0841 | 大部分老年人在楼梯间能够独立行走 |
|  | 65～70岁 | 175 | 2.8457 | 1.2337 | 0.0933 | 不是所有老年人在楼梯间都能够独立行走 |
|  | 70～75岁 | 124 | 2.9754 | 1.3077 | 0.1184 | 不是所有老年人在楼梯间都能够独立行走 |
|  | 75岁以上 | 60 | 3.3478 | 1.4176 | 0.2090 | 不是所有老年人在楼梯间都需要扶墙行走 |
| 您曾有在楼梯间跌倒或险些跌倒的经历 | 60～65岁 | 194 | 2.4840 | 1.3141 | 0.0958 | 老年人较少有在楼梯间跌倒的经历 |
|  | 65～70岁 | 175 | 2.9257 | 1.1891 | 0.0899 | 少部分老年人曾有在楼梯间跌倒的经历 |
|  | 70～75岁 | 124 | 2.9508 | 1.3165 | 0.1192 | 少部分老年人曾有在楼梯间跌倒的经历 |
|  | 75岁以上 | 60 | 2.9783 | 1.4831 | 0.2187 | 少部分老年人曾有在楼梯间跌倒的经历 |
| 您清楚电梯的使用方法 | 60～65岁 | 194 | 3.7925 | 1.2515 | 0.0912 | 大部分老年人知道电梯的使用方法 |
|  | 65～70岁 | 175 | 3.9143 | 1.0820 | 0.0818 | 大部分老年人知道电梯的使用方法 |
|  | 70～75岁 | 124 | 3.8361 | 1.1668 | 0.1056 | 大部分老年人知道电梯的使用方法 |
|  | 75岁以上 | 60 | 3.5652 | 1.5297 | 0.2255 | 大部分老年人知道电梯的使用方法 |

续表

| 题目 | 年龄组 | 容量 | 期望 | 标准差 | 标准误 | 分析结论 |
|---|---|---|---|---|---|---|
| 乘坐电梯令您感到不安全（如紧张、头昏、被电梯门夹） | 60~65岁 | 194 | 2.4734 | 1.2211 | 0.0890 | 电梯并不会让老年人感到紧张、危险，在设计中可以考虑使用 |
| | 65~70岁 | 175 | 2.8457 | 1.2054 | 0.0911 | 电梯并不会让老年人感到紧张、危险，在设计中可以考虑使用 |
| | 70~75岁 | 124 | 2.6885 | 1.1997 | 0.1086 | 电梯并不会让老年人感到紧张、危险，在设计中可以考虑使用 |
| | 75岁以上 | 60 | 2.5000 | 1.2780 | 0.1884 | 电梯并不会让老年人感到紧张、危险，在设计中可以考虑使用 |
| 您曾被住宅楼入口的台阶或门槛绊倒或险些绊倒 | 60~65岁 | 194 | 2.9148 | 1.3094 | 0.0955 | 少部分老年人有在住宅入口台阶或门槛处被绊倒或者险些绊倒的经历 |
| | 65~70岁 | 175 | 2.9943 | 1.2572 | 0.0950 | 少部分老年人有在住宅入口台阶或门槛处被绊倒或者险些绊倒的经历 |
| | 70~75岁 | 124 | 3.2541 | 1.2302 | 0.1114 | 部分老年人有在住宅入口台阶或门槛处被绊倒或者险些绊倒的经历 |
| | 75岁以上 | 60 | 2.8478 | 1.4293 | 0.2107 | 少部分老年人有在住宅入口台阶或门槛处被绊倒或者险些绊倒的经历 |

2）住宅卫生间的使用现状问题分析

在受访各年龄段的老年人中，大部分都有晚上起夜和使用坐便式马桶的习惯。这就要求我们在卫生间设计时，面积条件允许的话可以在老年人的居室内布置，或将卫生间邻近老年人的居室布置，同时还要重点考虑照明开关和卫生洁具的设置位置，在出入口的进出方式上也要考虑老年人的使用特点（表4-11）。虽然在各年龄段老年人中如厕和入浴需要借助帮助的人数还不多，但绝大多数老年人都表示出希望能够在卫生间中设置辅助站立和起座的扶手。卫生间的地面铺设材料应考虑防滑功能，特别是设置了开放式淋浴的场合，容易造成地面的湿滑。

住宅卫生间使用现状调查　　　　表4-11

| 题目 | 年龄组 | 容量 | 期望 | 标准差 | 标准误 | 分析结论 |
|---|---|---|---|---|---|---|
| 您有起夜上厕所的习惯 | 60~65岁 | 194 | 3.3297 | 1.2698 | 0.0926 | 老年人有起夜的习惯，可在卫生间和居室的设计中予以关注 |
| | 65~70岁 | 175 | 3.7143 | 1.1639 | 0.0880 | 老年人有起夜的习惯，应在卫生间和居室的设计中予以关注 |
| | 70~75岁 | 124 | 3.5656 | 1.2661 | 0.1146 | 老年人有起夜的习惯，需要在卫生间和居室的设计中予以关注 |
| | 75岁以上 | 60 | 3.3913 | 1.3413 | 0.1978 | 老年人有起夜的习惯，可在卫生间和居室的设计中予以关注 |

续表

| 题目 | 年龄组 | 容量 | 期望 | 标准差 | 标准误 | 分析结论 |
|---|---|---|---|---|---|---|
| 您希望有独立的卫生间 | 60～65岁 | 194 | 3.9095 | 1.0223 | 0.0745 | 老年人比较希望拥有独立卫生间 |
| | 65～70岁 | 175 | 4.0743 | 0.9098 | 0.0688 | 老年人希望拥有独立卫生间 |
| | 70～75岁 | 124 | 4.0082 | 0.9578 | 0.0867 | 老年人希望拥有独立卫生间 |
| | 75岁以上 | 60 | 3.8261 | 1.3048 | 0.1924 | 老年人比较希望拥有独立卫生间 |
| 您习惯使用坐便式马桶 | 60～65岁 | 194 | 4.0319 | 1.0940 | 0.0797 | 老年人习惯使用坐便式马桶 |
| | 65～70岁 | 175 | 3.8971 | 1.2227 | 0.0924 | 老年人比较习惯使用坐便式马桶 |
| | 70～75岁 | 124 | 3.9590 | 1.1881 | 0.1076 | 老年人习惯使用坐便式马桶 |
| | 75岁以上 | 60 | 4.1522 | 1.1541 | 0.1702 | 老年人希望使用坐便式马桶 |
| 洗澡或上厕所时，您需要他人的帮助（比如搀扶） | 60～65岁 | 194 | 2.3191 | 1.2298 | 0.0896 | 少部分老年人在洗澡和上厕所的时候需要别人的帮助 |
| | 65～70岁 | 175 | 2.6400 | 1.1801 | 0.0892 | 部分老年人在洗澡和上厕所的时候需要别人的帮助 |
| | 70-75岁 | 124 | 2.9344 | 1.2775 | 0.1157 | 部分老年人在洗澡和上厕所的时候需要别人的帮助 |
| | 75岁以上 | 60 | 2.1957 | 1.2404 | 0.1829 | 少部分老年人在洗澡和上厕所的时候需要别人的帮助 |
| 在卫生间中站立、蹲坐时，您希望有可以支撑的地方 | 60～65岁 | 194 | 3.2872 | 1.2247 | 0.0893 | 老年人希望在使用卫生间时有可以支撑的地方，帮助站立、蹲坐等行为 |
| | 65～70岁 | 175 | 3.6400 | 1.0513 | 0.0795 | 老年人希望在使用卫生间时有可以支撑的地方，帮助站立、蹲坐等行为 |
| | 70～75岁 | 124 | 3.6311 | 1.1075 | 0.1003 | 老年人希望在使用卫生间时有可以支撑的地方，帮助站立、蹲坐等行为 |
| | 75岁以上 | 60 | 3.5870 | 1.3593 | 0.2004 | 老年人希望在使用卫生间时有可以支撑的地方，帮助站立、蹲坐等行为 |
| 在卫生间中，您总是担心滑倒 | 60～65岁 | 194 | 2.8031 | 0.0891 | 1.2230 | 老年人在使用卫生间时稍有滑倒的顾虑 |
| | 65～70岁 | 175 | 3.2171 | 1.1738 | 0.0887 | 老年人在使用卫生间时有滑倒的顾虑 |
| | 70～75岁 | 124 | 3.2131 | 1.1869 | 0.1075 | 老年人在使用卫生间时有滑倒的顾虑 |
| | 75岁以上 | 60 | 3.0870 | 1.4579 | 0.2150 | 老年人在使用卫生间时有滑倒的顾虑 |

3）住宅室内地面高差的安全隐患问题

少部分老年人有在家中地面的高差处发生绊倒的事故，并且在65～75岁年龄段中表现得较为突出一些。75岁以上老年人的期望值不太高，分析其原因可以理解为：①高龄老年人的活动频度比其他组要低；②随着年龄的增加老年人的自我保护意识也在不断提高的结果。因此尽可能消除室内地面的高差，改善住宅的无障碍通行条件对老年人的安全保障能够起到重要作用（表4-12）。

居家养老生活室内高差问题现状调查　　　　　　　　　　表4-12

| 题目 | 年龄组 | 容量 | 期望 | 标准差 | 标准误 | 分析结论 |
|---|---|---|---|---|---|---|
| 您曾在家里有高差的地方绊倒或险些绊倒 | 60～65岁 | 194 | 2.6542 | 1.3294 | 0.0969 | 一少部分老年人有在家里高差处绊倒或者险些绊倒的经历 |
| | 65～70岁 | 175 | 2.8857 | 1.2075 | 0.0913 | 少部分老年人有在家里高差处绊倒或者险些绊倒的经历 |
| | 70～75岁 | 124 | 3.0656 | 1.2514 | 0.1133 | 老年人有在家里高差处绊倒或者险些绊倒的经历 |
| | 75岁以上 | 60 | 2.7174 | 1.4089 | 0.2077 | 一少部分老年人有在家里高差处绊倒或者险些绊倒的经历 |

**5. 运用是、否判断方式对居家养老生活空间利用问题的分析**

老年人在居住生活中拥有自己专用的卧室是保障休息质量的重要条件（表4-13）。过去由于住房面积的限制，很多老年人缺少自己单独的卧室，与第三代同居一室的情况较多。

居家养老生活空间利用方式现状调查　　　　　　　　　　表4-13

| 题目 | 年龄组 | 容量 | 期望 | 分析结论 |
|---|---|---|---|---|
| 您在家庭中是否有独立卧室 | 60～65岁 | 194 | 0.8457 | 大部分被调查的老年人在家中拥有自己独立的卧室 |
| | 65～70岁 | 175 | 0.7886 | 大部分被调查的老年人在家中拥有自己独立的卧室 |
| | 70～75岁 | 124 | 0.8689 | 绝大部分被调查老年人在家中拥有自己独立的卧室 |
| | 75岁以上 | 60 | 0.9348 | 绝大部分被调查老年人在家中拥有自己独立的卧室 |
| 您的卧室内是否有独立卫生间 | 60～65岁 | 194 | 0.4574 | 接近一半的被调查者拥有设计于卧室中的独立卫生间 |
| | 65～70岁 | 175 | 0.3429 | 少数被调查者拥有设计于卧室中的独立卫生间 |
| | 70～75岁 | 124 | 0.3689 | 多数被调查者拥有设计于卧室中的独立卫生间 |
| | 75岁以上 | 60 | 0.4348 | 接近一半的被调查者拥有设计于卧室中的独立卫生间 |

通过分析可以看出，伴随着城市居民居住条件的不断改善，在家中拥有自己专用卧室的老年人数也有了较大幅度的增长，此外还有一部分老年人拥有带卫生间的卧室。老年人在住宅中的居住空间质量普遍得到了提升，通过本次调查也进一步证实了这种变化。

### 4.3.3 城市社区老年人"居家养老"生活援护现状分析

**1. 不同年龄段老年人对看病场所的选择分析**

通过调查发现，有占到受访总人数79%的老年人当身体出现不适时选择到医疗机构进行医治，其中52.6%的老年人选择去医院，有26.4%的老年人会去社区的卫生站，从这组数据中能够看出社区卫生站的建设还有待于加强，特别是在医疗水平的提升与卫生站点的布局上。有接近18%的老年人选择不去医院看病而是根据自己判断病情买药治疗，75岁以上年龄段的受访者选择在较近的社区卫生站看病的比例最高，从而说明社区卫生站的医疗服务对于高龄老年人更重要（图4-8）。

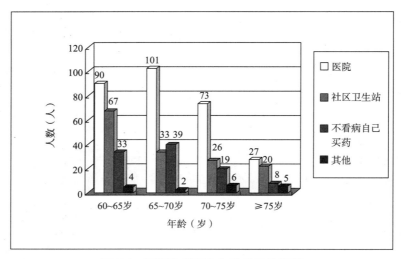

图4-8　不同年龄段老年人的问诊场所

2. 不同年龄段老年人对社区文化活动场所的需求分析

棋牌室、图书室是各年龄段老年人普遍喜爱程度最高的文化活动设施，其后是茶室、健身室、活动厅与书画室（图4-9）。

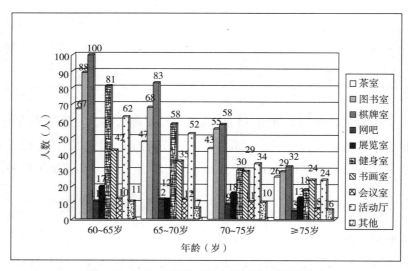

图4-9　不同年龄段老年人对活动场所的需求

随受访者年龄段的增高对社区文化活动场所的需求度有所降低，这与老年人随年龄的增加活动能力与活动兴趣减弱而导致外出活动次数减少有关。统计显示各年龄段老年人对活动场所设置展览室、网吧和会议室的要求度不高，这为我们今后在社区活动场所的设置内容确定上提供了借鉴。

3. 不同年龄段老年人外出活动的主要类型分析

各年龄段老年人日常外出最主要的活动内容是散步，其次是有目的的锻炼活动，它们所占的相对比例在各年龄段老年人中大致相同。日常生活性的购物、聚会聊天和接送第三代子女入托、上学也成为老年人外出活动的重要内容（图4-10）。从调查中可以看出老年人日常外出活动的目的主要集中在以身体锻炼和生活事务性的内容方面，这也反映出老年人的日常活动区域与服务设施的配置有关。

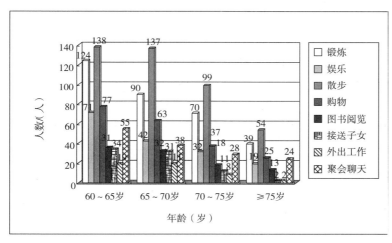

图4-10 不同年龄段老年人外出活动的类型

4. 运用五量表方式对居家养老生活援助服务需求的现状分析

通过对老年人在居家养老生活中希望获得援助服务的程度调查发现，对提供援助服务的需求程度随着年龄段的增加而加大，与65岁以下老年人相比，75岁以上老年人对生活援助服务的需求程度提高了24%，这也提示我们在社区生活援助服务内容的设置上，应当更多关注高龄老年人的使用需求（表4-14）。

5. 运用是、否问题对社区居家养老生活援护与环境的现状分析

通过对老年人的社区居家养老生活援护环境现状调查发现，超过半数以上受访老年人居住的社区能够提供如家政服务和物业管理等内容的服务，这也从一方面体现出"星光计划"以及城市社区建设发展取得的成果。有超过三成受访老年人居住的社区缺少能够健身锻炼的活动场所，从前面的调查分析得知，老年人户外活动最重要的内容之一就是健身锻炼，因此应当合理地设置社区户外活动场地。有接近半数受访者居住的社区缺少能够休闲

停留和与朋友交流的空间场所，不利于老年人开展社会交往活动，特别是在低年龄段反映突出，这也说明低年龄段的老年人更加注重社会交往。调查显示有超过半数以上受访老年人在社区道路和有台阶的地方发生过跌倒事故，这进一步证明目前的社区户外养老居住环境迫切需要进行无障碍的整治与改造（表 4-15）。

**居家养老生活援助服务需求调查** 表 4-14

| 题目 | 年龄组 | 容量 | 期望 | 标准差 | 标准误 | 分析结论 |
|---|---|---|---|---|---|---|
| 由于身体的原因，有些家务您不能独立完成，希望得到援助服务 | 60～65 岁 | 194 | 2.8989 | 1.2128 | 0.0884 | 由于身体原因，少部分老年人需要他人帮助完成家务 |
| | 65～70 岁 | 175 | 2.9200 | 1.1960 | 0.0904 | 由于身体原因，少部分老年人需要他人帮助完成家务 |
| | 70～75 岁 | 124 | 3.3770 | 1.2014 | 0.1088 | 由于身体原因，大部分老年人需要他人帮助完成家务 |
| | 75 岁以上 | 60 | 3.5870 | 1.3756 | 0.2028 | 由于身体原因，多数老年人需要他人帮助完成家务 |

**居家养老生活援护环境状况分析** 表 4-15

| 题目 | 年龄组 | 容量 | 期望 | 分析结论 |
|---|---|---|---|---|
| 社区中是否有社区生活援助服务（如家政服务、物业管理、提供送货上门服务的超市、饭店等） | 60～65 岁 | 194 | 0.5797 | 半数以上老年人居住在有生活援助服务的社区中 |
| | 65～70 岁 | 175 | 0.5943 | 接近六成的老年人居住在有生活援助服务的社区中 |
| | 70～75 岁 | 124 | 0.5492 | 半数以上老年人居住在有生活援助服务的社区中 |
| | 75 岁以上 | 60 | 0.5000 | 半数老年人居住在有生活援助服务的社区中 |
| 社区中是否有进行身体锻炼的活动场地 | 60～65 岁 | 194 | 0.7127 | 超过七成被调查的老年人所居住的社区中有进行身体锻炼的活动场地 |
| | 65～70 岁 | 175 | 0.6457 | 六成多被调查的老年人所居住的社区中有进行身体锻炼的活动场地 |
| | 70～75 岁 | 124 | 0.6475 | 六成多被调查的老年人所居住的社区中有进行身体锻炼的活动场地 |
| | 75 岁以上 | 60 | 0.5870 | 接近六成被调查的老年人所居住的社区中有进行身体锻炼的活动场地 |
| 社区中是否有专门供人休息和与朋友交流的场所 | 60～65 岁 | 194 | 0.6382 | 超过六成被调查的老年人所居住的社区中有专门供人休息和与朋友交流的场所，但仍有接近四成的社区不能为老年人提供交流、休息的活动场所 |
| | 65～70 岁 | 175 | 0.6171 | 超过六成被调查的老年人所居住的社区中有专门供人休息和与朋友交流的场所，但仍有接近四成的社区不能为老年人提供交流、休息的活动场所 |
| | 70～75 岁 | 124 | 0.5574 | 超过五成被调查老年人所居住的社区中有专门供人休息和与朋友交流的场所，但仍有四成多的社区不能为老年人提供交流、休息的活动场所 |

续表

| 题目 | 年龄组 | 容量 | 期望 | 分析结论 |
|---|---|---|---|---|
| 社区中是否有专门供人休息和与朋友交流的场所 | 75 岁以上 | 60 | 0.4565 | 不到一半被调查的老年人所居住的社区中有专门供人休息和与朋友交流的场所，超过五成的社区不能为老年人提供交流、休息的活动场所 |
| 社区中是否有适合散步的地方 | 60～65 岁 | 194 | 0.6117 | 超过六成被调查的老年人所居住的社区中有适合散步的地方，但仍有接近四成的社区不能为老年人提供适合散步的地方 |
| | 65～70 岁 | 175 | 0.5886 | 超过五成被调查的老年人所居住的社区中有适合散步的地方，但仍有四成多的社区不能为老年人提供适合散步的地方 |
| | 70～75 岁 | 124 | 0.6148 | 超过六成被调查的老年人所居住的社区中有适合散步的地方，但仍有接近四成的社区不能为老年人提供适合散步的地方 |
| | 75 岁以上 | 60 | 0.5652 | 超过五成被调查的老年人所居住的社区中有适合散步的地方，但仍有四成多的社区不能为老年人提供适合散步的地方 |
| 小区中，您是否曾有过在道路上滑倒或被台阶绊倒的经历 | 60～65 岁 | 194 | 0.5478 | 被调查者中超过五成的老年人表示曾经在小区中的道路上滑到或者有被台阶绊倒的经历 |
| | 65～70 岁 | 175 | 0.5314 | 被调查者中超过五成的老年人表示曾经在小区中的道路上滑到或者有被台阶绊倒的经历 |
| | 70～75 岁 | 124 | 0.6639 | 被调查者中超过六成的老年人表示曾经在小区中的道路上滑到或者有被台阶绊倒的经历，小区室外环境的设计应更多地考虑安全因素 |
| | 75 岁以上 | 60 | 0.5217 | 被调查者中超过五成的老年人表示曾经在小区中的道路上滑到或者有被台阶绊倒的经历 |

### 4.3.4　老年人养老居住生活中社区意识的调查分析

1. 老年人在社区中居住的时间分析

调查显示，在社区居住时间超过 10 年以上的老年人占到受访总人数的 61.3%，其中居住时间为 15 年以上的占到 35.3%，并且居住时间超过 15 年以上老年人数所占比例随受访者年龄段的增加而加大，在 75 岁以上受访人群中占到该年龄段总人数的 46.7%（图 4-11）。在社区中居住时间不到 5 年的老年人占到总人数的 15.4%，在各年龄段中所占比例最高的是 60～65 岁达到 20.6%，这组数据可以理解为①这些老年人刚从工作岗位退下，可以不再考虑上班路途的交通问题，开始选择并更换到适于自己养老的居住场所；②退休后迁居到子女的家庭住所，开始与子女共同生活。因此，通过调查进一步证实低龄老年人会有一个养老居所的选择期，这就提示我们在养老居住环境体系的构建上应当为这些老年人的选择提供便利条件。

由此可以看出，目前城市大多数老年人在社区中居住时期较长，在一个社区中的长期生活有利于良好邻里社会关系的形成和环境归属感的建立，这为我们今后建设适宜"老有所居"的社区居住环境，特别是发挥社区组织和地缘社会关系的作用奠定了良好的基础。

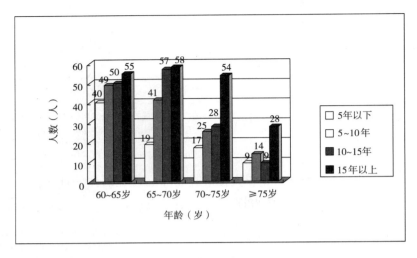

**图4-11 不同年龄段老年人在社区中的居住时间**

### 2. 运用是、否判断方式对社区意识问题的分析

从分析结果看，老年人对社区的概念有着比较清楚的认识，并且在75岁以下三个年龄段中，老年人对社区的意识随年龄的递增而逐步加强，这可以理解为从工作单位上退下来后，老年人的社会生活关系也逐步转化到社区中来，并且随着退休生活时间的增长，老年人与社区关系的密切程度也在增加（表4-16）。

社区意识判断调查  表4-16

| 问题 | 年龄组 | 容量 | 期望 | 分析结论 |
| --- | --- | --- | --- | --- |
| 您清楚什么是"社区"吗 | 60～65岁 | 194 | 0.8138 | 超过八成的老年人表示清楚社区的含义 |
| | 65～70岁 | 175 | 0.8171 | 超过八成的老年人表示清楚社区的含义 |
| | 70～75岁 | 124 | 0.8607 | 绝大部分老年人表示清楚社区的含义 |
| | 75岁以上 | 60 | 0.7609 | 大部分老年人表示清楚社区的含义 |
| 您知道有管理社区的组织吗 | 60～65岁 | 194 | 0.7765 | 大部分被调查的老年人知道在社区中有专门的社区管理组织 |
| | 65～70岁 | 175 | 0.8171 | 超过八成被调查的老年人知道社区中有专门的社区管理组织 |
| | 70～75岁 | 124 | 0.7377 | 大部分被调查的老年人知道在社区中有专门的社区管理组织 |
| | 75岁以上 | 60 | 0.8043 | 超过八成被调查的老年人知道在社区中有专门的社区管理组织 |

大部分被调查的老年人知道和了解在社区中有专门的社区组织机构，说明社区组织在社区居民生活中发挥着一定的作用，只有不断发挥好社区组织的管理与服务机能，形成良

好的居住环境，才能切实建立起良好的社区意识和社区归属感。

**3. 运用五量表方式对社区意识问题的分析**

从统计分析结果来看（表4-17），各个年龄组的老年人都自我表述拥有良好的邻里关系，在社区中有很多朋友并且有着密切的交往。由此可以看出老年人有着较好的地域人际关系，这为将来进一步开展好社区生活援助服务和邻里互助打下良好的基础。在社区组织活动的参与方面，虽然很多老年人都表述有参加的欲望，但实际上大多数老年人很少参加，其结果可能受两方面因素的影响：①社区开展的各类活动不够；②在活动内容的安排上缺少对老年人的吸引力。各年龄段受调查老年人都表述希望在现在居住的社区中一直居住下去，这体现出老年人对长期居住的生活环境有着较为深厚的感情。

**社区意识程度调查** 表4-17

| 题目 | 年龄组 | 容量 | 期望 | 标准差 | 标准误 | 分析结论 |
|---|---|---|---|---|---|---|
| 您所在的社区经常组织居民开展活动（如健康讲座、宣传展览） | 60～65岁 | 194 | 2.9893 | 1.2707 | 0.0926 | 老年人所居住的社区中经常开展活动 |
| | 65～70岁 | 175 | 3.0857 | 1.0713 | 0.0810 | 老年人所居住的社区中常开展活动 |
| | 70～75岁 | 124 | 2.8197 | 1.1854 | 0.1073 | 老年人所居住的社区中会开展一些活动 |
| | 75岁以上 | 60 | 2.6087 | 1.4978 | 0.2208 | 老年人所居住的社区中并不常常开展活动 |
| 您经常参与社区组织的活动 | 60～65岁 | 194 | 2.8351 | 1.2277 | 0.0895 | 老年人不太参与社区活动 |
| | 65～70岁 | 175 | 2.8857 | 1.1932 | 0.0902 | 老年人会参与社区活动 |
| | 70～75岁 | 124 | 2.8443 | 1.3362 | 0.1210 | 老年人不太参与社区活动 |
| | 75岁以上 | 60 | 2.6522 | 1.5379 | 0.2268 | 老年人不经常参与社区活动 |
| 您有良好的邻里关系 | 60～65岁 | 194 | 3.7393 | 1.0852 | 0.0791 | 老年人有较好的邻里关系 |
| | 65～70岁 | 175 | 3.8229 | 0.9514 | 0.0719 | 老年人有好的邻里关系 |
| | 70～75岁 | 124 | 4.0164 | 0.9620 | 0.0871 | 老年人的邻里关系良好 |
| | 75岁以上 | 60 | 3.7826 | 1.0309 | 0.1520 | 老年人有较好的邻里关系 |
| 您与社区中的朋友交往密切 | 60～65岁 | 194 | 3.5319 | 1.1441 | 0.0834 | 老年人在社区中有朋友，且交往比较密切 |
| | 65～70岁 | 175 | 3.6343 | 1.0244 | 0.0774 | 老年人在社区中有朋友，交往密切 |
| | 70～75岁 | 124 | 3.5902 | 1.0966 | 0.0993 | 老年人在社区中有朋友，且交往比较密切 |
| | 75岁以上 | 60 | 3.3043 | 1.0082 | 0.1486 | 老年人在社区中有朋友，能够进行交往 |

续表

| 题目 | 年龄组 | 容量 | 期望 | 标准差 | 标准误 | 分析结论 |
|---|---|---|---|---|---|---|
| 您对目前的社区生活环境感到满意 | 60～65岁 | 194 | 3.4202 | 1.0988 | 0.0801 | 老年人对目前的社区生活条件感到比较满意 |
| | 65～70岁 | 175 | 3.4114 | 1.1151 | 0.0843 | 老年人对目前的社区生活条件感到比较满意 |
| | 70～75岁 | 124 | 3.3197 | 1.0853 | 0.0983 | 老年人对目前的社区生活条件通常感到满意 |
| | 75岁以上 | 60 | 3.3913 | 1.2014 | 0.1771 | 老年人对目前的社区生活条件通常感到满意 |
| 您希望在现在居住的社区中一直生活下去 | 60～65岁 | 194 | 3.7659 | 1.1555 | 0.0842 | 老年人希望在现有社区中一直居住下去 |
| | 65～70岁 | 175 | 3.7543 | 1.0892 | 0.0823 | 老年人希望在现有社区中一直居住下去 |
| | 70～75岁 | 124 | 3.7213 | 1.1590 | 0.1049 | 老年人希望在现有社区中一直居住下去 |
| | 75岁以上 | 60 | 3.3913 | 1.3577 | 0.2002 | 老年人比较希望在现有社区中一直居住下去 |

4. 老年人生活交往场所的利用特征

统计显示选择在家中与朋友见面交往的老年人占到受访总人数的22.8%，选择在各种活动设施中见面的占到14%，而选择在商业购物场所的仅占4.7%，由此可以看出老年人如果在室内进行交往的话则更愿意选择在家中（图4-12）。此外有31.5%的老年人会在住宅的楼下和朋友交流，特别是在70～75岁年龄段中表现得更为突出，这也从一个侧面说明老年人经常交往的朋友其实就是同楼或附近的邻居，老年人交往的场所与对象主要是住宅周边的环境和人群。也有14%的老年人会在公园等活动场所与朋友交流，选择在户外开展交流活动的占到老年人总人数的58.5%，这组数据提示我们要注重户外交往空间的营造，也为今后在社区养老居住环境中进行交往空间的规划与设计提供了参考。

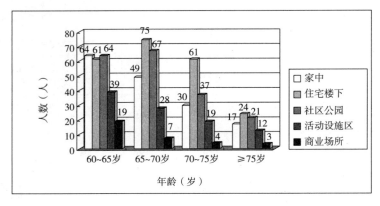

图4-12 不同年龄段老年人的交往场所

### 4.3.5 老年人对养老设施居住意愿的调查分析

1. 运用五量表方式对养老设施的居住意愿分析

通过对养老居住设施的利用意愿调查发现,各年龄段的老年人普遍对养老设施的利用愿望不高。其原因可以理解为:①受传统观念的影响,入住养老设施容易被误解为是子女不孝;②入住养老设施后虽然居住条件有可能得到改善,但却难以获得老年人与子女共同生活所具有的不可或缺的精神慰藉;③入住养老设施虽然能够得到多方面的照顾,但有可能会完全改变长期以来形成的家庭生活习惯。上述分析的原因在老年人对其他提问问题的回答结果中也能够得到印证(表4-18)。

对养老居住设施利用意愿程度调查　　　　　　　　　　　　　　表4-18

| 题目 | 年龄组 | 容量 | 期望 | 标准差 | 标准误 | 分析结论 |
|---|---|---|---|---|---|---|
| 将来,您愿意去养老院居住 | 60～65岁 | 194 | 2.5797 | 1.3909 | 0.1014 | 老年人不愿住在养老院 |
| | 65～70岁 | 175 | 2.5886 | 1.3269 | 0.1003 | 老年人不愿住在养老院 |
| | 70～75岁 | 124 | 2.3033 | 1.2457 | 0.1128 | 老年人不愿住在养老院 |
| | 75岁以上 | 60 | 2.1087 | 1.2863 | 0.1897 | 老年人不太愿意住在养老院 |
| 您渴望"饭来张口、衣来伸手"的完全被照顾的生活方式 | 60～65岁 | 194 | 2.4042 | 1.2565 | 0.0916 | 老年人不太认可这种生活方式 |
| | 65～70岁 | 175 | 2.4400 | 1.2013 | 0.0908 | 老年人不认可这种生活方式 |
| | 70～75岁 | 124 | 2.3852 | 1.2494 | 0.1131 | 老年人不太认可这种生活方式 |
| | 75岁以上 | 60 | 2.5000 | 1.3944 | 0.2056 | 老年人不认可这种生活方式 |
| 您喜欢与同龄人一起居住生活 | 60～65岁 | 194 | 3.4202 | 1.1418 | 0.0832 | 老年人喜欢与同龄人一同居住 |
| | 65～70岁 | 175 | 3.2229 | 1.0123 | 0.0765 | 老年人喜欢与同龄人一同居住 |
| | 70～75岁 | 124 | 3.3197 | 1.1518 | 0.1043 | 老年人喜欢与同龄人一同居住 |
| | 75岁以上 | 60 | 2.9130 | 1.3470 | 0.1986 | 老年人不太喜欢与同龄人一同居住 |
| 您认为,在养老设施中的生活方式应该与家庭生活比较相似 | 60～65岁 | 194 | 3.7553 | 1.0514 | 0.0766 | 老年人希望养老院生活与家庭生活相似 |
| | 65～70岁 | 175 | 3.6400 | 1.0403 | 0.0786 | 老年人希望养老院生活与家庭生活相似 |
| | 70～75岁 | 124 | 4.0246 | 0.9133 | 0.0827 | 老年人希望养老院生活与家庭生活相似 |
| | 75岁以上 | 60 | 3.8478 | 1.1347 | 0.1673 | 老年人希望养老院生活与家庭生活相似 |
| 您认为养老设施应该是一个醒目的建筑,容易辨认 | 60～65岁 | 194 | 3.3776 | 1.1142 | 0.0812 | 老年人认为养老设施应该醒目,容易辨认 |
| | 65～70岁 | 175 | 3.5943 | 0.9714 | 0.0734 | 老年人认为养老设施应该醒目,容易辨认 |
| | 70～75岁 | 124 | 3.5656 | 1.1281 | 0.1021 | 老年人认为养老设施应该醒目,容易辨认 |
| | 75岁以上 | 60 | 3.3478 | 1.3033 | 0.1922 | 老年人认为养老设施应该醒目,容易辨认 |

从分解结果看出老年人并不希望在养老设施中改变长期保持的家庭生活习惯，不希望成为被动式的受照顾者，两组分析结果提示我们应当研究老年人在养老居住设施中的生活方式以及与之相适应的空间环境。老年人对养老设施标志性的期望结果否定了研究者早期的假设预期，分析其原因也许老年人更多考虑的是要便于认知和记忆，而非传统观念的顾虑。

2. 不同年龄段老年人对养老设施设置场所的愿望分析

各年龄段老年人普遍希望养老居住设施的建设地点最好能够选择在社区之中（图4-13），有不到三成的老年人希望能在郊外，且低年龄段老年人群多于高年龄段作出这一选择。由此可以看出在老年人生活自理能力较强的阶段，老年人对养老设施总体环境的关注度较高。随着年龄的增长在生活上接受照顾程度的增加，老年人对养老设施的关注重点逐步从环境条件转移到生活的便利性方面。

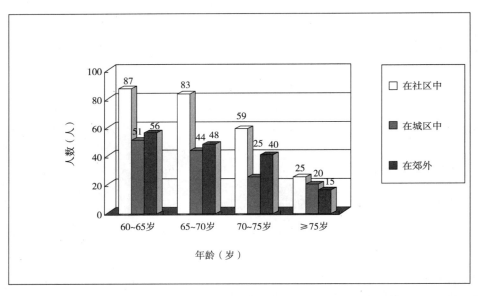

图4-13　不同年龄段老年人对养老居住设施建设场所的愿望

## 4.3.6　社区养老居住设施（空间—行为）利用实态的调查分析

近年来，随着城市老龄化社会程度的不断提升，老年人口的快速增长使得对养老居住设施的需求也逐步加大，然而城市养老居住设施的发展速度和运行现状却难以满足社会的需求。以西安市为例，根据2011年3月发布的《西安市养老机构现状调研报告》统计数据显示，截止到2010年4月底，西安市运行的各类养老机构共有55家（其中民办机构33家，公办机构22家），总床位数6816张，入住老人3913人，平均入住率为57.4%。全市每百位老年人拥有养老床位数0.55张，入住养老机构的老人占到全市60岁以上老人总数的3‰。同时，西安市养老机构大多以小型机构为主，床位数在100张以下、入住老人在50人以下的养老机构占全市总数一半左右。西安市养老机构居室人均面积7.2m$^2$，达到并超过了国家制定的《老年人建筑设计规范》"每人使用面积不应小于6m$^2$"的要求[154]。

西安地区现有公办养老机构大多主要收住生活能够自理的老年人，提供日常性生活照料服务，而民办养老机构根据社会需求也收住一些失智老人，为他们提供生活护理与照料服务，服务对象与服务内容也较公办养老机构多样化。

为了进一步了解和掌握老年人在养老居住设施空间中的生活状态，养老居住设施生活环境现状以及空间环境中存在的问题，对城区内选择的4所养老居住设施进行了利用实态考察[155]。

1. 调查设施的空间特性

四所调查对象设施的建筑概要见表4-19所列。

星光老年之家位于西安市和平门外长胜街长胜社区内。设施周边交通便利，紧邻环城公园，为老年人外出休闲和与社区老年人的交流提供了便利条件。2004年5月被民政部评为全国先进"星光老年之家"。设施采用院落式布局，占地面积2000多平方米，拥有一个安静的内部院落空间。公寓建筑结构为2层，建筑面积890m$^2$，底层采用内廊式的平面组织方式，南向设置为居室，北向布置成活动室和管理用房，2层全部为居室，采用外廊联系。

温馨苑老年公寓位于西安南郊铁路新村，是碑林区民政局下属一所民办公助的老年公寓。由于设置在铁路新村小区内，因此便于利用小区内的医疗、健身等基设施，同时也有利于入住设施的老年人参与社区组织的活动和与社区内的居民进行交流。公寓采用院落式组合方式，南北两侧布置居室，东西两侧设置为活动室和辅助用房，公寓建筑面积近350m$^2$。

福星老年公寓位于莲湖区光明巷青年路第二社区内，由一栋3层公寓楼房和一栋1层公寓建筑围合形成一个内向空间院落。公寓设置在居住区内，社区中的医疗、健身等基础设施能够得到利用，同时也便于入住老年人与社区居民进行交流和参加社区活动。3层的公寓建筑采用内廊式布局，南北两侧布置居室，活动室设置在2层，公寓建筑面积1260m$^2$，设有床位120张。

裕华老年公寓位于西安市未央区北二环西段欲华集团家属院内，地理位置较偏僻，周边为一些大型建材市场。公寓采用院落式布局，主体建筑7层，1层为老年公寓，2层以上为集团职工住宅，另有一栋2层的公寓楼，与厨房围合形成院落，整体院落空间较大，能满足入住老年人室外活动的需求。公寓总建筑面积1640m$^2$，设有床位100张，公寓利用住宅单元式结构，单元内配有卫生间和活动室。2004年底被授予陕西省三级福利院称号。

| 设施名称 | 空间概要 | 底层平面布局 |
|---|---|---|
| 碑林区文艺路星光老年之家 | 位于和平门外长胜社区内，采用院落式布局，主体建筑为两层，功能用房包括居室、公共活动室兼餐厅、公共卫生间、浴室、厨房、水房等，有一个内向、安静的内部庭院，院落空间较小 | |
| 碑林区温馨苑老年公寓 | 位于西安南郊铁路新村小区内，采用院落式布局，整个公寓只有1层，由老年人居室、活动室、办公室等围合形成一个内向、安静的内部空间。功能用房包括居室、公共活动室、卫生间、厨房、水房等 | |
| 莲湖区福星老年公寓 | 位于莲湖区青年路第二社区内，采用院落式布局，整个公寓由3层的楼房和平房组成，由老年人居室、养老住宅楼、洗衣房等围合形成一个内向空间。功能用房包括居室、公共活动室、医务室、公共卫生间、浴室、厨房等 | |
| 未央区裕华老年公寓 | 位于未央区北二环西段欲华集团家属院内，地理位置偏僻。公寓主体建筑7层，1层为老年公寓，2层以上为职工住宅，东面为一栋2层的老年公寓，和厨房共同围合成一个院落。功能用房为包括居室、公共活动室兼餐厅、卫生间、浴室、厨房等 | |

2. 设施的居室布局特性

四所调查设施的居室布局特性见表4-20所列。

设施居室布局方式　　　　　　　　　　　　　　　　表4-20

| 单位 | 碑林区文艺路星光老年之家 | 碑林区温馨苑老年公寓 | 莲湖区福星老年公寓 | 未央区裕华老年公寓 |
|---|---|---|---|---|
| 设置内容 | 房间内均设床、床头柜、电视、空调、储物柜、写字桌等设施，地板采用普通地板砖 | 房间内只设有床、床头柜。地板采用普通水泥地面 | 房间内均设床、床头柜、电视、储物柜、写字桌、沙发等，地板采用普通地板砖 | 房间内均设床、床头柜、电视、储物柜、写字桌、沙发等，地板采用地板砖 |
| 居住人数 | 2人间、3人间 | 2人间、3人间 | 2人间、3人间 | 2人间、3人间、5人间 |
| 卫生间 | 全部附设 | 不设 | 不设 | 部分附设 |
| 单元平面 | | | | |

星光老年之家的居室采用2人间和3人间的居住方式，没有设置单人间，每个居室中均设有卫生间。另外居室中还配置了电视、空调、储物柜、写字桌等设施，不能自带家具。由于居室全部布置在南向，居室内采光、通风效果良好，加之居室内放置了电视，因此增加了老年人在居室内的活动时间，还有一些老年人甚至将麻将桌安置在居室内，将娱乐活动带到了居室中。居室的地面采用普通地板砖，在出入口处未设置扶手。

温馨苑老年公寓的居室只设置了2人间和3人间，居室中没有设置卫生间。由于居室面积不大，家具只配置了床和床头柜。居室均南向布置，采光、通风良好。地板采用普通水泥地面，在出入口处未设置扶手。

福星老年公寓的居室分为2人间和3人间，无单人间，居室中没有设置卫生间。居室内配置了电视、储物柜、写字桌、沙发等设施。居室采用内廊联系，南北向布局使得室内能够获得较好的采光和通风。老年人可以在居室内看电视，相互串门交往，缓解了设施活动室空间不足的问题。地板采用普通地板砖，遇水会产生湿滑的危险。

裕华老年公寓由于是结合住宅单元设置居室，因此居室的类型较多，有2人间、3人间和5人间，未设单人间。居室的面积大小也有较大差异，部分居室内有卫生间，没有卫生间的居室可利用单元内公共卫生间。居室内配置了电视、储物柜、写字桌、沙发等设施。有南向和北向居室，由于开窗面积较大，室内采光、通风良好。地面铺设土黄色面砖，室内地面显得干净亮堂。

3.设施的活动室布局特性

四所调查设施的活动室布局特性见表4-21所列。

**活动室设置方式** 表4-21

| | 碑林区文艺路星光老年之家 | 碑林区温馨苑老年公寓 | 莲湖区福星老年公寓 | 未央区裕华老年公寓 |
|---|---|---|---|---|
| 设置 | 活动室兼作餐厅，设有电视、微波炉、桌椅、空调和暖气、植物等 | 活动室内设有电视、沙发、桌椅、空调和暖气、植物等 | 活动室兼作餐厅，设有电视、桌椅、空调和暖气 | 分散型活动室，设有电视、空调，桌椅、植物等 |
| 行为 | 看电视、交谈、棋牌、看报、就餐 | 看电视、交谈、棋牌、看报 | 看电视、交谈、棋牌、就餐 | 看电视、交谈、棋牌、看报 |
| 空间场景 | | | | |

星光老年之家的公共活动室兼作餐厅使用，除布置了餐桌和座椅外还设置了电视和微波炉。老年人在活动室中的文化、娱乐活动只有棋牌和看报，开展的内容不够丰富。活动室内安装了空调和暖气，也放置了一些绿化植物装饰室内环境。除活动室外公寓内未设健身房和阅览室等其他公共活动空间。

温馨苑老年公寓的公共活动室面积约为30m²，活动室内设有电视、沙发和棋牌桌椅。由于居室内没有电视，老年人只能到活动室来看，因此活动室空间略感些狭小和嘈杂，并且在电视节目的选择上难以满足不同人的兴趣要求。由于空间大小的制约，活动室能够开展的活动内容有限,主要以看电视、棋牌和谈话交流为主。活动室内设置了空调和暖气,并放置了一些绿色植物。

福星老年公寓的活动室设置在公寓楼的二层,同时兼作餐厅使用,面积不足 $40m^2$,活动室的空间大小与设施规模不相适应,难以满足入住老年人开展室内活动的需求。活动室内设有电视、圆形餐桌和沙发,只能进行看电视、棋牌和谈话交流活动。室内设置了空调和暖气,由于缺少绿化和环境装饰,生活氛围的亲和感不足。

裕华老年公寓利用底层居室单元中的公共部分作为活动室,通过分散布置不同内容的活动空间,将不利条件转化为各具特色、利用效率高的活动场所,避免了不同活动聚集在一室的相互干扰。活动内容包括看电视、棋牌活动、器具健身和书报阅读等,活动室内设置了空调和暖气,并且通过植物绿化装饰环境。

4. 设施的卫生间、浴室设置方式

四所调查设施的卫生间、浴室布局特性见表 4-22 所列。

卫生间、浴室设置方式　　　　表 4-22

| | 碑林区文艺路星光老年之家 | 碑林区温馨苑老年公寓 | 莲湖区福星老年公寓 | 未央区裕华老年公寓 |
|---|---|---|---|---|
| 设置方式 | 居室内设有卫生间兼淋浴,另设有公共卫生间和浴室 | 居室内不设卫生间。只有公共卫生间,无浴室 | 居室内不设卫生间。只有公共卫生间和浴室 | 居室内设有卫生间兼淋浴,另设有公共卫生间和浴室 |
| 设置内容 | 便器,电热水器。简单扶手,非防滑地面,不满足轮椅使用 | 盥洗池、小便器、蹲式与坐式便器。简单扶手,非防滑地面,不满足轮椅使用 | 盥洗池、小便器、坐式便器。浴室设淋浴,无浴缸,简单扶手,简单防滑地面,不满足轮椅使用 | 便器,电热水器。简单扶手,非防滑地面,不满足轮椅使用 |
| 空间场景 | | | | |

星光老年之家的居室内全部设置了能够淋浴的卫生间,裕华老年公寓只在部分居室中设置了卫生间,而温馨苑老年公寓和福星老年公寓全部采用公共卫生间的方式。四所公寓

都设置有公用浴室，但内部设施简陋，采用电热水器的方式提供热水，没有设置浴缸和考虑身体活动机能有障碍的老年人的入浴使用。地面铺设材料没有进行防滑处理，无障碍程度设计不足，只是在坐便器和淋浴处设置了简单的扶手，四所养老居住设施的卫生间和浴室都没有考虑轮椅使用者的利用。

5. 设施的户外活动环境

四所调查设施的户外活动环境特点见表 4-23 所列。

户外活动环境　　　　　　　　　　　　　　　　　表 4-23

| | 碑林区文艺路星光老年之家 | 碑林区温馨苑老年公寓 | 莲湖区福星老年公寓 | 未央区裕华老年公寓 |
|---|---|---|---|---|
| 设置内容 | 院落布局，休息座椅、简单健身器械，硬质水泥地面，绿化树木；公寓主入口、内院墙壁上设置扶手，在高差处设置了坡道 | 院落布局，休息座椅，硬质水泥地面，绿化树木，盆景雕塑；未考虑无障碍设计 | 院落布局，空间狭小，硬质水泥地面；未考虑无障碍设计 | 院落布局，休息座椅、简单健身器械，硬质水泥地面，绿化树木；有无障碍设计 |
| 活动方式 | 聊天交谈，器械健身、体操活动 | 聊天交谈，体操活动 | 聊天交谈，体操活动 | 聊天交谈，器械健身、体操活动 |
| 空间场景 | | | | |

四所养老居住设施均采用了院落空间的布局形式，在环境中种植了绿化并硬化了活动场地，设置了供老年人休息和谈话交流的桌椅与石凳。星光老年之家和裕华老年公寓在院落中设置了一些简单的健身器械，温馨苑老年公寓在院落的上空搭设了藤架种植爬藤植物，夏天可以形成较好的阴凉活动场所。四所设施由于都设置在社区内，一些老年人会到社区中进行一些交流和散步活动，社区中的公用设施老年人也经常会去利用。除裕华老年公寓外，其他三所设施的户外活动空间面积偏小，四所设施设置的活动设施普遍也比较简单，难以满足老年人开展多种交流与健身活动的需求。星光老年之家和裕华老年公寓在户外环境中地面有高差的地方设置了坡道和扶手，但坡道的坡度过大不符合无障碍设计的要求，轮椅利用者难以独自通过坡道，而温馨苑老年公寓和福星老年公寓的户外环境基本上没有进行无障碍设计。

6. 空间—行为的利用实态分析

在对四所养老居住设施进行利用实态调查中，通过对老年人在设施各空间中的活动时间和活动内容的观察统计，了解掌握了老年人的活动行为特点（图4-14）。

从空间利用实态分析可以看出，在星光老年之家、温馨苑老年公寓和福星老年公寓中老年人利用程度和频度最高的设施空间是居室，其次是活动室和户外活动场所，而裕华老年公寓下午5点以前老年人在活动室的活动时间和利用人数都超过了居室，分析其原因在于前三所设施的活动室都采用了集中式的设置方式，活动室与居室在空间的联系上需要通过走廊和户外场地，特别是在天气不好以及晚上天黑时间段对老年人的利用影响较大，便利性程度不高。而裕华老年公寓采用的是分散式的单元组合方式，将活动空间与若干居室组合成单元空间，其优点在于：①居住空间与活动空间联系紧密，便于老年人的随时使用；②活动空间中老年人的数量不是很多，同一时间段开展的活动类型之间相互影响较小，避免了集中活动室中人员嘈杂的现象，这也为提高所开展的活动质量创造了条件。同时这种联系方式形成的单元空间与传统住宅空间具有一定的相似性，从而也进一步印证了养老居住设施空间进行单元化划分具有较好的使用合理性。

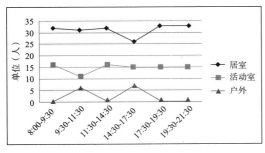
（a）星光老年之家

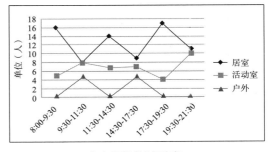
（b）温馨苑老年公寓

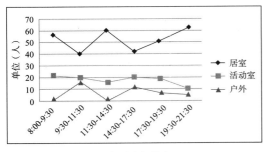
（c）福星老年公寓

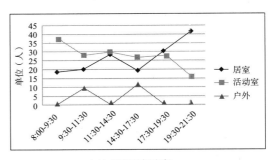
（d）裕华老年公寓

图4-14 空间行为利用实态分析

通过对在居室内老年人的活动情况进行分析，可将老年人的生活行为划分为看电视、谈话、活动、休息和其他5种类型，居室内老年人发生的5种行为频度比例关系如图4-15

所示。从图中可以看出，两所养老居住设施中老年人在居室内看电视的行为频度最高，其次是谈话和其他类（包括自我思考、观看他人行为和目的性不强的行为等）。

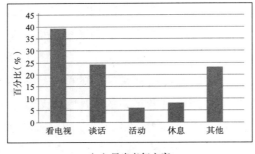
（a）星光老年之家

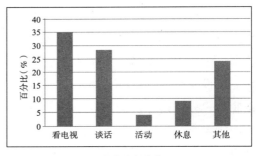
（b）裕华老年公寓

图4-15 居室内老年人各行为频度分析

老年人在居室中看电视的行为发生频度较高，分析其原因可能在于两个方面：①当前一般城市居民的资讯信息和娱乐活动主要来源于电视，看电视已成为重要的日常生活活动，居住在养老设施中的老年人也不例外；②目前养老居住设施普遍缺乏充足的室内活动条件，活动空间不足，活动器材陈旧，活动内容单调，限制了老年人生活行为多样性的开展和参与公共活动的热情。由此可以看出，首先设施中活动空间的面积和活动内容可以直接影响到老年人在居室中生活行为的展开和活动领域，其次根据老年人在居室中的活动特点，合理地设置空间面积和家具的布局方式是营造老年人私密性场所的重要途径。

### 4.3.7 社区养老居住设施使用者的利用需求调查分析

**1. 入住设施老年人的属性构成分析**

入住设施的女性老年人超过一半，占到总人数的64%；70岁以上老年人占到总人数的71%，80岁以上高龄老年人达到39%，入住设施人员女性多、高龄化的发展趋势应当引起我们的关注。调查显示目前入住设施老年人的身体健康状况都基本良好，有75%的老年人生活能够完全自理，20%的老年人需要在生活上提供简单帮助，只有5%的老年人需要援护才能完成某些生活行为。入住设施老年人的经济来源有52%依靠自己的退休金，44%的老年人需要依靠配偶、子女和亲友的帮助，有4%的老年人的经济来源不稳定（图4-16）。

从分析入住设施老年人的基本属性中我们可以看出，今后在设施空间的研究以及规划和设计上应该多加关注女性老年人的使用需求，应将高龄老年人的使用需求作为建设内容的重点，注重生活不能自理老年人逐步增多的发展趋势，在设施的规划设计中实现无障碍设计，同时国家还应加快速度完善老年人的养老保险制度，援护保障制度以及建设良好的社会服务体系。

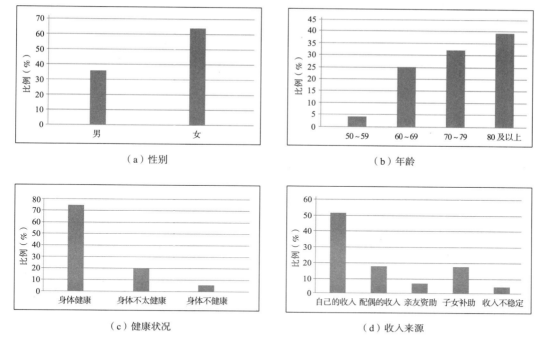

图4-16 入住设施老年人的属性构成

2. 老年人入住设施的原因与时间分析

子女不在身边或因子女工作忙导致生活无人照顾而入住养老设施的老年人超过半数，占到入住总人数的55%，成为老年人进入养老设施的主要原因。其次是因为设施的居住条件好，服务内容完善以及希望能够和同龄人在一起居住生活的分别占到21%和20%，只有4%的老年人是因为生活不能自理而住进养老设施。在养老设施中生活一年以上的占到总人数的72%，三年以上的占到24%，五年以上的只有11%（图4-17）。

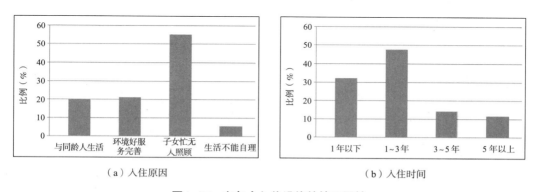

图4-17 老年人入住设施的情况属性

从分析老年人入住设施的原因中我们可以看出，空巢家庭是导致老年人入住设施的重要影响因素，随着老龄化社会进程的加快，空巢家庭老年人的数量还会继续增多，因此加快养老居住设施的建设会成为社会越来越迫切的需求。从入住时间的分析中我们认识到，短期入住的老年人也占到一定的比例，因此在设施的规划和设计上，应充分考虑短期与长期入住的不同特点和需求，在空间组织和设施配置上进行科学的规划。

3. 对居室和就餐空间的利用需求分析

统计结果显示希望在居室中配置卫浴功能的老年人比例占到入住总人数的85%，卫浴的便利性成为老年人对居室空间的最大需求，从另一方面也反映出目前居住空间的条件简陋。有68%的老年人希望在居室中增加衣物的储藏空间，随着居住时间的增加，老年人使用的物品也会不断增多，简单的储物柜已难满足生活使用的需求。有22%的老年人提出在居室中增设能够简单加热饭菜的设备，这反映出饮食的不同喜好和个性化生活需求是我们在居室设计中应当考虑的重要因素（图4-18）。

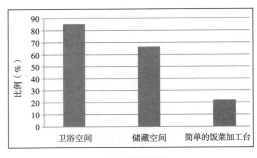

（a）居室空间　　　　　　　　　　（b）就餐空间

图4-18　对居室和就餐空间的利用需求

在就餐环境的调查中，有53%的老年人选择在餐厅用餐，32%的老年人选择买好饭菜后回到居室内用餐，还有15%的老年人选择在活动庭院和走廊等处用餐。从老年人选择用餐场所中可以看出，现状中的餐厅未能给老年人提供满意的用餐环境，问题有的出在空间面积不足，有的出在环境氛围不理想上。

4. 健康管理与保障需求分析

在入住设施老年人的身体健康保障方面，当老年人遇到生病时，有32%的老年人选择在设施中医务室问诊和治疗，有43%的老年人选择到居住的社区卫生服务站看病，到附近大型医院去看病的占到25%。在健康遇到情况设置紧急呼救装置的场所选择上，第一位是卫生间，有85%的老年人选择，其次是卧室，选择的人数占到78%，另外是选择活动室和餐厅的约占25%左右（图4-19）。

从这两项调查中我们可以看出，发展社区医疗卫生站的医疗水平和站点数量，对提高入住养老居住设施老年人的健康保障有着重大意义和切实有效的作用。设置紧急呼救系统是老年人健康管理，特别是对应对突发疾病的重要手段，要重点设置在老年人长时间独处或容易发生意外的场所。

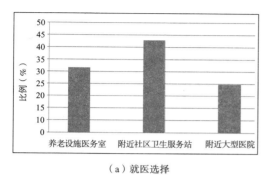

（a）就医选择

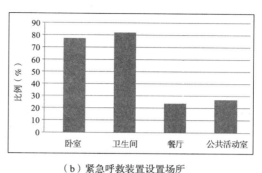

（b）紧急呼救装置设置场所

图4-19　健康管理与保障

5. 无障碍设计要求

在满足无障碍使用要求的空间场所选择上，最受关注的是卫生间和浴室，有91%的老年人对此项进行了选择，说明卫生间和浴室是老年人最容易发生人身伤害事故的场所，希望在卫生间和浴室进行站、立、起、坐的过程中能够找到辅助身体的支点。另外选择走廊的人数（78%）多于楼梯（68%），说明在上下楼梯时，老年人都会有一些心理准备，反而在平坦或看似安全的地方老年人却容易发生安全事故（图4-20）。

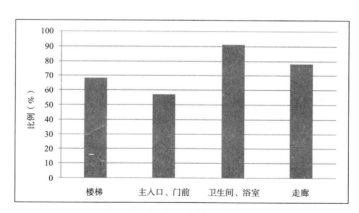

图4-20　无障碍设计的场所选择

此项调查的结果提示我们在进行无障碍设计时，除了要满足无障碍设计规范的要求外，还一定要细致考虑，要熟悉和了解老年人的活动特点，特别是在一些看似安全和平时不注意的地方。

6. 生活与援护方式的选择分析

在老年人入住养老居住设施后对生活方式发生改变的反应程度调查中发现，有83%的老年人认为改变了过去的生活方式，新的生活方式需要有个适应过程。有17%的老年人认为差异不大或不介意，能够很快适应这种集体生活方式。在援护方式的选择上，有33%的老年人希望能够得到全面的照护，19%和16%的老年人希望得到他人或老年人的互助，22%的老年人希望能够保持生活自理（图4-21）。

从这两项调查中我们可以看出，应当不断探索在养老居住设施中如何能够继续保持老年人长期形成的家庭生活方式，尊重老年人的生活价值观和个人生活意愿，提供形式多样、具有可选择性的利用方式与援护服务形式，并对居住空间的构成内容与组织方法开展研究。对于援护方式的选择结果，有57%的老年人选择通过生活自理、他人帮助和相互协助的方式实现养老生活，这也从一方面说明大部分老年人在生活上愿意通过自身的努力来实现，而并非完全依赖于被动式的照护服务。老年人在生活上对一定程度互助方式的选择，为我们开展社区养老居住设施的居住模式和空间组织方式研究提供了重要的参考。

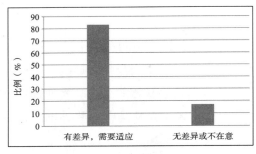 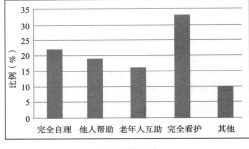

（a）生活方式　　　　　　　　　　　（b）援护方式

**图4-21　生活与援护方式的选择**

7. 设施规模的选择分析

在对养老设施适宜规模的选择上，有半数以上的老年人选择了50人以下，占到总人数的57%，其中选择20人以下的占到25%。选择50～100人规模的有19%，选择100人以上的只占12%（图4-22）。养老居住设施的适宜规模对于提高生活援护服务质量，建立老年人易于相互熟悉、情感交流和友情培养能够发挥重要的促进作用。

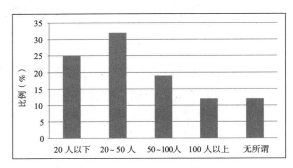

**图4-22　设施规模的选择**

8. 交流场所的选择与社会交往程度分析

统计结果显示，在与人交流场所的选择上，有62%的老年人喜欢在公共场所，主要包括公共活动室（27%）、餐厅（14%）和户外公共空间（13%），有20%的老年人选择在具有专属性的居室中进行谈话交流（图4-23）。由此可见，在公共场所老年人聚集在一起，有利于交流活动的开展，提高老年人公共交往的参与性。而在居室中进行交流受环境干扰小，便于开展个性化、情感化的交流活动。因此在设施交流空间的规划上，既要注重营造公共场所中的集体交流活动空间，又要考虑能够创造出一些便于开展个人交往的场所。

在对入住设施老年人社会交往程度的调查发现，有74%的老年人表述同以前的朋友交往不多。分析其原因：①老年人可能离开了原来生活的社区搬到设施中来，造成与原来的朋友交往不便；②生活环境的变化会影响到老年人的心境，特别是受传统观念的影响，一些老年人不愿意让过去的朋友知道自己住进养老设施，减少或放弃了与朋友的交往。

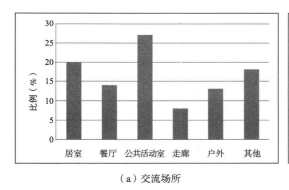
（a）交流场所

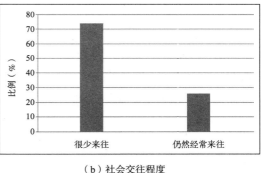
（b）社会交往程度

图4-23　交流场所与社会交往情况

9. 行为场所的利用特征分析

通过对老年人日常出行活动范围的调查发现，68%的老年人日常活动范围不超过500m，其中100m范围内的占到总人数的21%。在回答平时休闲活动的区域问题时，有91%的老年人表述主要在社区内，其中在设施内的占到39%，只有9%的老年人平时会乘车去城市公园等一些公共场所（图4-24）。由于四所设施都设置在社区，我们可以看出老年人的出行范围和日常休闲活动区域大致都在步行能够通达的社区内，因此建设一个良好的社区居住环境就显得尤为重要。

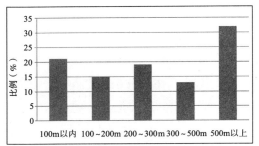
（a）平时出行范围

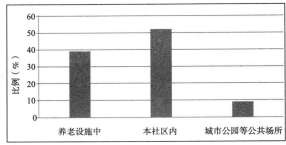
（b）日常休闲活动区域

图4-24　行为场所的利用特征

### 4.3.8　调查案例综合分析结果

通过此次调查的实施以及各案例调查结果的分析，我们对居家养老的城市社区居住环境现状、老年人的社区意识及对养老设施的居住意愿、社区养老居住设施的使用现状等方面有了较为清楚地认识，对存在的主要问题有了基本把握。

1. "居家养老"是老年人对居住场所的主要选择

从老年人的居住现状调查得知，目前空巢老年人家庭数量占到受访总人数的一半以上，并且随着年龄段的降低，空巢家庭的比例在显著增加。接近八成的受访老年人表达了希望在自有住宅中养老居住的愿望，且愿望程度不受年龄段的影响。有一成左右的老年人选择愿意在养老设施中生活居住，并且随年龄段的降低希望人数有所增加（表4-24）。

**老年人养老居住方式选择意愿的分析**　　　　　　　　　　　　　　表4-24

| 调查内容 | 调查结果 | 结论分析 | 对研究的指导 |
| --- | --- | --- | --- |
| 空巢家庭情况 | 56.4%的家庭处于空巢状况，低年龄段老年人空巢家庭数量多于高年龄段 | 长期执行的独生子女政策必然导致这一结果，空巢家庭父母的年轻化在城市中表现得尤为突出，空巢家庭数量不断增多的趋势将会长期化 | 子女承担父母养老照护的能力在不断衰退，对老年人的养老生活进行社会援护的需求将会不断增加，因此必须尽快开展以社区为依托的支撑援护体系科学化建设方法的研究 |
| 居家养老意愿 | 78.3%的老年人选择在自有住宅中居住养老，并且有58.2%的老年人选择了现有住宅 | 居家养老成为我国城市老年人对养老居住场所的主要选择，这种选择也是社会经济、传统文化以及家庭关系影响的反映 | 一方面必须深入开展对满足"居家养老"城市住宅的规划与设计方法研究，另一方面需要开展对既有住宅进行"适老"改造的方法以及相关政策、经费支援的研究 |
| 养老设施选择 | 12%的老年人选择愿意在养老设施中生活居住，并且低年龄段的选择人数多于高年龄段 | 养老设施这一居住形式正在不断被社会所接受，这也从愿意选择养老设施的受访老年人的年龄分布状况中得到印证 | 中国老龄事业发展"十二五"规划提出了以机构养老为支撑的发展目标。因此必须尽快开展如何使居住在养老设施中的老年人也能够实现在原有熟悉的环境中延续养老生活；养老居住设施如何能够营造出"家庭化"的生活环境；如何规划使得养老居住设施易于做到区域范围配置的合理性和易操作性等养老设施科学化建设的相关研究 |

综合调查结果进一步证明了国家制定的"居家养老"发展策略与老年人对居住场所的选择愿望相一致，养老居住设施也逐步成为老年人选择养老居住场所不可或缺的组成部分。因此，开展满足"居家养老"城市住宅的规划与设计研究具有重要的现实意义，同时空巢家庭数量的增多会对生活援助服务的社会供给能力不断提出"量"和"质"的要求，生活援助服务体系已成为养老居住环境建设的一个重要组成部分。

2. 城市社区住宅在规划与设计上必须满足"居家养老"的使用需要

调查结果表明，住宅面积的大小并不是老年人在"居家养老"住宅使用中的主要问题，住宅内部空间存在的突出问题主要集中反映在卫生间和厨房中，例如卫生间空间过小、卫生设备设置位置不合理、缺少辅助站立和起座的扶手、地面存在高差和铺设材料湿滑等，造成使用困难和容易发生身体伤害事故。厨房的布局方式不合理，操作台尺度偏高，造成使用上的困难。此外住宅公共交通空间中在无障碍设计上还存在不足，不少老年人曾经在楼梯间和住宅楼入口的台阶或门槛处发生过绊倒事故，并且随年龄段的增高事故发生的概率也在增大，因此在集合住宅公共交通空间的设计上必须严格按照无障碍设计的要求进行落实。同时调查也进一步证实了老年人在电梯的使用上基本不存在操作方面的问题，如果能够设置满足轮椅使用者利用的电梯，高层住宅也可以成为"居家养老"的住宅形式（表4-25）。

**城市住宅的老年人利用状况分析** 表4-25

| 调查内容 | 调查结果 | 结论分析 | 对研究的指导 |
| --- | --- | --- | --- |
| 住宅内部空间的使用状况 | 现状中的住宅面积基本满足"居家养老"使用，突出问题主要表现在卫生间，空间面积过小、卫生洁具设置位置不合理、缺少行动辅助的扶手、地面存在高差和湿滑容易发生受伤事故等 | 住宅中的卫生间是老年人日常生活中利用频度最高场所之一，利用上的不便和安全隐患对居家养老产生严重影响。无论是在住宅的购买还是设计过程中，人们更多关注的是住宅的户型结构，而容易忽视卫生间在设计上的合理性 | 住宅设计规范中对卫生间仅仅在数量上和配置不同件数卫生洁具的最小面积有所要求，并未对布局方式，特别是满足居家养老方面提出技术上的要求，今后迫切需要开展卫生间在家庭不同生命周期阶段利用方式及特点的研究，特别是如何为满足居家养老所进行的阶段性"适老"改造提供技术上的支撑方法研究 |
| 公共空间的无障碍使用状况 | 接近半数以上的受访老年人曾经发生过在楼梯间跌倒和在住宅楼入口的台阶或门槛处被绊倒的事故，并且随着年龄段的增加，这种事故发生的概率也在增大 | 20世纪80年代至2000年前后建设的住宅以多层住宅居多，楼梯间的类型、踏高和踏宽的尺法也多样，而目前大多数老年人正是住在这一时期建造的住宅中，随着年纪的增高，身体活动控制机能的减退，在楼梯、出入口等位置容易造成跌倒事故 | 目前在"老年人建筑设计规范"中对出入口、走道和楼梯有着比较具体的要求，而在"住宅设计规范"里并没有针对老年人的利用特点制定相应的条文，因此导致普通城市住宅的公共空间在"居家养老"使用上存在问题，迫切需要针对城市住宅的公共空间开展满足老年人使用的相关研究，特别是对既有多层住宅公共交通空间的"适老"改造方法研究 |
| 电梯的利用状况 | 老年人利用电梯时并没有不安的感觉，各年龄段老年人都能正常操作电梯的升降 | 电梯可以作为老年人在住宅中垂直升降的装置，证明高层住宅和加装电梯的多层住宅能够成为"居家养老"的住宅形式 | 开展针对传统的多层住宅进行加装电梯的方式及方法研究 |

3. 社区的生活支撑服务功能是实现"居家养老"的重要保障

在"居家养老"生活援助服务的提供方面，调查显示不同社区之间在提供服务的种类和质量上存在较大差异，并且多数为市场自主经营性服务，缺少对服务质量的有效监督。针对"居家养老"生活援助服务的社会需求，社区组织与管理职能严重缺失，未能与社区的发展建设紧密结合（表4-26）。

在老年人的健康保障与服务上，调查结果表明目前只有两成多的老年人利用过社区卫生站，社区医疗机构的发展建设还有待于加强，特别是在医疗水平的提升与卫生站点的布局上。此外现有社区卫生站在为社区老年人提供集预防保健、疾病治疗、护理康复、心理咨询和健康教育等服务为一体的健康保障设施体系还没有形成。

城市社区"居家养老"支撑援护功能的状况分析　　　　　　　　　　表4-26

| 调查内容 | 调查结果 | 结论分析 | 对研究的指导 |
| --- | --- | --- | --- |
| 日常生活援助服务状况 | 超过半数以上受访老年人居住的社区能够提供一些基本的家政（主要是保洁）和物业管理等内容的服务，但服务质量的总体水平不高 | 目前在一些社区中虽然设置了为社区居民提供家政服务的站点，但为满足"居家养老"提供有针对性的服务较少，同时社区组织也缺乏对其开展的服务进行有效的组织和监督 | 从社区居住空间的规划和指标控制上研究生活服务设施的配置方式，为老年人的生活购物提供方便。开展老年人日常生活援助服务利用方式及特点的研究，并从社区组织与管理的角度开展提升服务质量的相关研究 |
| 健康保障与管理服务状况 | 26.4%的老年人遇到身体不适时选择到社区卫生站进行诊断和治疗，有18%的老年人根据自己对身体的判断去药店买药，身体健康主要靠自我管理 | 目前社区医疗站点数量少、设备差和医疗水平不高等是影响老年人使用的主要问题，随着国家今后对社区医疗的重点投入和发展，社区医疗站点应当发挥出对社区居民开展健康保障与管理服务的功能 | 结合社区卫生服务事业发展规划，开展社区健康保障体系服务功能、服务内容与设施功能组成的相关研究 |
| 文化体育活动开展状况 | 虽然大部分社区都设置了社区活动中心，但普遍存在功能单一、面积狭小、设施简陋和缺少有组织的活动等，造成对老年人的吸引力不足和利用效率低下等问题 | 通过星光计划的实施。在城市社区中新建和改扩建了一大批社区活动场所，为社区文化和体育活动的开展提供了基础条件。但由于后期管理和运营缺乏完善的政策体系以及后续资金不足，导致总体服务功能不够完善，多样化服务不够 | 应在社区规划中结合老年人喜好的文化体育活动需求，开展社区文体娱乐服务设施科学化建设的相关研究，例如活动设施的设置区位、功能构成、空间尺度和设施内容等方面的研究，探讨如何提高利用率，充分发挥广场、庭院和街道等公共空间的作用 |

在老年人的文体娱乐活动开展条件方面，目前一些社区虽然设置了社区活动中心，但在设置的位置、空间的大小、设施的水平和活动的内容方面差异很大，开展的活动大部分以棋牌和图书报纸阅览为主，调查结果也证实了目前的社区活动中心在利用率和对老年人的吸引力不高。社区户外活动场所缺失严重，无论在活动场地的大小和类型上，还是在活动设施的设置上都难以满足社区居民特别是老年人健身锻炼、活动交往的需要，社区户外活动场所的无障碍利用改造还有待进一步加强。

综合调查结果能够使我们深刻地认识到，要使老年人能够在社区中实现"居家养老"，特别是让老年人及其家庭生活的安心和放心，就必须为社区居民特别是老年人提供集医疗、保健、家政、娱乐活动等一系列的综合性社区服务，通过社区发展规划的制定和实施建立起一个良好的社区支撑援护体系。

4. 社区组织在老龄化社会居住环境建设中发挥的作用不够

从调查中得知，目前在自己所处的社区中居住时间超过10年的老年人占到受访总人数的六成以上，有70%的老年人对自己生活的社区和社区组织有所了解，但对于社区组织在自己养老居住生活环境的建设与管理中应当发挥的作用认识不够，对于社区活动参与的积极性不强，导致一些老年人在生活中遇到困难时不知如何向社区寻求帮助，社区组织能够发挥的作用也主要停留在治安与卫生管理方面。

综合调查结果能够说明虽然城市社区经过一段时间的发展与建设，人们在区域空间的属性上以及社会组织管理的方式上对社区有了一定的认识，但对于社区发展的机制与作用并不了解。这就要求我们在今后研究适宜"老有所居"的城市社区居住环境建设方法中加强对社区发展理论的学习，结合我国的社区发展现状深入探讨社区发展的主要内容，研究不同类型社区与社区发展构成体系的作用关系。在加强社区组织建设的同时，通过对自上而下和自下而上的社区组织与社区居民作用机制的把握，研究社区组织在社区物质环境建设中能够发挥作用的方式与途径，为制定适宜"老有所居"城市社区居住环境的建设规划奠定基础。

5. 地缘社会关系现状为社区居住环境建设提供了良好的社会关系基础

调查显示目前80%以上的老年人在社区中具有较好的邻里关系，其结果说明一方面传统的社会文化及居住环境对良好邻里关系的形成有着积极的促进作用，另一方面现状形成的地缘社会关系为我们建设适宜"老有所居"的社区居住环境提供了良好的社会关系基础。通过进一步开展丰富多彩的社区文化活动，有利于增强社区成员的归属感，形成良好的社区意识，为今后开展多种形式的社区服务打下良好的基础。

6. 老年人对目前城市中已建成的养老居住设施的认同度较低

调查结果表明，各年龄段的老年人对城市现有养老居住设施的利用愿望普遍不高，对养老设施设置的区域位置难以认同，更重要的是对养老居住设施中的集体生活方式与多人居住形式表现出不适应（表4-27）。其主要原因：①对在养老设施中的生活方式难以适应；②老年人如果入住到设施中，就很有可能在已经失去的亲缘关系之外仅有的地缘社会关系也会丧失。

综合调查结果显示虽然目前老年人对养老居住设施的居住愿望不强，但随着老年人年龄的增高，生活自理能力的逐渐降低，居家养老遇到的困难会越来越大，一些老年人必然会由家庭转向设施，因此随着社会老龄化程度的不断增长，养老居住设施将会发挥越来越大的作用，这也正是中国老龄事业发展"十二五"规划将"十一五"规划中的机构养老为"补充"改为了"支撑"的重要原因。调查结果提示我们必须尽快开展养老设施科学化建设的相关研究，重点研究如何使居住在养老设施中的老年人能够实现在他们原有熟悉的环境中延续养老生活,并且养老居住设施能够营造出"家庭化"的生活环境;研究养老居住设施如何易于做到区域范围的合理配置和操作的规划设计方法。

**老年人对养老设施居住意愿的状况分析**　　　　　　　　　　表 4-27

| 调查内容 | 调查结果 | 结论分析 | 对研究的指导 |
| --- | --- | --- | --- |
| 居住意愿 | 对养老居住设施的利用愿望低下 | ①是受传统观念影响,担心被误解为子女不孝;②担心丧失与子女共同生活所带来的精神慰藉;③担心长期家庭生活习惯的改变 | 针对老年人所担心的问题并结合国外的发展经验开展养老居住设施发展建设的专题研究;加强对养老居住设施现状的调查,及时掌握和研究解决存在的问题;加强老年人在养老居住设施中生活状态的宣传,让更多的老年人真实了解养老居住设施 |
| 设置场所 | 受访者中46%的老年人希望在社区,25%希望在城市内,29%希望在郊外 | 接近半数老年人希望将养老设施建在社区,从中可以看出老年人对地域及邻里关系的重视。希望在城市内的老年人大多是考虑身体遇到突发疾病时能够及时救治以及子女探望的便利。生活自理程度较强的老年人特别是夫妇愿意选择郊外环境条件良好的养老设施 | 重点研究养老居住设施"社区化"建设的途径与方法,特别是配置的规模、设置的方式以及与社区住宅的结合方法 |
| 生活形式 | 各年龄段老年人都表达出对完全受照顾生活形式的不认同,希望设施中的居住生活与家庭生活相似 | 老年人对养老居住设施的根本需求不是向往宾馆酒店式服务,当老年人入住设施后,以前在各自家庭中形成的个性化生活方式被转化为一种共同生活方式,由主动型的自主生活转变为被动型的接受服务,被异化的养老生活形式对老年人的身心健康会产生严重影响 | 调查分析结果提示我们应当尽快开展如何能够让居住在养老居住设施中的老年人延续"家庭"生活方式的相关研究,特别是研究在设施空间的构成上实现"家庭化"的途径与方法,在生活内容上研究"家庭化"的构成方式与提供援助服务的方式与方法 |
| 居住方式 | 对设施外居住的老年人调查结果显示不排斥与其他老年人同居一室,而对在设施中生活的老年人调查结果表明部分老年人希望能够有私密的个人空间 | 根据调查结果分析,生活在社区中的空巢老年人可能由于长期缺乏亲人陪伴,难免存在孤独寂寞之感,会愿意到老年人多的设施中生活。而体验了在设施中24小时共同生活方式的老年人也自然会希望有一个能够让自己安静、冥想的空间 | 结合社会发展与老年人的经济水平开展居住空间的居住方式与空间尺度研究,探索在设施空间的组织中如何既满足共同生活的需要,又能够为老年人提供相对私密、安静的空间设计方法 |

7. 养老居住设施在使用空间上迫切需要开展精细化设计

综合老年人在养老居住设施的利用实态和利用需求调查结果可以得知,目前城市养老居住设施的大部分是通过改建、加建形成的,因此很难做到充分满足老年人群生理、心理的需求。养老居住设施的周边环境也比较复杂,部分设施选址不恰当,临近商业娱乐场所、工厂、建筑工地,噪音干扰和环境污染严重;有的设施区位比较偏僻,交通不便,识别性差。

调查中发现现有设施的功能空间在使用中暴露出较多问题,例如居室方面,目前养老居住设施中的居室大部分为多人间,相互干扰影响较大,内部设施简陋,缺乏储藏空间。卫生间设计不合理、不细致,缺少无障碍设计和紧急呼救设备;在公共活动空间方面,活动空间功能单一、设备配置没有考虑老人的特殊需要，公共卫生间和浴室设施条件不完善，洗浴和盥洗空间使用不便，餐厅设置条件简陋等；在交通空间上存在着走廊宽度普遍偏小，缺少能够让老人们谈话逗留的空间以及不满足无障碍使用等问题。

综合调查结果能够使我们明确地认识到，要使老年人能够在养老居住设施中享有良好的居住环境，就必须针对现有设施中存在的问题并结合老年人的居住需求开展专题性研究，特别是养老居住设施的空间构成方式研究，各功能空间的设计要点研究以及结合老年人人体工学和行为特点的建筑细部设计研究等。

## 4.4 本章小结

通过对西安市四种类型城市社区在适宜"老有所居"居住环境方面的现状考察，特别是针对社区居家养老的适应性、生活援护现状、老年人养老居住生活中的社区意识及对养老设施的居住意愿、社区养老居住设施的使用现状等方面运用"设计调查"的科学方法进行了深入细致的调查，对老年人在社区中居住行为的规律及其特点、社区管理与服务对老年人居住环境质量的影响、老年人对社区养老居住环境的需求等方面有了一个总体上的把握，对现状中存在的关键问题要素有了一个比较清楚地认识。

（1）老年人居家养老生活的主要内容依据社区而展开，社区是老年人日常生活行为发生的主要场所，老年人的养老居住活动遵循了活动范围的距离衰减规律。

（2）社区组织在社区居住环境的建设与管理中发挥着重要作用，自上而下的合理规划、精心组织与自下而上的主体精神、参与意识是建设适宜"老有所居"社区居住环境的重要基础。

（3）城市住宅担负着"居家养老"的重要作用，但现状中的城市住宅无论在设计上还是建造上都存在着"终身可居住"性能的缺失，城市住宅的适老改造和"终身可居住"住宅的规划设计方法研究已成为今后迫切需要开展的重要研究课题。

（4）养老居住设施的"社区化"发展虽然面临众多困难，在老年人养老居住生活中亲缘关系不断弱化，地缘关系越来越重要的今天，科学研究城市养老居住设施的体系建设，特别是社区养老居住设施的规划设计方法具有十分重要的现实意义。

（5）社区老年人健康保障设施的条件和水平离老年人的实际需求还有相当大的差距，结合国家大力发展社区卫生服务事业的良好机遇，科学地建设好社区老年人健康保障设施是实现"居家养老"的重要保障。

（6）户外活动是老年人养老生活的重要组成部分，目前城市社区的户外活动空间还难以满足老年人的使用需求，必须从类型、规模、设施以及安全性与舒适性三进行合理有效地规划建设，才能营造出一个良好的户外活动场所。

# 5 基于社区发展理论的适宜"老有所居"城市社区居住环境建构

从新中国成立初期到改革开放之前,在城市社会管理体制的架构上,我国采用的是"市—区—街道办—居委会"的"三级政府、四级公共服务体系"。市、区是两级政府的行政机构,街道办事处是市辖区人民政府的派出机关,下辖若干社区居民委员会,社区居民委员会在法律上是自治组织。在当时的计划经济体制下,政府和单位负责管理了一切社会事务,居委会能够发挥的作用十分有限。在这种体制下,城市中的大多数老年人过着以家庭养老为主的居住生活方式,生活中遇到的困难,通常是由家庭、工作过的单位或社会民政部门来解决,地域社会管理组织能够发挥的作用有限,特别是在改善生活物质环境上。改革开放后,随着国家由计划经济向市场经济发展模式的转型,政府和社会的职能分工也在发生着转变,国家开始逐步探索"小政府、大社会"的建设模式。伴随着传统的政治、经济和社会合一的单位制基本解体,"单位人"逐步向"社会人"转变,这使得社区平台的功能开始逐步得到发挥,也使得社区对于每个居民日常生活的重要性日益凸显。社区作为一个社会基层组织,它的存在与发展越来越被社会所重视,社区规划和统筹发展也成为各级政府建设发展工作的内容之一。

此外,在城市居住环境的规划与设计上,长期以来在我国城市规划学科中最初并没有"社区"的概念,对于居住环境的理解与认识往往以"居住区"或"住区"进行命名。"住区"是泛指不同居住人口规模的居住生活聚居地,强调用地和建筑物的用途以居住为主,而且有一定的纯度、一定的规模,并且居住区范围内的道路、绿地、公建等是为住宅配套。因此长期以来从城市规划中的住区规划实际编制结果来看,物质空间规划一直是住区规划的核心,而对非物质层面的社会因素考虑较少。

"老龄化社会居住环境"是一个内涵丰富的社会结构与物质空间的综合体,是"人—社会—物质环境"和谐发展的集中体现。面对新时期"老龄化社会居住环境"的重要建设任务,仅仅依靠传统侧重于物质空间规划的居住区规划已难以完成,因此我们必须更新规划理念,变革规划技术,从"社区发展"的新视角来探索适宜"老有所居"城市社区居住环境的建设方法。

## 5.1 社区发展理论及其实践

### 5.1.1 社区与社区发展

"社区"一词源于德国社会学家藤尼斯（Ferdinand Tonnies）1887 年发表的著作《社区与社会》(Gemeinschaftund Gesellschaft)。藤尼斯提出与社会相对应的社区这一概念，是为了强调人与人之间所形成的亲密关系和共同的精神意识。藤尼斯在该书中指出，"社区"是基于自然意志以及基于血缘、地缘和心态而形成的一种社会有机体，社区中社会关系的基础是包括感情、传统和共同联系在内的自然意愿，其特点表现为人们对本社区强烈的认同感和归属感。

伴随着工业化和城市化的发展进程，各种社会问题开始不断表现出来，藤尼斯提出的社区概念逐渐引起西方社会学家的关注。20 世纪 20 年代美国社会学家查尔斯罗·密斯第一次将藤尼斯的著作翻译成英文《社区和社会》(Community and Society)，Community 源于拉丁语，有"共同性"、"社群性"、"联合"或"社会生活"、"地域性"等意。

1933 年，费孝通等燕京大学的青年学生将英文单词 Community 翻译成"社区"，融合原文中的"社群性"（社）和"地域性"（区）两个意义于一词，准确地表达出了英文原词的要义，并且还保留了德文 Gemein-schaft 的基本含义，即"社区"不仅仅是一种"地域社会"，而且还是具有共同归属感的社会共同体[156]。

100 多年来，随着社会的变迁和社会学研究的发展，"社区"的内涵不断丰富，其外延也不断扩展。但它至少包括以下特征：有一定的地理区域，有一定数量的人口，居民之间有共同的意识和利益及较密切的社会交往[157]。

2000 年 12 月在民政部发布的《民政部关于在全国推进城市社区建设的意见》中将社区定义为"聚居在一定地域范围内的人们所组成的社会生活共同体"。"目前城市社区的范围，一般是指经过社区体制改革后作了规模调整的居民委员会辖区"。目前众多学者认为社区包含 4 个基本要素：①人群——社区必须包括人；②地理领域——社区地理界线，地域特征是社区整合的重要因素；③社会互动——社区居民彼此相互依赖，拥有共同的规范、习俗和方法；④共同感情——居民对社区的共同感情，由此形成社区归属感[158]。在社区建设的基本理论中，将社区定义为聚集在一定地域范围内的社会群体和社会组织根据一定规范和制度结合而成的社会实体，是一个地域性社会生活的共同体。其内涵包括：

（1）一定数量的社区人口：以一定社会关系为基础组织起来进行共同生活的人群，是构成社区的首要因素，是社区的主体。社区人口是社区产生、存在的前提，是社区生活的创造者，是社区物质基础的创造者和使用者，是社区社会关系的承担者。

（2）一定范围的地域空间：社区的地域要素是社区各种自然地理条件的综合，是社区存在和发展的基本自然环境条件。社区的地域要素不仅为社区成员提供活动场所，提供生产、生活的一部分资源，还在很大程度上影响着社区的发展。

（3）一定规模的社区设施：由于社区是人们参与社会生活的基本场所，人们的活动总是依赖于一定的设施进行的，因此，一定规模的社区设施必然成为构成社区的重要因素。社区设施的数量多少和完善程度，是衡量社区发展水平的重要标准。

（4）一定特征的社区文化：各具特色的社区文化是社区居民在长期的共同生活中积淀而形成的，是许多社区相对独立，相互区别的主要标志，社区文化是社区认同感、归属感和社区凝聚力、影响力的重要基础。

（5）一定类型的社区组织：社区是一个有组织、有秩序的社会实体，每个社区都要有相对独立的机构组织、有秩序的社会实体来管理社区公共事务，维护社区共同利益，保证社区生活正常运行。社区中的政党组织、政权组织和自治组织协调配合，在社区建设中承担着各自的职能，发挥着不可替代的作用[159]。

"社区发展（Community Development）"这个概念最早是由美国社会学家F•法林顿在《社区发展：将小城镇建成更加适宜生活和经营的地方》（1915年）一书中提出的。1928年美国社会学家J•斯坦纳在其所著的《美国社区工作》中对社区发展的基本方法和理论进行了论述，虽然当时提出的社区发展概念与现在相比存在较大差异，但为后来该概念的发展与广泛运用奠定了良好的基础[160]。

第二次世界大战后，大多数发展中国家普遍遇到贫困、失业、经济发展缓慢等一系列困难，为解决出现的社会问题，运用社区组织方法，充分利用民间资源，积极发展社区自助力量的构想由此而被提出。1951年联合国经济社会理事会通过了以倡议"社区发展运动"为目的的390D号议案，希望通过在各基层地方建立"社区福利中心计划"来推动经济和社会的发展，此后又将该计划改为"社区发展计划"。1952年，联合国正式在世界各地试行推广"社区组织与社区发展小组"的社区发展活动，其目的就是要以乡村社区为单位，由政府有关机构同社区内的民间团体、合作组织、互助组织等通力合作，发动全体居民自发地投身于社区建设事业。1955年，联合国发表了《通过社区发展促进社会进步》的专题报告，指出社区发展的目的是动员和教育社区内居民积极参与社区建设，充分发挥创造性，促进经济的增长和社会的全面进步。此后，联合国还在世界各地举行了多次研讨会，探讨社区发展理论与方法，先后发表了《社区发展与有关业务》（1960年）、《社区发展与国家发展》（1963年）、《都市地区中的社区发展与社会福利》等报告。从此，社区发展作为一个重要的理论概念而在全球得以迅速推广和施行[161]。

社区发展的重要作用和意义在于着重强调了要推动社会的整体发展就不能脱离社区的发展，没有无数个社区的同步发展，社会发展只能是"中空化"的无根基状态。同时，强调社区发展应立足于地方基层，社区发展需要依靠居民的积极参与才能实现，才能促进社会的进步，地方基层的发展既有利于体现不同社区的发展特色，又为整个社会的持续发展打下坚实基础。社区发展既是目标本身，也是体现以人为中心的社会发展的必然要求。

联合国 1955 年在一份题为《通过社区发展促进社会进步》的文件中，提出社区发展的 10 条基本原则：

（1）社区发展的各项活动必须符合社区的基本需要，并根据人民的愿望，制定首要的工作方案；

（2）虽然社区局部的改进可以由某一部门着手进行，但全面的社区发展，则必须建立多目标的计划，并组织各方面、各部门联合行动；

（3）在推行社区发展的初期，改变居民的态度和物质建设同样重要；

（4）社区发展的目的在于促进人民热心参与社区工作，从而改进地方行政机构的功能；

（5）选拔、鼓励和训练地方领导人才是社区发展计划中的主要工作；

（6）社区发展工作应特别重视妇女和青年的参与，以扩大参与的公众基础并获取社区的长期发展；

（7）社区自助计划的有效实现，有赖于政府积极而广泛的协助；

（8）制定全国性的社区发展计划必须有完整的政策、行政机构的建立和工作人员的选拔与训练，行政机构的建立、工作人员的选拔与训练、地方与国家资源的运用与研究、社区发展的实验与考核机构的设立等都应逐步配套地进行；

（9）在社区发展中应充分利用地方的、全国的与国际的民间组织资源；

（10）地方性的社会、经济进步要与全国的发展计划互相结合、协调实行。

概括起来讲，社区发展从总体到具体的基本原则是：①直接谋求增进某地区居民之福祉与全社会的发展和进步相协调，并有助于后者目标的实现；②立足于基层制定政策，根据社区特点选择不同手段，采取特定方案；③充分依托社区关系和动员社区群众实行发展行动强调社区居民在发展上的主体地位；④专业工作人员与一般民众相结合，民间活动与政府行为相配合[162]。

### 5.1.2 社区发展的内容及构成关系

1. 社区发展的主要内容

从社区构成的结构形式和相关要素来看，社区发展是一种相互关联、相互作用的系统发展，其发展内容主要包括社区成员、共同意识、社区组织和物质环境[163]。相互之间的关系如图 5-1 所示。

（1）社区成员素质的提高（C/M）。社区成员是社区结构中最为关键的一项因素，社区发展的首要因素和衡量标准是社区成员各方面的素质，因此，提高社区成员的综合素质是社区发展的重要基础。

（2）共同意识及社区文化的形成（C/C）。社区文化包含了价值观念、行为规范、生活方式和社区意识等，体现在社区生活的各个方面和不同层面，共同意识是形成社区归属感和产生凝聚力的重要基础。

（3）社区组织与管理机制的建立（O/M）。社区组织通过建立的相关管理机制对社区的建设和发展进行管理与服务，解决社区发展中遇到的问题。加强社区管理是社区建设健康、持续发展的重要保障。

（4）生活环境与服务设施的建设（E/F）。社区的自然资源、公共服务设施、道路交通、住宅建筑等硬件环境，能够承载社区成员的物质需求，社区环境的改造与建设，是居民所创造的一个由地方需求与生活需求出发的地方结构以及一种生活形态。

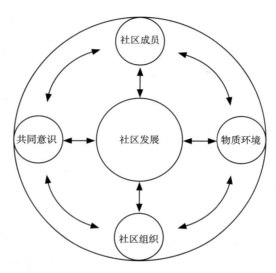

图5-1　社区发展的构成体系

2. 社区发展内容的构成关系

从构成体系的内容和相互作用机制来看，只有它们各组成部分协调共进，才能实现社区发展的愿望与目标。因此，了解和把握四个部分相互之间的作用关系，是进行社区发展规划的基础和核心内容。在本论文界定的城市社区概念范畴中，这四个部分的相互关系表现为：

1）（C/M）—（C/C）

社区成员与社区文化之间的关系密切，"社区的实质就是一种文化的纽带把个人和社会连接起来"[164]。从迁居社区成为社区的一员开始，社区成员就必须享有和尊重该社区的传统文化，然后又在社区环境的适应与建设过程中不断更新与丰富社区文化的内容。

2）（C/M）—（O/M）

社区组织实质上是有着共同发展目标的一群相对固定的人群关系，通过责任与义务形成互动关系。社区成员参与社区组织的活动是实现自身社会化的重要形式，社区组织利用制度运行进行各阶层成员间的互动，实现社区组织的目标，使社区资源的配置有利于该组织的成员。

3）（C/M）—（E/F）

社区成员是社区物质环境与硬件设施的建设者和最直接的利用者，良好的物质环境和硬件设施会提高社区成员的生活质量，同时也促使社区成员去不断地完善物质环境和硬件设施，形成良性循环。

4）（C/C）—（O/M）

社区文化与社区组织之间既存在相互的作用与影响，又具有各自发展的途径与形式。良好的社区文化氛围对社区组织发展会提出更高要求，对社区组织的凝聚力和影响力产生积极地促进作用，社区组织的发展又能够进一步推动社区文化的形成。

5）（C/C）—（E/F）

社区文化与社区物质环境之间形成相互映射关系。社区环境是社区文化繁荣发展的载体和展示与表达的窗口，而社区文化的内容会通过人为创造和使用过程反映到物质环境中。

6）（O/M）—（E/F）

社区组织与社区物质环境之间形成间接互动关系。社区物质环境的营造需要通过社区组织进行建设规划与维护管理，需要通过社区成员的参与才能体现较好的实用性。良好的社区物质环境又能够进一步促进社区组织服务功能、整合功能、凝聚功能和稳定功能的提升。

3. 社区发展的特征

1）主体性

社区发展强调居民的共同参与，强调只有通过居民开展的自助、互助和自治才能较好地实现社区发展。居民的共同参与有利于促进社区发展从依赖外部人力、物力资源的"外源型"转向"内源型"，充分发挥作为社区发展主体的居民的积极性。

2）目标性

社区发展的目标可以分为直接目标与间接目标、近期目标和远期目标、计划目标和实施目标等，代表一个社区发展的方向和未来。社区发展的总体目标就是增加居民对社区事务的参与，改善社区生活质量，促进社区的整体进步，在共同意识和归属感上得以加强。

3）建设性

社区发展必须依靠社区建设来实现，只有通过社区物质与精神多方面的建设，才能真正改善社区的生活环境状况，促进社区的进一步发展。

4）协调性

社区发展与社会发展越来越趋向融合和协调，作为地域性社会的社区是社会微缩化、单元化的重要组成部分，社会发展的重要基础是社区发展，社区发展与社会发展存在着内在的融合性和协调性。

4. 社区发展规划

自联合国在20世纪50年代中期开始倡导以社区发展来推动社会全面进步与发展之后，

与社区发展相关的各个学科都在不断从理论和实践上进行探索，研究如何能够保证社区发展体系的四个方面协调共进，希望从系统的外部指标和内部驱动因素来分析社区发展，制定好社区发展规划。广义上的社区发展规划是针对一定时期内社区发展的目标、社区发展的框架、社区发展的主要内容等进行总体性计划的过程。科学的社区发展规划有助于实现社区各项资源的合理利用，促进社区各种社会关系的相互协调，合理、有效地配置生活服务设施并有计划地发展社区居民的居住环境质量。因此，要做好社区发展规划就必须开展多学科交叉研究，并从技术层面探索规划的可操作性。

由于社区又是一定人口规模的居住生活聚居地，因此狭义上的社区发展规划就必然需要进行物质空间的规划，需要城市规划和建筑学科来完成这一工作。虽然社区发展中包含了社区的社会、经济和文化等多方面的发展，但这些内容在一定程度上都可以从社区的空间环境质量上体现出来，并且如果我们在进行社区空间环境的规划阶段就能够比较全面地考虑社区的发展规划，将来良好的环境建设也一定会对社区的全面发展起到积极的推动作用。

因此，面对社区发展与建设规划的需求，基于建筑的功能理念发展起来的城市规划学科也在反思传统"住区规划"的不足，希望能够从城市问题的社会本质来考虑城市空间的布局问题，实现由物质性的住区规划转变到综合性的社区规划。与传统的住区规划相比，社区规划在地域界定、规划目标、核心内容和工作方式等方面有着明显的区别（表 5-1）。

住区规划与社区规划的内涵比较[163]　　　　　表 5-1

|  | 住区规划 | 社区规划 |
| --- | --- | --- |
| 地域界定 | 指定的物质空间范围 | 与行政区划相联系的物质空间乏味 |
| 规划目标 | 提升住区物质空间的环境品质 | 推动社区的全面发展 |
| 规划内容 | 居住场所、配套设施以及景观环境的规划、更新改造 | 满足社区发展体系四个方面的协调共进 |
| 参与成员 | 规划与建筑设计专业人员 | 社区居民与专业人员 |
| 工作方式 | 自上而下的计划、安排 | 自上而下与自下而上的协调互动 |
| 规划周期 | 以住宅区的建造过程为周期 | 以社区的建造、改造以及维护的阶段性过程为周期 |

从住区规划到社区规划，是一个丰富住区规划社会学内涵的过程，住区规划是社区规划在物质、空间层次上的表现形式，是社区规划过程中的一个阶段，而社区规划则是住区规划的依据与愿景表达。

### 5.1.3 社区发展理论在社区规划中的实践

1. 美国的"社区民主式规划"

社区规划与其他一些组织的规划相比有很大不同，社区规划的第一阶段就是必须识别集体的目标，或者是共同的愿景。自20世纪70年代以后美国开始倡导民主下的规划方式，其目的就是要打破传统独断专行的规划方式，尽可能协调不同社会集团之间复杂的和有差异的利益冲突，采用目标与问题驱动的规划方式，识别社区所面临的重要问题，然后用规划的方式来集中解决存在的问题。这种方式简单、行之有效，并且能够吸引社区的居民积极参与到规划制定的过程中来。社区规划只有充分表达出社区所有人的愿望才有价值和意义，因此美国的地方政府专门成立了规划委员会，直到今天这个委员会在大部分社区中负责制定社区规划，规划委员会的成员一般是来自社区的志愿者。规划委员会也会授权和聘用一些专业的规划人员参与到社区规划的制定和管理中来，并且代表委员会向地方议会汇报规划的工作程序和进展情况。

以芝加哥城市为例，政府的规划与发展局经过20世纪90年代的两次机构调整，逐步将工作的重点转移向社区发展，除了基本的行政机构外，在业务部门中以社区及邻里发展的规模最大，并体现了将经济、社会与城市建设进行结合的特点。在社区规划的编制过程中，代表政府的规划局与社区组织、社区代表以及专业技术人员一起工作，首先由社区提出要求，规划局提供技术以及财政支持，由专业人员落实为可实施的方案，反馈给社区组织和社区代表并进行修改后，再提交到政府进行法规的审定与程序的审批。这种做法的优点在于规划直接反映了社区的需求，反映了居民的需要和切身利益，体现了人本关怀和社会公平。

总之，美国当代民主下的社区规划方式呈现了一种公众参与和把社区共同目标视为发展和建设重点的规划理念。这种民主式的社区规划方式引起了规划专业者的反思，同时对政府在规划过程中扮演的角色也产生了重要的影响[165]。

2. 英国的"社区建筑"运动

"社区建筑"是20世纪60年代后期开始英国在城市居住环境建设中探索一种自下而上的理论与实践运动，这种建设与发展方式极大地推动了在居住环境建设中公众的广泛参与。"社区建筑"是基于生活、工作与嬉戏在某个环境中的人们如果能够积极参与环境的创造与经营而不仅仅是一个消费者，那么环境的建设就能够变得更好的发展理念来进行实践的。在"社区建筑"运动中包含了社区规划、邻里保护、社区发展、居民自助与公众参与等内容，这项实践活动也得到联合国及世界许多国家的广泛响应和支持，成为后来城市居住环境建设的一个推广范式。

1972年的英国布莱克路更新是一个典型的社区建筑实例。在整个街区的改造中，当地居民自己推选成立了一个委员会，通过游说和宣传工作，促使政府将当初的拆迁重建方案修改为整体改善计划。在整个社区的改造过程中建筑师与社区居民全程合作，不断并且及时的根据社区居民的建议完善建设方案，这个实例的突出特点不在于社区改造方案的制定，而是改善居住环境的创新过程，以及建设过程中居民参与对整个社区发展造成的影响。从这个社区发展建设的实例中我们可以归纳出：①居民愿意担负改善自我生活环境的责任，并且积极地参与其中；②居民能够通过民主方式在社区内部产生自己的社区组织，并对社区发展提出意见和建议；③居民、社区与规划、设计专业人员能够建立起具有创造力的合作关系；④建设方案能够充分反映居民对环境改善的需求[158]。

3. 中国台湾的"社区规划师制度"

1995年台北市开始推动《地区环境改造规划》，市政府提供部分资金用于补助规划设计经费，其目的是鼓励市民以及一些社会团体积极参与地区环境的改造，主动提出地区公共生活环境的改造愿望。在规划编制过程中，专业人员与管理部门讨论协商，凝聚居民对环境改造的意愿，通过建设单位的配合落实执行，营造一个良好的、符合居民使用需求的适居生活环境。地方政府也希望通过这项活动引导社区居民积极参与，不断强化社区意识，逐步提升生活环境品质。

在累积了四年经验之后，台北市在1999年制定出了"社区规划师制度"，要求了解地区环境状况的规划专业技术人员走入社区，帮助社区并担当起社区空间营造顾问的角色，为社区生活环境的改善提供专业咨询与服务，协助社区进行《地区发展规划》的编制。通过社区居民与规划师的共同参与，制定的《地区发展规划》更符合居民对地区发展的愿景，中期目标与近期行动方案更有利于作为政府各项基层建设的重要参考依据。《地区发展规划》实现了引导市民通过公开与民主的方式表达真实需求，由专业的社区规划师进行汇总与分析，经过反复研讨形成具体可行的实施方案，这种规划编制方式有利于持续进行"社区经营"与"环境改造"工作。到2000年至，通过各社区规划师工作团队的努力，台北市共完成44个地区的《地区发展规划》[166]。

台湾"社区规划师制度"的实践经验告知我们，社区居民不仅是公共空间环境的使用者，也是重要的建设者，社区居民如果能够直接并且积极地参与居住环境的改造与经营，则社区的居住生活环境就会变得更加美好。由于社区居民皆有对于公共环境的决定权，因此环境的建设决策、规划设计以及维护管理就不能把持在少数规划专业者和行政部门规划推动者手中。只有当社区居民、社区组织和专业人员共同参与到社区的发展和建设中来，社区共同体才能够开始形成，社区意识才会开始凝聚，社区也会开始不断注重自身特色的彰显。实践经验证明经过社区居民共同努力营造的生活环境，社区民众会对它开始自动地珍惜与爱护，主动地照顾环境、管理环境。

从美国、英国和中国台湾的社区发展规划方式、过程及结果来看，在社区规划中比较突出地强调通过专业人员辅助的自助、合作与参与，比较突出地体现了"服务取向"和"问题解决取向"，并且最终将建设重点落实在社区情感、凝聚力、责任感和归属感的培养上，帮助社区居民组织积极发挥作用，协调人际关系，建立各种服务机构和不断完善服务内容，提高社会保障及社会福利水平。

同时，在规划制定过程中进一步提出了将社区发展作为解决社会问题、进行社会改良的手段和途径。随着城市社会生活功能的复杂化和多样化发展，社区规划更趋向于对社区的社会规划，通过对社会问题的分析将重点放在内部社会机能的构建，例如社区的发展与更新、社区情感与精神的培育等。由地方政府制定发展规划，民间团体和组织参与规划，鼓励社区居民参与到社区的建设中来。

## 5.2 社区发展与老龄化社会居住环境建设

### 5.2.1 我国城市社区的建设发展历程

我国城市社区的建设发展大致可以划分为三个阶段。

第一阶段（新中国成立初到 20 世纪 80 年代后期）：社区建设的初始期也被称之为"社区服务"阶段。新中国成立后我国城市形成了由区、街道、居委会构成的"三级"管理体制，负责管理社会治安、计划生育和民事调解等工作。20 世纪 80 年代后期开始，民政部积极推动各大城市开展以"社区服务"为主题的社区实践活动，这项活动的开展为后来的社区建设发展打下了良好的基础。

第二阶段（20 世纪 90 年代）：社区建设的产生与发展阶段。伴随着"社区服务"活动的开展，社区中的各项工作开始被带动起来，但在经历了一段时间的实践后人们发现，社区服务只是社区发展当中的一部分内容，因此在社区发展理论的指导下，民政部在 1991 年正式提出要开展"社区建设"，并开始在全国一些城市设立社区建设试验点。

第三阶段（20 世纪 90 年代中期至今）：社区建设全面开展的阶段。伴随着城市改革的不断深入以及经济发展的转型，城市中的社会问题不断增多，服务、管理体制中存在的问题日益凸显。面对不断显露的问题，民政部等 14 个部委在 1993 年联合发布了《关于加快发展社区服务业的意见》，提出要不断加强城市社区建设，充分发挥街道办事处、居委会的作用，1998 年民政部被国务院机构改革赋予指导社区服务管理工作，推动社区建设的职能。1999 年民政部开始进行社区建设实验，有 26 个城区参加了全国实验，100 多个城区参加了省级实验。与此同时民政部先后在北京、上海、天津和武汉设立了四个"中国城市社区建设研究中心"，1999 年 8 月民政部在杭州市下城区召开第一次全国社区建设实验区联席会议，明确了社区建设的指导思想、基本原则和基本内容等八个问题。2000 年底《民政部关于在全国推进城市社区建设的意见》这一重要纲领性文件的发布，标志着我国城市社区建设进入了新的发展阶段。2000 年 1 月，民政部在海口市振东区召开第二次全国社区建设实验区联席会议，明确了社区定位和社区体制改革等重大问题。2001 年 4 月，民政部在山东省济南市历下区召开第三次全国社区建设实验区联席会议，宣布社区建设工作由实验阶段转入推广示范阶段。2001年7月民政部在青岛市召开首届全国社区建设工作会议，提出了全面开展社区建设的工作任务，至此我国的社区建设进入到在全国大中城市和城镇全面启动、整体推进、快速发展的新阶段[167]。

伴随着城市社区建设工作的快速发展，社区发展规划编制的重要性及其现实意义逐步被人们所认识，一些规划学者开始从技术和操作层面探索不同层次社区规划的合理编制方法，这些探索基本上都是在传统城市规划的概念中融入社会学的社区研究成果，注重在社区规划中将社会、经济和文化因素与物质空间环境相结合。

在社区发展规划的制定上，从管理层面为进一步推动社区建设在全国的发展，1998年国务院政府体制改革方案确定民政部将原来的基层政权建设司调整为基层政权和社区建设司。从技术层面将社区规划编制的类型分为：以街道（镇）为地域单元和以城区为地域单元的综合性行政社区规划；以创建文明城区（社区）为重点目标的行政社区规划；指导全市社区发展的总体规划等。

在街道社区规划的编制方面，1992年上海市卢湾区瑞金街道、普陀区曹杨街道先后编制了《社区综合发展规划》，在规划中探讨了城市居住社区的街道管理体制，居民生活质量与环境提升等。1995年浦东新区潍坊街道制定了《1995~2010年社区发展规划》，在这个规划中加入了社区发展指标体系、社区公共安全规划等内容。20世纪90年代中期以后上海市编制的各类以街道为基础的社区规划体现了以合理布局、统筹规划、科学配置来推动社区公共设施的建设，特别是社区卫生服务、社区文化活动和居委会等与老百姓居住生活密切相关的各类设施[168]。

在城区社区规划的编制方面，在街道社区规划的基础上，各区政府主持对所辖区域制定社区发展规划。例如杭州市下城区在区政府的组织下，对城区社区进行了全面的规划，并动员社区群众、辖区内各单位、社团组织等一切力量共同参与到社区建设中来。沈阳市大东区采用"五个机制"（领导机制、督办机制、激励机制、指导机制和责任机制）推进"三位一体"（社区、物业公司和开发商）社区发展新模式，对全区40个社区开展现场调查，编制发展规划。上海浦东新区社会发展局自1995年起，采用以专家为主政府主管部门协助的方式，连续三年开展了社区建设的规划研究工作，完成了《浦东新区现代化城市社区管理模式研究》的报告，编制了《浦东新区城区——社区发展规划（1996~2010）》，规划体现了社区发展的方向、目标和重点，充实和完善了浦东新区社区发展的指标体系和目标思路。为完善社区设施的规划建设，2006年上海修订了《上海市居住区公共设施设置标准》，并先后在长宁区的江宁社区、黄浦区的广场社区和卢湾区的五里桥社区等开展试点工作，出台了《关于加强社区公共服务设施规划和管理的意见》，通过增设设施、更新功能以及调整规模等多种途径，提高了社区公共设施的建设标准[169]。

由于社区发展规划在我国城市尚处于开展的起步阶段，从目前国内社区规划的实践历程来看，社区规划体系构成中的各个方面都还不够成熟与完善，包括规划方法、社区资源、组织机构和发展模式还处于探讨和建构之中。结合国情和社会经济发展现状，我国城市社区发展规划走向成熟还需要经历一个相对比较艰难的过程，针对目前城市社区现状的特质和类型，借鉴国外的发展经验，我们必须进一步探讨社区规划的定位、规划的理念、规划的目标和路径以及整个系统的协调发展问题。

在社区规划的定位上，由于目前无论是在城市规划体系还是在社会经济发展体系中都还没有明确社区规划的定位，导致社区规划权限边界模糊。因此需要在城市规划体系中对社区规划给予一个合理的定位，传统的居住区规划主要考虑的是物质空间的规划，但在城市发展要求的内涵扩展和品质提升的今天，需要在规划中更多体现其社会性，对社区构成、组织管理和相应的空间设施给予更多地考虑。

在社区规划的理念上，从目前编制社区规划所包含各主体的能动性和地位作用来看，实施美国的"社区民主式规划"是非常困难和不现实的，简单可行的方法是尽可能发挥规划中各种主体角色的优势，以问题为驱动，以行政推动为主导，充分调动社会各方面的力量。因此要转变旧的规划理念，在规划方法上要以解决问题为导向，从了解和掌握社区居住环境中存在的问题着手，把握社区居民住生活的需求，将社会研究与建设工程结合起来，实现人居环境质量的全面提升。

在社区规划的目标和路径上，基于国情现状应以相互配合的方式来处理行政管理与社区自治的关系，充分运用政府力量作为外部动力，积极培育社区社会团体和最大限度地调动社区居民参与的积极性，培养社区居民的自治意识与能力，不断提升民主自治的内在动力。在社区规划中注重从社会环境与物质环境两方面来考虑满足社区居民的生活需求，特别是进入到老龄化社会的今天，我们要更加关注老年人的基本生活需要，为生活在社区的所有人提供人人共享的居住生活环境。

## 5.2.2 城市社区类型与社区发展构成体系的作用关系

从我国城市社区的发展建设历程中可以清楚地看到，城市社区的形成带有一定的行政色彩，实行的是"街道办事处—居民委员会"的管理体制，因此以街道为单位的居住社区在我国各城市普遍存在。城市住宅在我国城市的发展过程中曾经被作为一种生产资料进行分配，经过经济体制的改革，住宅供给方式开始逐步由分配制转入到市场制，因此城市居住社区的形成以及类型特征也体现出了历史发展、社会变革、经济转型以及住宅所有制转变的特点。由于社区类型的差异性，表现在社区构成体系相互作用机制的特点上也必然会有所不同。

1. 城市社区的类型

按照社区发展的历史过程与地缘社会关系的形成特点，我们可以将目前城市社区大致分为传统型、单位型、商品型和混合型四种类型。不同类型社区的形成过程、地缘关系、空间特征等方面都有其各自的特点，其类型基本特征如表5-2所示。

社区类型特征比较[163]　　　　　　　　　　　　　　　　　　　　　　　表5-2

| 社区类型 | 形成时间 | 社区成员 | 社区空间 | 社区设施 | 社区文化 |
|---|---|---|---|---|---|
| 传统型社区 | 新中国成立前期 | 以当地居民为主，居民之间差异性较小，代际关系构成完整 | 空间层次丰富，街巷格局完整，建筑密度大，容积率较低 | 公共设施陈旧，设施配套不完善，改造难度较大 | 具有较为鲜明的地方人文特色，邻里往来密切，形成较强的认同感 |
| 单位型社区 | 20世纪50~60年代 | 以企、事业单位职工及其家属为主，居民间同质性强，代际关系构成完整 | 社区空间整齐，住宅以多层为主，容积率比传统型社区高，不同单位空间相对封闭、独立 | 生活配套设施较传统社区完善，不同单位之间存在差异，设施老化问题严重 | 具有鲜明的单位人文特色，邻里往来密切，形成较强的认同感和归属感 |
| 商品型社区 | 20世纪90年代 | 人员构成复杂，居民之间差异性较大，代际关系构成不完整 | 空间环境良好，住宅建筑由多层向高层发展 | 按照规划要求配备完善的配套设施 | 邻里往来少，人文特色不突出，归属感较弱 |
| 混合型社区 | 包含上述三种社区的一些特征，形成多样化表现 ||||||

传统型社区主要是指以城市老城区中的传统街坊为主形成的社区。这类社区的街坊大多形成于新中国成立前期，建筑密度大，容积率较低，后经不断翻修和改建，但其空间格局仍然保留着传统街巷风格。社区中居住的居民大多世代长期生活于此，代际关系构成完整，居民之间包括社会地位、经济收入和职业类型等差异性较小，人与人之间交往密切，形成良好的地缘社会关系。社区中由于历史原因公共配套设施基础条件较差，设施老化现象严重，并且由于场地条件限制而造成改造困难。

单位型社区主要是计划经济时期国家的一些大中型企事业单位建设的居住区。这类社区多建于20世纪50年代至经济改革初期，在规划上受苏联"居住区—居住小区—居住组团"模式的影响，以多层住宅为主。社区中居住的大多是以企、事业单位职工及其家属为主，居民间同质性强，代际关系构成完整。社区空间整齐，生活设施配套相对完善，一些大的企事业单位还建有职工教育、文化和体育设施。受单位社会的影响，形成内部相对较为封闭的不同单位所属社区。

商品型社区主要是住房制度改革后由城市房地产开发为主导建成的居住社区。社区多建于20世纪90年代中后期，并且随着时间的推移，建成的社区环境质量也越来越好，配套设施越来越完善，大的社区还建有学校、幼儿园、会所以及健身活动场所，住宅建筑也逐步由多层向小高层和高层发展，近年来30层左右的高层住宅成为主流住宅形式。社区居民除少部分回迁安置项目外基本上都是外来人口，人员构成复杂，居民之间差异性较大，代际关系构成不完整。

混合型社区主要是指在同一社区内存在上述某几类社区的混合型社区。混合型社区产生的主要原因是由于在城市发展过程中居住区建设往往分批、分片建设，因此混合型社区包含了上述几类社区中的一些特征，由于内部构成复杂，发展建设中容易出现类型的衔接和社会冲突等问题。

社区类型的差异，体现在社区成员、社区空间、社区设施和社区文化的不同层面，了解和把握不同社区的类型特征，并对社区中的要素和结构进行抽象概括，有助于我们通过共性归纳与分类比较的方法进行特点与问题的相关性研究，以使得研究结果更具有针对性和适用性。

2. 构成体系在不同类型社区的作用

由于社区的类型不同，社区发展的四个主要内容以及构成关系在不同类型社区中相互关联的强度上会有所差异，了解和把握这种差异对制定社区发展规划，协调各部分发展策略具有重要的参考意义。构成体系在不同类型社区的相互作用关系见表5-3所列。

各种类型社区构成内容相互关系的强度差异比较[163]　　　　表5-3

| 社区类型 | (C/M)—(C/C) | (C/M)—(O/M) | (C/M)—(E/F) | (C/C)—(O/M) | (C/C)—(E/F) | (O/M)—(E/F) |
|---|---|---|---|---|---|---|
| 传统型社区 | 直接相关（强） | 直接相关（强） | 间接相关（较强） | 直接相关（强） | 直接相关（强） | 间接相关（较强） |
| 单位型社区 | 间接相关（较强） | 直接相关（强） | 被动相关（较弱） | 间接相关（较强） | 被动相关（较弱） | 间接相关（较强） |
| 商品型社区 | 被动相关（较强） | 被动相关（较弱） | 间接相关（较弱） | 被动相关（较弱） | 被动相关（较弱） | 被动相关（较弱） |
| 混合型社区 | 直接相关（较强） | 间接相关（较强） | 间接相关（较弱） | 直接相关（较强） | 直接相关（较弱） | 间接相关（较弱） |

在社区成员的素质表征与社区文化、共同意识的关联程度上，传统型和混合型社区联系密切，这是由于长期形成的地缘文化和邻里社会关系作用的结果。而在单位型社区中，借助于企、事业单位组织和形成的人文特色有利于归属感的建立。商品型社区虽然建成的历史较短，但社区成员的构成复杂，因此特别需要通过社区组织的引导、成员的共同努力，社区的文化与意识才能逐步形成。

在社区成员和社区组织、管理的关系上，传统型与单位关联程度高，这也与居委会和单位组织长期发挥作用有关。混合型联系较为密切，而商品型社区由于业主委员会发展的历史较短，在组织方式与管理模式上仍处于探索阶段，因此加强商品型社区组织的建设与管理就显得十分重要。

在社区成员与社区环境、设施建设的关系上，传统型、商品型与混合型表现为间接相关，社区环境与服务设施的建设依靠社区组织和相关管理部门的计划与投入。单位型社区的建设则完全取决于单位的经济能力与重视程度，受主导因果关系程度的影响较大。

在社区的意识、文化与社区组织、管理的相互关系上，传统型社区能够借助于地缘社会关系的作用，相互关联程度密切。混合型社区虽然关联直接，但由于构成方式混杂，相互关联程度较强。单位型社区依靠单位组织以及形成的文化基础，虽然间接相关但仍然表现出较强的关联性。商品型社区由于人员构成复杂，相互交往时间较短，能否尽快形成共同意识和主体文化则完全取决于社区组织作用的发挥，因此表现为较弱的被动相关特点。

在社区的意识、文化与社区环境、设施建设的关系上，传统型和混合型社区关联密切，形成一种相互映射的关系，因此可以看出良好的居住环境有利于社区归属意识的形成。单位型和商品型社区受主导因果关系影响较大，两者表现出被动的相互关系。

在社区组织、管理与社区环境、设施建设的关系上，传统型、单位型和混合型社区表现为一种间接的互动关系，两者之间的相互影响需要通过社区成员的参与、共同意识与文化的作用才能够形成。商品型社区形成一种被动的相互关系，其原因在于成员参与的意识以及社区文化的薄弱。

### 5.2.3 基于社区发展理论的老龄化社会居住环境建设

社区发展理论阐述了政府、社区组织和社区居民通过积极参与、培育互助与自治精神来发现和解决社区问题、改善和提高社区环境质量，用以塑造居民对社区的归属感和培养共同体意识，增强社区成员的凝聚力，实现新型和谐的人际关系，最终实现社会的全面进步。社区发展基于将社会发展牢固地建立在所有社区的共同发展，体现人的价值，满足生活的需求上，同时也更好地促进社会实现真正平衡、持久和合理的社会发展。社区发展理论不仅研究社区成员素质的发展、共同意识及社区文化、社区组织管理机制以及物质环境与设施各部分的问题，同时还研究这些内容之间的相互关系问题。

适宜"老有所居"的城市社区居住环境不仅仅只是社区物质空间环境的建设，还包含着社区的人与社会、经济与文化、生活与健康的发展，传统的"住区规划"方式已难以满足实现社区全面发展的需求，而社区发展理论正好为我们提供了科学的理论指导，"社区规划"为我们提供了有效的操作方法。运用社区发展理论能够有助于我们全面地、系统地解决好城市社区居住环境发展与建设中遇到的问题。社区发展理论不仅是一种发展观，一个社会学理论，还是科学指导我们建设适宜"老有所居"城市社区居住环境最有效的方法。主要表现在：

（1）在"老年人居住环境"建设年代我们习惯将老年人单纯视为需要社会进行照顾和援护的对象，忽视了老年人在居住环境建设中能够发挥的积极作用，而社区发展理论强调在社区发展中的首要因素就是社区成员作用的发挥。跨入老龄化社会的今天，生活在城市社区中的老年人既是社区成员的重要组成部分，也是一个活跃的社会群体并且在社区发展中发挥着治安管理、子女照顾和文化传承等不可或缺的积极作用。充分发挥老年人参与社区建设、管理和监督的作用，既能够调动老年人融于社会的积极性，同时也有助于老年人实现"老有所为"目标。

（2）以往对于社区居住环境的规划都是政府规划部门采用自上而下的方式进行，这往往会造成与社区成员需求联系不紧密，规划内容不合理的情况。社区发展理论强调以解决问题为导向，社区成员共同参与，强调社区居民、政府官员和专业规划人员等以合作的方式共同参与社区环境的建构。社区参与不仅可以调动社区老年人参与社会生活的积极性，促进社区共同意识和社区文化的建立，增强老年人社会认同感，而且在建设适宜"老有所居"城市社区居住环境上，老年人的参与也能使政策的制定、规划的开展更贴近老年人的心声，满足老年人的需求。

（3）以往在社区为老年人提供生活援护服务方面，常常将服务内容和质量的缺失原因归咎于人力和物力资源的缺乏，其实社区中资源缺乏并不是问题产生的主要原因，而是缺乏协调的统一管理，缺少对资源有效的整合利用。过去社区资源都是分部门管理，在一定程度上造成了资源利用效率的低下，例如，社区建设的托老中心能为居家养老的老年人提供送餐服务，社区医院能否实现为居家养老的老年人提供健康管理与服务等。基于社区发展理论的社区规划强调社区资源必须合理地调配与使用，要重视社区发展体系中各部分内容的协调发展。在社区规划中首先应对社区内外可获取或利用的资源有全面的了解，根据问题的轻重缓急制定相应的规划对策，使得社区规划的近期策略与远期规划相互平衡，以不断增强规划成果的现实性、易操作性和可持续性。

（4）社区发展理论强调社区组织与社区物质环境和硬件设施间是一种间接的互动关系。社区物质生活环境的营造需要社区组织的规划和管理，并通过社区成员的积极参与来实现，同时良好的社区物质环境又能够进一步促进社区组织服务功能、整合功能、凝聚功能和稳定功能的提升。这种相互作用、相得益彰的构成关系对于促进社区的全面协调发展，特别是对于营造适宜"老有所居"社区居住环境能够起到良好的保障作用。

（5）适宜"老有所居"城市社区居住环境是一个复杂的综合体，其复杂性在于构成要素之间的相互作用关系，传统的针对问题头痛医头、脚痛医脚的方法是难以从根本上进行解决的。而社区发展理论强调社区发展是一种基于一定计划的系统发展，社区成员、共同意识、社区组织和物质环境之间只有协调共进，才能促进社区发展目标的有效达成。这种发展理念、制定社区发展规划的目标与方法以及建设实施的路径，对于今后科学地建设老龄化社会城市社区居住环境具有重要的指导意义。

从近年来我国城市社区的发展实践中我们深刻地认识到，面对不断增长的社会老龄化进程，要解决好日益增多的老年人的安居养老问题，科学地建设适宜"老有所居"的城市社区居住环境，就必须借助社区发展的作用与动力，借助社区规划的科学方法。只有在政府的引导和扶持下，通过建筑、规划专业技术人员的精心设计，以居民的参与、自助、合作为途径，才能最终在社区发展的过程中不断改善社区的居住环境质量，实现老龄化社会"老有所居"的目标。

## 5.3　适宜"老有所居"城市社区居住环境体系框架

我国正处于"未富先老"的特殊老龄化社会阶段，因此积极研究和探索"老龄化社会居住环境"建设的方法与途径，是建设具有中国特色的适宜"老有所居"城市居住环境的重要保障。要建设适宜"老有所居"城市居住环境，就必须首先建立起：

1. 以城市社区为发展建设的空间基础单元

社区是以共同文化为特征，以共同利益为纽带，在社会生活各个方面有着某种相同属性的地域性社会组织和社会群体。社区既是城市构成的基础单位，也是老年人日常生活的主要区域场所，社区已成为今天承载城市社会管理和直接服务群众的最基层机构。因此，将未来城市养老居住环境放在社区中建设既能较好地依托城市社区发展的有利条件，发挥"居家养老"社会服务体系的效率，充分利用社区医疗服务网络，又能让老人们一直生活在自己熟悉的环境中，真正将老龄化社会的城市人居环境建设落在实处。

2. 以满足老年人居住行为需求为规划编制与实施的主要目标

老龄化社会城市居住环境建设的核心内容，就是要重点发挥城市住宅以及社区养老居住设施的作用，将城市社区营造成适宜"老有所居"的长久生活环境。因此，社区中的居民住宅、相应的生活服务设施以及整体户外生活环境必须满足老年人生活行为的需要。城市社区居住环境建设要充分考虑不同年龄人群的生活行为特点，特别是老年人的生理和心理需求，使居住环境做到更加人性化，突出强调便利性、健康性和安全性，通过不断地有针对性的对社区环境进行"适老"改善，使老年人能够在长期生活的环境中重新获得生活自立、自理的能力和信心[63]。

### 5.3.1　适宜"老有所居"城市社区居住环境体系框架的内容

老龄化社会适宜"老有所居"的城市社区居住环境体系主要由建设管理体系、支撑援护体系和居住场所体系三部分构成（图5-2）。社区居住环境体系的建设是社区发展规划的主要内容，通过自上而下政府组织的主导和自下而上社区居民的参与，政府力量的外部动力与居民自治的内在动力紧密结合，是提升社区社会环境与物质环境质量最有效的方法与途径[51]。

1. 养老社会保障制度建设是构建社区居住环境体系的重要基础

社会保障制度的建设是构建适宜"老有所居"的城市社区居住环境体系的重要基础，通过国家机制对其不断地进行健全和完善，能够有效地促进和提升整个体系框架作用的发挥。

1）进一步完善养老保险制度

要加快建立与我国经济社会发展以及人口老龄化水平相适应的国家养老保险制度，逐步建立和健全由政府、社会、家庭以及个人相结合的国民养老保障体系，使老年人首先在经济上能够自立，这是实现老有所养的重要物质条件。

2）建立有效的医疗保障机制

为老年人的养老生活提供良好的医疗服务是实现"居家养老"的重要健康保障条件，要通过构建医疗服务网络，特别是基层社区卫生站点的建设，为老年人提供集预防、医疗、保健、康复和健康教育等一体化的服务。

3）制定相关的政策、法规和规范

城市住宅应当在适宜"老有所居"的城市社区居住环境体系中发挥出重要的作用，必须建立一系列相应的实施政策和激励机制来促进这种作用的发挥，特别是在政府主导的保障性住房建设中。同时在社区发展规划的制定和实施上，必须尽快制定可行的政策与法律，完整的程序与审查制度，保障公众参与社区规划。

4）保障老年人合法权益

要避免侵害老年人合法权益的纠纷，就必须落实《老年人权益保障法》的配套实施细则，并不断完善操作程序。在社区设立专门机构为老年人维权提供切实保障，使老年人充分享受到社会的尊重和关爱。

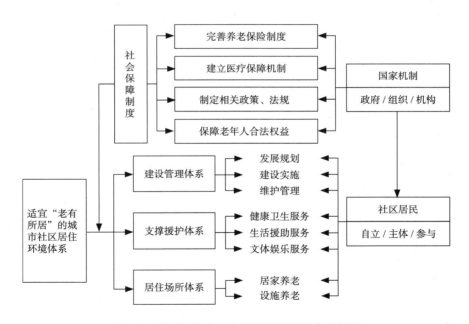

图5-2 老龄化社会城市社区居住环境体系框架

2. 建设良好的社区居住环境体系

社区居住环境体系主要是由社区建设管理体系、支撑援护体系和居住场所体系三部分所构成，从体系的均衡性来看，只有这三方面的内容协调共进，才能真正推动"老有所居"发展目标的有效达成。借鉴国外的发展实践经验，老龄化社会城市社区居住环境的建设应从体系的外部指标和内部驱动因素来考虑，即从水平系统和能力系统两个方面来进行建设，水平系统是指社区生活环境现状的状态表现和外部表征（物质环境），能力系统则是社区发展的驱动因素和潜在动力（社区组织、共同意识）。对于开展老龄化社会适宜"老有所居"的城市社区居住环境建设而言，完整的内容应当涵盖水平和能力这两个系统的均衡发展。

1）建立高效的社区建设管理体系

在社区组织机构中设立相应的管理部门，负责研究和制定社区发展规划，积极鼓励社区居民的参与，协同相关专业人员根据社区发展的需求研究制定出不同阶段的建设目标与实施方案，并依照规划的要求对实施建设过程进行具体的监督和指导，同时管理职责中还应包括对现有的环境设施进行有效的维护和管理。

2）设立完善的社区支撑援护体系

要让老年人能够在城市社区自己的家中或社区设置的养老居住设施中生活的安心、放心，就必须要设立一个良好的社区生活援助服务网络，为在社区中生活的老年人提供集医疗、保健、家政以及娱乐活动等一系列的综合性服务。

3）营造健康、舒适的居住场所体系

要建设良好的生活居住场所体系，一是加强以"居家养老"为主体的居住环境建设，积极推广"终生可居住"城市住宅的建设；二是要科学地进行社区养老居住设施建设，尽可能帮助虽然无法"居家养老"，即使居住在养老设施中的老年人也能继续生活在他们熟悉的社区环境之中。

3. 社区居住环境体系的作用机制

适宜"老有所居"的城市社区居住环境体系是一个包含着软件建设与硬件建设、物质建设与精神建设、政府主导与居民自治、具体照护与普世援护的多层次、多方位的综合系统，体系中各个部分相互关联、相互作用构成一个有机的整体（图5-3）。只有充分发挥好各个部分的作用，整个框架体系才能够形成良好完整的作用机制，一个部分的缺失，都会造成整个系统的作用难以发挥。

保障体系建设的主体首先应该是国家层面上的相关部门，其次是各级地方政府以及一些社会组织和机构，围绕老龄化社会的发展和养老生活环境的建设制定相关的政策和制度，从宏观层面上给予帮助和支持。

在微观层面上，老龄化社会城市养老生活场所多是相对具体的客观物质环境，是建立在社区发展基础之上的，只有通过社区组织的科学规划，社区居民的积极参与，双方共同协作，社区养老居住环境体系的作用才能得到最大程度的发挥，只有建立社区高效的管理体系、完善的支撑体系和适宜的场所体系，才能为在社区中生活的居民特别是老年人创造良好的物质、精神生活环境。只有将自上而下的社区管理职能与自下而上的居民参与意识有机结合，才能把社区建设成守望相助、尊老护幼、安居乐业、其乐融融的美好家园。

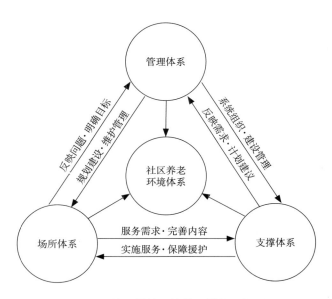

图5-3 社区居住环境体系的作用机制

## 5.3.2 社区居住环境的建设管理体系

1982年颁布的《宪法》和1989年发布的《城市居委会组织法》中，对城市社区组织的作用与任务进行了界定，其核心是居民"自我管理、自我教育、自我服务"的基层群众性自治组织。

在老龄化社会社区居住环境的建设中，做好社区的组织、建设与社区服务既是社区组织成长发展的最初动因，也是贯穿社区组织发展成长的一条鲜明主线。作为成长于社区、发展于社区、活动于社区的社区组织，它的政治属性要求它必须担负起维护居民权益、民主管理公共事务等责任，必须以维护和增进居民参与社区建设、社区管理等方面民主权利和能力为己任，它的社会属性就决定社区组织必然要以维护和增进居民的社会福利、社会保障以及社会生活等方面的社会权益为工作重点。要做好"居家养老"的社区服务，就必须充分发挥社区组织的作用，既要做好社区的公共服务，又要积极组织和调动好社区的互助服务、志愿服务和商业服务。既要发挥好社区组织有效的行政机制、又要引入互助机制，志愿机制和市场机制。只有通过社区组织、民间组织、企事业单位和居民群众的共同参与，各个主体充分发挥出各自不同的作用，才能有效地做好老龄化社会适宜"老有所居"的社区居住环境建设。

（1）发挥好社区组织的管理作用。在社区组织机构中设立相应的部门，结合社区发展现状中存在的问题，了解和掌握居民对提高生活环境质量的迫切需求，组织规划专业技术人员编制不同阶段的发展规划，特别是负责制定出适宜老年人在社区中安居养老的社区居住环境建设发展规划，并提出不同阶段的建设目标和建设措施。同时，围绕制定的规划建设任务,把全体社区成员包括民间组织和社区企事业单位有效动员起来,积极投入到社区的发展建设中来,充分发挥其各自的作用。在制定和不断完善社区发展规划的同时,社区组织还应当做好社区服务的组织工作,组织和动员居民参与社区文化、教育、卫生、体育和安全等社区公共服务,尤其是要组织动员居民参与社区的助老服务,开展邻里互助等群众性自我服务活动,倡导社区居民和驻社区单位开展社会捐赠、互帮互助,对社区困难群体实行辅助性生活救助,实现居民间的自助与互助。组织开展丰富多彩的社区文化活动,加强社区居民之间的社会交往和参与活动的积极性,通过良好邻里与社区人际关系的建立,增强居民对社区的认同感和归属感。

(2)利用好社区组织的协调作用。社区居住环境建设,既关系到社区居民的生活环境品质,也是城市人居环境建设的重要组成部分,既要尽可能满足居民日常生活的需要,又要符合城市总体规划的要求。社区组织作为社区成员与政府之间的桥梁和纽带,通过"上情下达、下情上传",在政府和社区成员之间起到良好的协调作用,既要协助政府做好城市与社区的建设工作,又要把社区居民的要求、呼声向政府反映,成为居民的代言人。

(3)行使好社区组织的监督作用。在社区居住环境建设中,社区组织还要行使好保障监督作用,一是按照社区制定的建设规划对环境的实施建设进行具体的监督指导,督促检查建设是否符合规划的要求,是否存在安全和质量上的隐患;二是对现有环境设施的维护和管理进行有效的监督,保障设施的常态化利用。同时,还应对社区助老服务的质量情况进行监督,检查社区居民特别是老年人对社区服务的满意程度以及需要改进的地方。

### 5.3.3 社区居住环境的支撑援护体系

要使老年人能够在社区中实现居家养老或在社区养老居住设施中生活的安心、放心,就必须建立起一个良好的社区支撑援护体系,为社区居民特别是老年人提供集医疗、保健、家政、娱乐活动等一系列的综合性社区服务。

在中国老龄事业发展"十二五"规划提出的建立以居家为基础、社区为依托、机构为支撑的养老服务体系中,明确了要巩固和支持家庭照护、大力发展社区照护、规范并提升设施照护,形成以家庭照护和居家照护为主、设施照护为支撑,各种形式的照护服务相互补充、相互支持的社区养老支撑援护体系。社区支撑援护体系的作用就是要满足老年人在养老居住过程中的各方面需要,既有生活照料和护理上的需要,又有情感上的慰藉、充实精神生活的娱乐和教育,还有保护身体健康的需要,包括身体健康检查和医疗服务。

通过社区支撑援护体系作用的发挥,就是希望让生活在社区中的居民,特别是社区中的老年人重新构筑起"家"的概念,这个"家"已不是狭义的传统亲缘关系家庭概念,而是广义的在生活功能上扩展到社区的家庭概念。在新的"社区—家庭"生活环境中,能够实现更多层次的人际关系、更为多样的人员交往互动方式,更加多元的互助与沟通需要。社区支撑援护体系所构成的"家"是一个同时具备物质养老护理和精神养老关怀的社会环境。

社区支撑援护体系由三个设施的子系统组成：①健康卫生服务设施体系；②文体娱乐服务设施体系；③生活援助服务设施体系（图5-4）。健康卫生服务设施体系侧重于为社区居民提供医疗服务和健康管理，文体娱乐服务设施体系为社区居民提供开展各种文体活动、终身学习和社会交往的场所，而生活援助服务体系则主要是为社区居民特别是老年人提供各种形式的家政和生活照护服务。

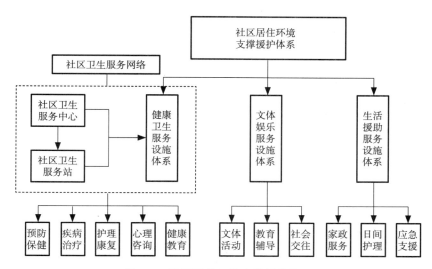

**图5-4　社区居住环境支撑援护体系**

1. 健康卫生服务设施体系

健康卫生服务设施体系的五个服务功能应为老年人提供全方位的健康保障，以"老有所医"为中心，满足老年人各层次健康保障需求[59]。健康保障设施体系的功能组成见表5-4所列。

健康卫生服务设施体系的建设主要是结合国家大力发展社区卫生服务事业的医疗改革规划，在搞好社区医院和卫生服务网点建设的同时，做好社区老年人的健康卫生服务，其作用是为社区老年人提供预防保健、疾病治疗、护理康复、心理咨询和健康教育等方面的服务，并与社区卫生服务中心（站）共同形成社区卫生服务网络。

国家今后将会大力发展社区卫生服务，强调急性病、慢性病分治，防、保、治和康复一体化，因此社区卫生服务网络的建设符合社区卫生服务事业发展方向。由于社区卫生服务处于整个国家卫生服务体系中第三环节，有其自身的分工特点，随着社会老龄化所带来的老年健康保障需求的不断增加，社区卫生工作的重点将会逐步转移到老年人的健康保障与服务上，从单纯医疗向保健、康复等综合卫生服务转变，做到相互补充、相互协调，实现社区卫生服务资源的可持续发展最大化利用[170]。

**健康保障设施体系的功能组成** 表 5-4

| 类型 | 服务功能 | 服务内容 | 设施功能组成 |
|---|---|---|---|
| 社区健康卫生服务设施体系 | 预防保健 | 为社区内老年人提供慢性病预防与指导、健康体检、健康档案建立、注射防疫针等服务 | 老年常见病预防控制室<br>慢性病专科指导室<br>老年人保健室 |
| | 疾病治疗 | 为社区内老年病人进行社区卫生服务，根据患病状况针对相应科室进行诊疗 | 门诊部：全科内科、外科、妇科、五官科、皮肤科、中医科、治疗室、观察室。<br>辅助医疗：检验科、放射科、化验室、注射室、中心供应部 |
| | 护理康复 | 为社区内老年人提供专科治疗、康复训练和机能恢复等服务 | 慢性病康复中心：慢性专科治疗室、康复室、机能恢复室等 |
| | | 为社区内老年人提供上门护理、护理用具借给和上门看护等服务 | 走访护理站<br>（辅助器皿中心） |
| | 心理咨询 | 为社区内老年人提供心理健康知识咨询和心理素质、心理健康测试，并通过心理热线给予帮助 | 心理健康咨询室 |
| | 健康教育 | 为社区内老年人提供健康讲座开设，健康教育片放映，保健知识教育，健康资料阅览等服务 | 健康教育室，健康教育咨询台，健康宣传栏，健康资料室 |

**2. 文体娱乐服务设施体系**

文体娱乐服务设施体系是开展社区文体娱乐活动的物质条件，也是吸引群众参与的重要载体，设施的缺失、简陋必然会削弱社区文体娱乐活动的开展，从而直接影响的社区文化的建设。目前，我国城市社区的文体娱乐设施普遍数量不足，部分设施条件落后、功能不全，特别是室内文体娱乐活动场所严重缺乏，这种现状对于满足社区居民开展休闲、娱乐、学习、信息交流等活动都产生了一定阻碍。

社区的文化建设愈来愈为社会、社区成员及社区组织所重视，因为社区文化所具有的引导功能、凝聚功能和娱乐功能对社区发展具有重要的促进作用。社区文化的引导功能对社区成员的思想和行为取向具有重要的引导作用，既表现为对社区成员个体思想行为的引导，同时也表现为对社区整体价值取向和行为起导向作用。凝聚功能能够帮助社区成员在共同目标、利益和信念的基础上，通过共建机制，使社区各种力量相互作用，形成集聚、凝结的社区合力和整体效应。娱乐功能能够给社区居民提供身心上的轻松和愉悦，对于缓解社区居民精神上的压力具有良好的效果。

社区通过组织开展文体娱乐活动可以把社区内的成员"黏合"在一起，社区通过多种文化活动吸引居民参与，使他们从生疏到认识，从认识到熟悉，增加认同感和归属感，从而产生一种凝聚力，形成共同的理想和希望。

文体娱乐服务设施是社区文化活动的基本保障，在社区规划中应将社区文体娱乐活动的场地、设施纳入规划，还要有计划、有步骤地对社区文体娱乐设施加以完善，尽可能地提高文体娱乐设施的利用率，充分发挥广场、庭院和街道等公共空间的作用，要做到大活动有地点，小活动有场所。

要结合社区特色和社区居民文化生活需求，制定切实可行的社区文体娱乐设施发展规划。在实施的途径和方法上，可以从以下多个方面进行。

（1）建立社区文体娱乐设施建设多渠道投入机制。为解决当前社区文体娱乐设施建设资金不足问题，要建立并完善以政府投入为主，辖区单位赞助和社区居民捐助为辅的多渠道投入体制。对于公益性的社区文体娱乐设施，如文化馆、图书馆等，应主要由政府进行投入，并落实这些文体娱乐设施的基建投资和维修经费。可以鼓励社区单位无偿向社区居民开放文体娱乐设施，争取企业、单位、个人对社区文体活动进行赞助等。

（2）优化社区文体娱乐设施的资源配置。根据发展规划，统筹做好社区文体娱乐设施的规划和建设。文体娱乐设施建设要统一规划，合理布局，满足社区文体事业发展的中长期需要。同时不断改造和完善社区的内空闲场地，将其扩展为公益性的活动空间。

（3）不断完善社区文体娱乐设施的功能。添置必要的活动器材，增加活动设施的种类，不断提升文体娱乐设施的活动功能。

（4）加强社区文体娱乐设施的运行管理。通过建立健全岗位责任制和工作目标责任制，完善综合服务功能，不断提高文体娱乐设施利用率。辖区单位、学校要尽可能开放内部的文化体育设施，充分发挥"共驻共建、资源共享"的优势，为群众开展社区文体活动提供方便。加强对露天社区文体活动场的管理，特别是健身器械的日常维护保养，确保社区居民安全有效地使用。

3. 生活援助服务设施体系

生活援助服务是老年人实现"居家养老"的重要基础，社区的生活援助服务近年来虽然有了较快速度的发展，但相对于快速的老龄化社会进程所增加的照顾需求，又显得发展相对滞后。例如一方面很多社区还没有设立专门的家政服务机构，采用与社会经营的家政公司合作的方式，造成社区居民特别是老年人对家政公司的服务人员和服务质量不放心，并且较高的家政服务收费也使得很多老年人难以或很少利用。另一方面设施功能不完善，空间狭小、距离偏远等问题也是造成社区生活援助服务难以满足老年人生活需求的重要原因。社区生活援助服务是和谐社区建设的主题，为社区居民提供方便、快捷、优良的生活援助服务，提高社区居民的生活水平和生活质量，是社区建设的价值和生命力所在，也是广大社区居民的根本利益所在。

因此社区生活援助服务设施体系的建设首先应当依据国家《城乡社区服务体系建设"十二五"规划》制定社区生活援助服务设施体系规划，要对社区生活援助服务设施的建设数量、选址布局、建设方式、功能定位进行科学规划，采取新建、改扩建、购置合并、调剂置换和规划预留等方式，加快现有社区的设施改造和新建社区的设施配置，提高社区生活援助服务设施覆盖率，实现效益最优化的建设效果。建立定点服务和上门服务相结合、有偿服务与低偿或无偿服务相结合、专业服务与志愿服务相结合的形式多样的服务体系。

斯通（M. Stone）教授曾经对美国社区的两个家庭养老服务机构进行过比较，一个是由当地政府社会服务部门负责管理的家庭帮助服务（Home Help Service），另一个是由社会健康机构管理的家庭护理服务（Home Care Service），家庭护理服务机构的突出特点是服务对象主要是身体虚弱、多病的高龄老人，并且可以为老年人提供长期的住院护理。家庭帮助服务机构援护的对象主要是独自居住的老年人，机构为老年人提供日常生活中的家政及购物服务[171]。

根据前期对社区老年人生活援助服务的需求调查分析来看，上门家务服务需求和上门生活照顾需求的比例最高，其他需求依次为送餐服务、老年饭桌、帮助购物等。因此社区生活援助服务设施体系的建设要以需求为导向，需求决定供给，只有以需求为导向，才能最有效地提供社区生活援助服务。转型期的社会分化和贫富分化，决定了低收入群体特别是老年人的生活援护服务是社区公共服务关注的重要需求单元，要重点开展面向老年人、儿童、残疾人等社会帮扶人员的便民利民服务，使他们成为社区生活援助服务的主要对象和最大受益者。

社区生活援助服务设施体系主要包括家政服务中心、日间护理中心和应急支援中心（表 5-5）。

**生活援助服务设施体系的功能组成** 表 5-5

| 类型 | 服务功能 | 服务内容 | 设施功能组成 |
| --- | --- | --- | --- |
| 社区生活援助服务设施体系 | 家政服务 | 为社区内老年人提供各种形式的上门家务或照顾服务 | 接待安排、技能培训、用具存放、餐厅、厨房、织物洗涤、办公管理等用房 |
| | 日间照护 | 为社区内白天缺乏家人照顾的老人提供健康护理、生活照顾 | 接待安排室、活动室、洗浴室、餐厅厨房、办公管理等用房 |
| | 应急支援 | 为社区内老年人提供日常生活的监护，便于及时发现并紧急处理老人遭遇的各种意外生活事故 | 监控室、用具存放、值班室等用房 |

1）老人家务助理服务中心

是指社区向居家养老的老年人提供各种形式的上门家务或照顾服务，如做（送）饭、料理家务、帮助购物等，帮助老年人尽可能在家中养老，同时也是对家庭养老护理功能的有力补充。

2）老人日间护理中心

为白天缺乏家人照顾的老人提供生活照顾及社群活动，服务内容包括膳食制作、个人卫生及健康护理等。

3）应急支援中心

主要是进行老年人日常生活的监护，开通 24 小时服务热线和紧急呼救系统，有利于及时发现并紧急处理老年人在家中可能遭遇到的各种生活意外事故，快捷有效地进行危机干预。例如大连市西岗区投资200万元建立社区数字化呼叫系统，并开设了热线电话和服务网站，在全区建立起以区数字化呼叫系统为中心、以街道社区服务网站为关节点、以居民家庭呼叫器、电话、计算机等为终端，构建起"一个平台、两套系统、三大服务功能、四种求助方式、十大服务系列"的数字化社区服务体系[172]。

社区生活援助服务应建立个性化的针对高龄、空巢、独居及非自理老年人不同需求的多层次、多元化和多项目的服务。例如对高龄老人和生活非自理老人，他们是社区居家养老生活援助服务的重点保障对象，他们会随着年龄的增加生活自理能力逐渐降低，并且容易产生孤独寂寞感，对这类老年人应采取上门照料服务为主，为老年人提供健康护理、生活购物、餐饮制作、卫生清理以及心理咨询等全方位的服务。社区要动员社会各方面力量，组织志愿者开展服务活动，使这些老年人能够在社区中安度晚年。对具有基本生活自理能力但又需要一定照料服务的老年人，可通过日间护理（托老所）、老年康复服务中心等形式提供照料服务。对于身体健康，经济条件也较好的低龄老人、空巢家庭老人，可以通过一定项目的上门服务如家务助理、送餐服务等，让老年人实现居家养老。社区组织要鼓励和帮助老年人积极参与社区发展和社区公益活动，实现"独立、参与、照料、自我实现和尊严"的老年人基本原则。

除上述内容外，社区生活援助服务设施体系的建设还应做好服务队伍的建设和充分引入社会资源为社区居民提供生活服务。

在服务队伍的建设上，一是要做好服务人员的组织管理和技术培训，不断提高服务的质量和水平，做到职业化和专业化；二是要大力发展社区志愿服务，根据社区人员构成的特点培育不同方式、不同层次的社区志愿服务组织；三是政府通过特殊的购买服务方式（服务银行），鼓励和支持社区居民广泛参与志愿服务活动，即现在为社会提供了多长时间的义务服务，将来在需要时也可以获得同等时间的社会服务，以此推动社区志愿服务的规范化、制度化以及法制化。例如美国政府为了倡导青少年到社区服务，1993年总统克林顿签署了"国家与社区服务法案"鼓励青少年服务社区。法案中明确规定，凡做满400小时义工的青少年，美国政府每年奖励其四千多美元的奖学金，这些钱可以用来作为上大学的学费或作职业培训之用，也可用来偿还大学贷款。纽约大学社会工作学院还将社区服务列为必修课，规定学生一年至少要有600个小时的社会服务记录才允许学生毕业[173]。

在充分引入社会资源为社区居民提供生活服务方面，一是要加快完善便民利民服务网络的建设，不断优化社区商业结构布局；二是要鼓励和扶持各类组织、企业和个人兴办生活服务项目，重点发展社区居民购物、餐饮、家庭服务和物流配送等服务，不断根据居民需求调整服务业态，创立服务品牌；三是鼓励服务类企业运用连锁经营的方式到社区设立便利店、生活超市和早餐网点等便民利民网点。例如日本的和民公司，这是一个在日本有着众多连锁店的大型餐饮企业，长期以来一直以居酒屋的形式经营餐饮业。面对日本老龄化社会的发展现状，后来将店铺经营扩大到为店铺周边地区的老年人提供上门送餐服务，2004年设立了以访问援护和看护为主导业务的子公司，2005年又将业务范围拓展到经营和管理养老设施、日间看护设施等方面，提出一天24小时和一年365天为老年人提供健康的餐饮服务和生活援护，成为老龄化社会企业帮助提供地域化生活援助服务的范例。四是鼓励邮政、金融和电信等公用事业服务单位在社区设点服务点。通过合理的规划与建设，建立结构均衡、竞争有序的社区商业体系，实施以"便利消费进社区、便民服务进家庭"的社区商业"双进工程"。

### 5.3.4 社区居住环境的居住场所体系

养老居住场所体系的建构既是对老年人养老居住物质环境的空间规划，也是实现"老有所居"的重要保障。科学、合理地进行系统性的分类与组织，既是居住场所与养老服务多层次对应关系的建立，也为老年人养老居住方式的多样性选择提供了条件。不同国家结合自身的社会与经济发展条件、老年人的养老居住需求等设立了相应的养老居住方式，在长期的实践中积累了丰富的发展建设经验，为我们建构适合我国老龄化社会发展的养老居住场所体系提供了有益的参考。

英国早在1969年就由住房建设部制订出了早期的《老年居住建筑分类标准》，1986年由英国老年人协会（HtA，Help the Aged）制定并颁布了《老人住宅分类标准》，2002年英国卫生部又颁布了社会服务机构全国最低标准（NMS，national minimstandard）。在1986年制定的《老人住宅分类标准》中，几乎涵盖了所有老年人居住建筑的类型，按照建筑形式和服务内容可分为继续住宅（staying put）、退休住宅（retirement housing）、照护住宅（care homes）、居住性照护住宅（residential care home）和护理机构（nursing agency）五种类型（表5-6）。

1986年英国老人住宅分类（根据建筑形式和服务内容的不同来分类）　　　表5-6

| 类别 | 基本含义 | 建筑及布局形式 | 服务内容 |
| --- | --- | --- | --- |
| 继续住宅 | 指老人能够在原来生活的住宅中继续居住的住宅。 | 未经过特别设计的一般住宅，或对原有住宅进行针对性改造能够基本满足老年人的居住。对于很多老年人而言，他们拥有的住宅可能是一生中最大的投资和财富，现在的居住场所也是老年人熟悉的社会环境和社交关系的纽带，难以轻易舍去 | 加强照护服务，与其他弱势人群的照护服务一起被整合在居家照护服务中心内，基本上所有老人都被覆盖在照护体系内 |
| 退休住宅 | 指专门为老人建造，适合那些可以独立生活但需要少许帮助的老人居住 | 退休住宅通常有退休平房（retirement bangalows）和退休公寓（retirement flatlets）两种形式。退休平房最常见的单元形式是两间卧室加上厨房起居的两房两厅模式。其社区的规模通常在20～30个单元，平面布局主要有庭院式和行列式，普遍采用了多层住宅形式 | 能满足老年人的基本居住要求，但退休住宅多数需要购买产权，出租部分相对比例较少 |

续表

| 类别 | 基本含义 | 建筑及布局形式 | 服务内容 |
|---|---|---|---|
| 照护住宅 | 指有目的地为独立生活的老年人建造而且设备齐全的住宅 | 类型一：基本建筑形式有连排式、阶梯式、院落式、外侧单廊的多层住宅等，常见单元形式带有浴室与厨房套间，规模在20~30个单元 | 配置了管理员服务和安装了集中紧急呼叫系统 |
| | | 类型二：所有单元提供浴室和小型厨房，每个房间必须安装集中紧急呼叫系统，单人房的面积不得低于40-45m²，双人房的面积不得低于55-65m²，在整个照护住宅内，必须提供管理员卧室、管理员办公室、特护浴室、洗衣房、理发室、电话室、会客室等 | 配备管理员以及其他社会服务功能，适合那些身体虚弱的老年人居住 |
| | | 类型三：采用双面布局的中廊形式，为了改善封闭走廊的压抑感，对门户空间进行人性化处理；提高了居住单元标准，单元内的卧室与起居空间分开，并可以根据无障碍标准作适应性调整，单元面积提高到平均75m²；增加了专业服务设施，强化了交通设施的无障碍要求，规定多层建筑必须提供至少一部电梯，增加了环境设施要求，必须设有开放空间或者庭院供入住者休憩活动 | 向入住的老年人提供餐饮服务，至少提供一顿正餐；向入住老人提供可选择的照护服务；专职管理员要负责协调社会服务与照护工作 |
| 居住性照护住宅 | 针对精神与身体都很虚弱的老年人，提供不间断护理的机构住宅 | 虽然包含"住宅"的概念，但实际上采用的是以慢性病医院为原型的集中式建筑形式。居住性照护住宅几乎都是人均面积较小的多人房间，净面积最低标准是单人间不低于9m²，双人间不低于15m²。由于不是以家庭方式居住，单元内没有厨房，厕所浴室也较少见，配置最基本的洗手池 | 不仅涵盖了照护住宅所有的服务内容，并且能够进一步提供全面的照护服务，还可以提供非正式的医疗服务 |
| 护理机构 | 针对那些身心虚弱或者受到疾病困扰的老年人，向他们提供专业医护服务的机构 | 常见的护理机构除了护理之家外，还有老年病医院，以及其他医院诊所附设的护理部门。在建筑形式上采用类似医院的建筑布局，住宅的居住功能弱化 | 涵盖了一般医院的大部分内容，包括除了急性病治疗以外的全部功能，例如照护、医护、康复、短期居住等 |

瑞典是世界上兴建老年人居住建筑比例最高的国家，占全部老年人口12%的老年人都居住在各种形式的老年人居住建筑内[174]。

瑞典的老年人住宅多采用低层、分散的布局形式，保持了传统瑞典民居的形式特点。瑞典的老年人住宅又可分为普通住宅（ordinary housing）、合居住宅（group home）、年金者住宅（pensioner housing）、服务住宅（service housing）、老人之家（old age home）和护理之家（nursing home）六种类型（表5-7）[175]。

在瑞典的老年人居住建筑中"合居住宅"是最新也是最受欢迎的居住形式，"合居住宅"的特点是具备照护功能的住宅，为了提供照护服务往往与照护服务中心临近布局，或者几个单元临近布局以共享一个服务中心，"合居住宅"也有从老人之家或者护理之家改造而成，因此可以充分利用原有设施的服务功能。

新加坡的老年人居住建筑经历了三个阶段的发展。在1990年之前的第一阶段积极鼓励老年人与子女合居或相邻居住；1990年后进入到开始为空巢老年人建设"庇护住宅"的第二阶段；从 1998 年开始进入到"有目的建造"老年人居住建筑的第三个阶段，开始实施"乐龄公寓"计划。

瑞典老年住宅的类型　　　　　　　　　　　　　　　表 5-7

| 类别 | 基本含义 | 建筑及布局形式 | 居住对象 |
| --- | --- | --- | --- |
| 普通住宅 | 即传统住宅，实际上众多的老年人更倾向于居住在社区内的普通住宅中，这也是"居家养老"思想的前身 | 政府从 20 世纪 70 年代开始重视普通住宅的建设，其标志是《建筑基准法》的颁布，进一步强化了政府对于老年人居住普通住宅的帮助，如 1983 年提出的"住宅改善 10 年计划"，强调了提升住宅品质 | 绝大多数的瑞典老年人生活在原有的住宅内，身心障碍者也可以在普通住宅内生活 |
| 合居住宅 | 采用住宅形式的小型机构，其规模一般仅为 6~8 人，以保证合居住宅内形成类似家庭的生活氛围。合居住宅能避免采用大尺度的机构形式，而采用类似传统民居的建筑式样 | 合居住宅的原型是住宅。合居住宅不仅具备住宅的外形，其内部格局也是住宅的形式。每个单元都具备完整的住宅功能，除了卧室与起居空间外还配备有独立的厨房和浴室。每套住宅内有入住者与照护服务员工共有的厨房、餐厅与起居室。合居住宅中设有公用的大面积餐厅或客厅，这样既有利于营造家庭气氛，又可以增进他们社会交往的活力 | 居住者多为无法独立生活需要不间断照护服务的老人，尤其以患精神痴呆的老年人居多。照护人员与居住者之间可以得到很好的互动，例如共同进行家务劳动，共同用餐等等 |
| 年金者住宅 | 专门为享受年金的老年人建造的住宅 | 形式多样，有独立式，也有混合在其他住宅项目内的形式，规模大小各异。与普通住宅的主要区别在于年金者住宅仅仅提供给老年人居住，单元面积一般控制在一室一厅的 40m² 到两室一厅的 70m² 左右，住宅中设有专职"家庭助手"（home helper）在日常生活中为老年人提供帮助 | 居住者多为身体健康，生活独立，不需要特殊照护服务的老人 |
| 服务住宅 | 专门为老年人建造的附设服务功能的住宅，始于 20 世纪 70 年代 | 服务住宅的单元形式主要分为 45m² 的一室一厅和 65m² 的两室一厅两种类型，其设计特点：①增加了大量服务功能，例如餐厅、医务室、诊疗室、健身房等，改善了入住老年人的生活条件；②增加了比较全面的监控报警功能，所有单元内都装有紧急呼叫系统，设置监控室；③扩大了基本规模，住宅的规模一般在 40 套左右，较大规模的可以达到 100 套；④新建集中式老年人住宅大多建设在市区内，与普通居住区联系便利；⑤达到了无障碍设施标准，提高了居住性能 | 服务住宅的居住者多为身体健康，但需要一定的照护服务才能独立生活的老人 |
| 老人之家 | 专门为老年人建造并提供社会服务、个人照护医护服务的机构设施 | 以医院为建筑原型，采用单人间和多人间的居住方式，从 20 世纪 70 年代开始单人间的设置比例开始不断增大，单人间内设有专门的浴室和简易厨房。公共设施包括公共起居室、餐厅、酒吧、活动室、图书室、理疗室等设施 | 居住者主要是身心虚弱，对于照护服务有一定依赖性的高龄老年人 |
| 护理之家 | 专门为老年人建造并提供专业医护服务以及慢性病治疗的机构设施 | 护理之家要求所有的病房都应该采用附设浴室的单人房模式，尤其强调病人的自主性与私密性，甚至允许老年人把自己的生活用品以及家具等带进设施中 | 入住者主要是身心虚弱或受到疾病困扰无法独立生活，且严重依赖医护服务的老年人 |

目前新加坡的老年人基本居住在普通住宅、多代家庭住宅、老年人集合住宅、乐龄公寓这几类居住建筑中（表5-8）。

**新加坡三种老年住宅的比较** 表5-8

| 类别 | 多代家庭住宅 | 老人集合住宅 | 乐龄公寓 |
|---|---|---|---|
| 建设规模 | 建设量最少 | 建设量一般 | 建设量一般 |
| 居住面积 | 面积最大 | 面积最小 | 面积有35m²和45m²两种标准 |
| 入住者年龄 | 拥有成年子女的社会家庭，反映了社会的老龄化水平 | 规定老年人居住者比例不得超过50%，老龄化程度略低于乐龄公寓 | 全部面向55岁以上的老年人，老龄化程度非常高 |
| 产权关系 | 出售单元，居住者拥有产权 | 出租单元，居住者没有产权 | 出售单元，居住者拥有产权 |
| 建筑形式 | 板式高层建筑，多采用外廊式布局 | 板式高层建筑形式，多采用内廊布局形式 | 板式高层建筑形式，多采用内廊布局形式 |
| 活动设施 | 利用住区一般配套建设的设施 | 设置一些需要的活动设施，包含体育设施、娱乐设施及文化设施 | 设置一些需要的活动设施，包含体育设施、娱乐设施及文化设施 |

借鉴国外老年人养老居住场所体系的划分方式以及建设方法，结合我国老龄事业发展"十二五"规划提出的建立以居家为基础、社区为依托、机构为支撑的发展建设策略，我国老龄化社会城市社区的居住场所体系建设应从"居家养老"住宅体系和养老居住设施体系两方面开展进行（表5-9）：

**社区居住场所体系** 表5-9

| | 类别 | 居住形式 | 居住对象 | 生活帮助 |
|---|---|---|---|---|
| 居住场所体系 | "居家养老"住宅体系 | "终生可居住"住宅 | 一般老年人 | 借助家庭、社区的生活援护服务 |
| | | 老年住宅 | 生活能够自理，但对住宅有一定特殊要求的老年人 | 借助家庭、社区的生活援护服务 |
| | 养老居住设施体系 | 社区养老居住设施 | 生活基本能够自理，但需要时时看护的老年人 | 老年人的互助，设施服务人员的帮助 |
| | | 城区养老居住设施 | 生活自理能力弱，需要时时照护的老年人 | 设施护理人员的生活照料 |

（1）完善以"居家养老"为核心的居住环境建设。积极推广"终生可居住"住宅建设和既有住宅的"适老"改造，将老年人的安居养老住所融入社区普通住宅的建设中，同时在社区中适量建设针对特殊养老居住需求的"老年住宅"。

（2）要科学地从城区和社区两个层面进行养老居住设施建设。在城区内适量建设具有一定规模的老年人养老居住设施，其作用可以为在城区内生活严重不能自理且无法得到家属看护的老年人提供良好的全方位养老服务，同时也可以作为提高护理人员服务水平的培训基地。应把重点放在社区养老居住设施的建设上，尽可能帮助虽然无法实现"居家养老"但却具有一定生活自立能力的老年人继续生活在他们熟悉的社区环境之中[63]。

1. "居家养老"住宅体系的建设

"居家养老"是城市社区老年人养老居住的主要方式，要使老年人的"居家养老"生活方式得以实现，就必须做到城市住宅的可持续使用。将重点放在"终生可居住"住宅的规划、设计和建设中，为满足"居家养老"提供空间上的物质条件。

"终生可居住"住宅是指通过对城市住宅进行适当的改造以适应人的一生不同阶段生活需要的住宅，它是实现"老龄化社会居住环境"中住宅建设的核心部分，可以从两个方面进行建设。

1）对现有住宅的终生可居住改造

现有城市住宅在满足"居家养老"要求方面普遍存在着一些问题，例如室内地面存在高差、出入口过小、缺少扶手、地面易滑、无紧急呼救系统以及在厨卫设施的尺度上都无法满足养老居住的需要。政府可以通过一定的奖励和资助办法来鼓励居民对这些部分进行阶段性"适老"改造，满足居民"居家养老"的需要，实现现有住宅的可持续利用。日本东京都的江户川区对所有准备"居家养老"而计划对住宅进行改造的老年家庭，施行了改造工程费用由政府全额负担制度，这项政策的实施有效地促进了社区内老年人养老居住条件的改善[51]。

2）新建住宅的终生可居住设计

为使今后新建城市住宅能够满足"居家养老"的需要，在住宅开始设计和建造时，就把将来老年人可能产生的居住行为需求变化考虑进去，采取相应的技术措施，为住宅的终生可利用创造条件。在住宅的平面设计上，将住宅套内的一间卧室设定将来为老年人使用，使这间卧室与起居室、卫生间邻近，跃层式住宅应将老年人卧室设置在底层[51]。卫生间的设计应考虑将来老年人在使用过程中需要援助时，满足护理人员在操作上所需要的空间。室内地面的高差和装饰材料易滑是造成老年人在家庭中发生身体伤害事故的一个重要原因，因此在老年人日常活动的区域内，地面尽可能不设高差，特别是在厨房、卫生间的门口处，户内各房间地面应采用防滑建筑装饰材料[176]。卫生间、楼梯、玄关入口和走道等将来要设置扶手的部位，应设置能够安装扶手的预埋件。住宅内的供水设备、电器设备、煤气设备要充分考虑老年人使用的安全性和易操作性。老年人卧室、厨房和卫生间内可设置呼救系统的预留埋线，便于将来与社区老年人服务管理网络连接，实现远程监护。

"老年住宅"是指以老年人或老年人家庭为主要使用对象，为满足他们的居住需求而设计建造的住宅。在社区居住场所体系的建设中，应将独居型、合居型和邻居型"老年住宅"融贯在城市社区住宅之中进行建设。

#### 2. 养老居住设施体系的建设

以往城市建设的养老居住设施对老年人的居住生活通常采用集中的管理方式，封闭的环境使老年人远离社会，制度化的管理模式使老年人缺少亲情，习惯把老年人单纯视为是需要被照顾的对象，缺乏对老年人生活行为自由的尊重。借鉴国外养老居住设施的发展建设经验，本研究提出将过去城市建设大规模养老居住设施转换到在社区中发展小型化的养老居住设施，这也是适宜"老有所居"城市社区居住环境建设的一个重要内容。

养老居住设施不仅仅是一个公共设施，更重要的是老年人"生活的场所"，在社区中建设老年人养老居住设施，能够让老年人在他们长期生活而熟悉的环境中延续已形成的生活习惯，保持与原有地域紧密的社会关系。由于社区中的养老居住设施仍然保持着城市住宅的居住形态，生活空间和援护服务可以避免过去大规模养老设施出现的程式化和单一化，可以更好地满足老年人不同的养老生活方式和生活行为需求[58]。

同时，在社区中建设养老居住设施易于做到区域范围的合理性和易操作性，有利于充分利用社区的医疗服务设施以及社区生活服务援助。地域化的社区养老居住设施可以视为城市住宅的一个特殊类型，有利于与普通住宅一起在社区中进行科学合理的规划布局。

### 5.3.5 加快养老社会保障制度的建设

#### 1. 不断完善养老保险制度

加快建立和完善养老金、养老保险等养老保障制度。由于老年人的低工资和没有积累养老金以及社会保险等福利的可能性较大，老年人的养老生活常常会面临严峻的困难[177]。养儿防老的传统观念在今天的城市生活中已难以发挥其作用，应尽快建立和完善各项养老保障制度，充分利用国家、社会和家庭等各方面的力量，在经济上使老年人能够自立，是实现"居家养老"模式城市居住环境体系的重要物质条件。

养老保险是国家通过法律、法规形式对因年老而丧失劳动能力的劳动者提供最基本生活保障的一项措施，建立和不断完善现阶段养老保险制度是人口老龄化趋势的客观要求。养老保险制度的建立与完善仅仅依靠商业保险机构是不够的，必须发挥国家机制的作用，通过政府、组织以及机构的共同努力才能实现，日本老年人社会保障制度的发展历程能够给予我们良好的启示。日本社会保障制度中的老年人福利主要经历了4个发展阶段：第一阶段是以1963年通过的《老人福利法》为标志。这一阶段的老年人福利主要以针对那些没有依靠的低收入老人为主，政府为他们提供必要的照顾服务。第二阶段以1973年开始的老人免费医疗为标志。由于战后经济的高速发展使得日本开始学习北欧福利国家的做法，从1973年开始实施了为期10年的老年人免费医疗制度。1982年《老人保健法》的通过标志着进入到第三阶段。由于这一时期国家经济开始出现停滞状况，加之社会福利支出的不断激增，人们逐渐认识到借鉴北欧福利国家的建设方法存在较大问题，使得日本最终放弃了建立"亚洲福利国家"的目标，《老人保健法》的实施，标志着"日本方式福利社会"建设的开始,即以家庭为基础的福利优先、政府与民间共同参与的福利事业。第四阶段是以1989年"黄金十年计划"和1994年出台的"新黄金十年计划"为标志,日本从2000年4月开始实行《介护保险法》,它规定40岁以上的人都可以参加此项保险,被保险人可以通过缴纳一定数额的保险费为以后获得社会提供的看护服务提供补助,待到将来需要看护时,可向保险机构提出申请,经看护认定审查机构确认看护等级后,就可以享受到看护保险制度所提供的看护服务,被保险人只需要承担整个看护费用的10%,剩余部分由看护保险来负担。老人福利从完全由年轻世代负担的旧制度改革为包括老年人在内全体国民共同负担的新制度。经过多次改革,日本的福利制度体现了更多的社会公平性,减轻了财政负担,不断深化了国家福利制度的可持续性[178]。针对日本社会出现的高龄化现象,日本政府还通过修改雇佣保险法来积极推动高龄人员得到雇佣,奖励大量雇佣高龄老人的企业,同时还采取鼓励企业延长职工退休年龄,通过增设"高龄老人继续就业补助制度"等措施,引导老年人由"老有所养"转变为"老有所为"。

"居家养老"是我国老龄事业发展的基本国策,日本2000年实施的《介护保险法》为我们完善养老保险制度提供了重要的参考,这项法律的颁布不仅引入了市场机制、改善了养老年金代际分配中出现的不公现象,更重要的是保证了所有生活在社区中居家养老的老年人可以通过国家经济上的补助而获得高质量的照护服务,从生活援助的角度为居家养老提供了有效的保护。

2. 建立高效的医疗保障机制和卫生服务网络

加快完善基本医疗保障制度,医疗保障是实现"居家养老"的重要基础。要使老年人在社区中生活的安心与放心,特别是在身体遇到紧急情况时能够得到及时的救治,就必须建立起有效的医疗保障机制,要在已经基本形成的全民医保制度框架下,进一步提高老年人的医保水平,努力做到应保尽保,并且不断改进医疗保障服务的能力与质量。

1997年国家发布了《中共中央国务院关于卫生改革与发展的决定》,提出了"改革城市卫生服务体系,积极发展社区卫生服务,逐步形成功能合理、方便群众的卫生服务网络"的建设目标。社区医疗保障是经济发达国家经过几十年的探索与实践形成的最佳卫生保健服务(特别是老年服务)模式,处于整个国家卫生服务体系中的第三环节,与大型综合医院、各类专科医院共同形成一个多层次全方位的医疗卫生保障体系。社区卫生服务,它是以老人、妇女、儿童和慢性病患者为重点服务对象,以满足基本医疗卫生服务需求为目的,为社区群众提供预防、医疗、保健、康复、健康教育等基本卫生服务。要让老年人在社区中能够身心健康的生活,就必须加快建设城市社区卫生服务体系,按照政府主导,鼓励社会力量参与,多渠道发展社区卫生服务的原则,合理配置人力资源,保证功能发挥,提高运行效率,加快发展社区卫生服务,努力为老年人的居家养老提供安全、有效、便捷、经济的卫生服务。

### 3. 尽快制定相关的政策、法规和规范

要使得城市住宅在适宜"老有所居"的城市社区居住环境体系中发挥重要作用，就需要建立一系列相应的实施政策和激励机制。例如在住宅区的规划和住宅设计上，要把为住户将来实现"居家养老"提供充分便利的使用条件、提高老年人"居家养老"的安全性和舒适性作为一项对规划设计方案的重要评价指标。在我国目前的经济发展条件下，要实现"居家养老"单靠住宅的市场调节作用是难以实现的，必须依靠政府通过政策和规范来进行指导和管理。例如在法国的养老设施建设中，由于非营利组织的积极参与，使它成为缺乏资金动力的公共机构和对养老事业缺乏关注的私人投资机构之间的联系者和协调者，发挥出了重要的作用[179]。日本政府建设省在1995年发布了"长寿社会对应住宅设计指针"，对城市住宅的设计提出了终身可利用的具体要求。最近，日本政府又决定对于满足主要卧室面积大于25m²，住宅内部零高差，设置了24小时管理员用房的城市住宅，给予建设费用1/10的资助[180]。这种通过相关政策和规范的执行以及经济的杠杆作用来进一步推动终身可利用城市住宅的建设，给我们提供了良好的借鉴。

另一方面，适宜"老有所居"的城市社区居住环境建设需要通过社区发展规划的制定和实施来实现，但是在公众参与这个环节，我国与西方国家的社会基础和发展背景有着较大的差异，关于公众参与社区规划，至今还没有可行的政策和法律保障，因此也没有相应的一套完整的程序支持。同时，社区规划在城市规划学科中的概念还有待于进一步明确，与住区规划的衔接，物质与非物质两部分规划的相互关系处理等还需要在政策、法规层面进一步补充和完善，在技术、规范层面进一步研究和制定。

### 4. 切实有效地保护老年人的合法权益

老年人随着年龄的增长，体力、精力开始出现衰退，逐渐成为社会人群中的相对弱势群体，造成社会上侵犯老年人合法权益的现象时有发生。保护老年人的合法权益，既是一项非常重要的宪法原则，也是实现老有所养、老有所居的重要条件。1996年10月1日起施行的《中华人民共和国老年人权益保障法》，明确了老年人有获得家庭赡养与扶养以及社会保障的权利，维护老年人的生活保障权、健康权、文化教育权和生活照料权，体现了一个社会的发展水平和文明程度[181]。胡锦涛总书记也曾经说过："人的一生总要经历少年、青年、壮年和老年时期，尊重老年人就是尊重人生和社会发展的规律，就是尊重历史。"老年人是否能够安居养老，已成为查看社会发展进步的一面镜子。

老年人的权益保障是一项系统工程，涉及包括财产、婚姻、赡养、继承等许多方面。《老年人权益保障法》的颁布，促进了社会、医疗、失业保险及城市居民最低生活保障等方面的政策、法规相继出台。要更好的避免老年人的合法权益受到侵害，还需要进一步完善《老年人权益保障法》，特别是落实《老年人权益保障法》的实施细则，不断完善操作程序。同时还需要建立包括司法、政府和社会等多部门、多形式的老年人权益保护体系，只有如此才能够切实有效地使老年人的合法权益受到保护。

要建设老龄化社会适宜"老有所居"的城市社区居住环境，我们就必须不断完善和提升养老保险、医疗保障、社会福利与社区服务等方面的制度内容和服务水平，充分运用法律和道德等手段，促进老年人各项合法权益的实现。只有在经济保障、医疗保健、生活服务等方面对老年人实行良好的服务，才能使老年人充分享受到社会的尊重和关爱。

### 5.3.6 社区居住环境的空间规划与建设管理

社区居住环境物质空间规划的编制是在社区组织自上而下的领导下，以社区发展规划为基础，通过社区居民自下而上的积极参与，以满足居民的生活需求为目标，聘请规划专业人员主要编制社区居住场所、社区服务设施和户外活动场地三个建设规划（图5-5），以这三个规划为依据，对社区开展的居住环境建设进行指导。

在居住场所的建设中，依据规划对社区住宅的建设提出要满足"终生可居住"的要求，并对住宅的规模数量、容积率、高度与形式提出建议。结合社区的老龄化发展趋势，提出"老年住宅"的配建形式、建设数量及分布方式。在老龄事业发展"十二五"规划提出的每千名老年人拥有30张养老床位的建设目标下，对社区养老居住设施的建设规模及配置方式提出具体建设要求。

在社区生活服务设施的配套建设中，结合社区服务设施规划提出的建设目标，对健康卫生服务设施的建设数量、服务功能及分布方式提出具体要求。对生活援助服务设施各类型的配置方式、服务内容、服务半径进行合理的组织，满足社区居民生活便利性的要求。以丰富社区居民的文化生活为目标，对社区文体娱乐设施的建设规模、功能构成和分布方式进行指导。

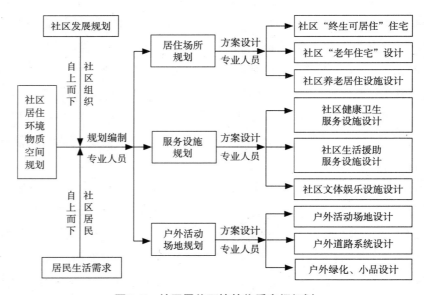

图5-5　社区居住环境的物质空间规划

在社区户外活动场地的建设中，结合规划对活动场地的分布区位、活动内容进行组织，对社区的道路系统进行安全、便捷性改造，结合地域气候特点进行绿化种植，设计营造社区文化氛围的景观小品和满足休憩、交流的空间场所。

在社区居住环境建设中社区组织应当充分发挥好指导、监督和管理作用。以往的城市建设项目行政许可审批过程中并没有体现社区的作用，因此社区发展规划的指导作用无处发挥，建设项目是否与社区居住环境发展目标相符合也缺乏相应的审查程序。

社区居民是社区居住环境的直接利用者，结合社区居民的生活需求与社区发展规划制定的社区居住环境空间规划是城市发展建设的重要依据，因此本研究建议针对在社区中进行的商品住宅、保障房以及生活配套公建等项目，在目前实施的建设项目行政许可审批流程中非常有必要增加社区的指导、监督和管理环节（图5-6），这样才能真正使得社区居住环境规划得以贯彻实施。

从建设项目的立项到项目建成后的交付使用，社区组织应当依据社区的发展规划、特别是居住环境物质空间规划对建设项目进行指导。立项初期，建设方应当积极了解社区制定的发展规划，听取社区对项目建设的指导意见，行政审查单位应将社区居住环境物质空间规划作为立项规划、选址意见和用地审批的重要参考依据。在项目规划设计审批阶段，规划管理部门应当结合社区居住环境空间规划对建设方提出项目规划、设计条件，并以此作为审批建设工程许可的依据之一。在报建施工、工程建设和总体验收阶段，项目建设方必须听取社区的指导意见，尽量减少因工程施工对社区居民生活的影响，行政审批部门应将社区对工程项目的反馈意见作为建设工程合格验收的参考条件。项目建成交付使用后，社区要对项目的物业管理提出相关的建议和要求，以确保项目使用效率的良好发挥和社区居住环境质量的改善与提升。

## 5.4 老龄化社会城市社区居住空间的规划与指标控制

新中国成立初期，我国城市居住空间的规划模式借鉴了西方的邻里单位和苏联的居住街坊，发展到20世纪60年代，初步形成了基于邻里单位理论的小区规划理论，后来通过推行小区试点以及方法的总结，城市居住空间逐步形成了"小区—组团—院落"和经过改良形成的"小区—院落"组织结构，组织模式却仍然保留了邻里单位的组织方式，即以一所小学能够提供的服务人口来划定居住空间的人口规模，将公共设施提供服务的辐射半径作为限定居住空间的用地规模，这种组织方式使得城市中形成了功能性质同质的众多居住空间。

无论是邻里单位，还是小区模式，都是以功能主义的城市规划理论为基础，体现出功能至上的特点，因此采用等级化的城市组织结构，将城市居住空间分解为住宅、服务设施、道路和城市绿地等一系列子系统，并将各个子系统再分解形成等级化的树形结构，建立起量化的控制指标。虽然这种规划模式具有形式简化和易于操作的特点，但忽视了人对居住

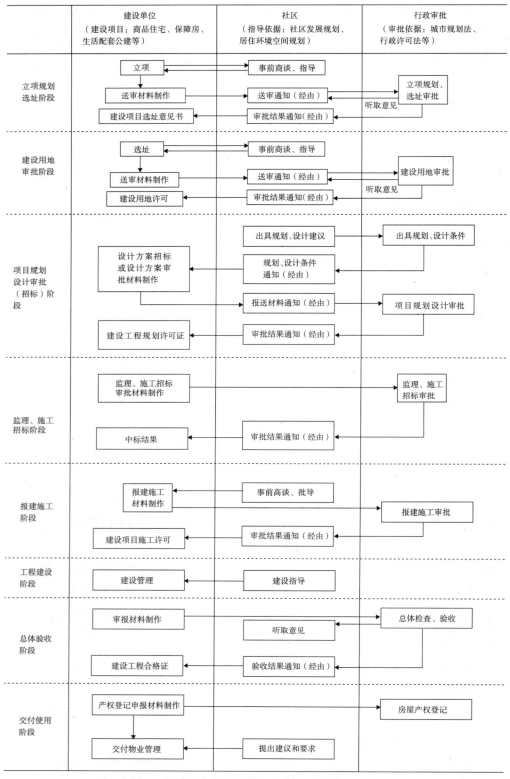

图5-6 社区建设项目的行政许可审批管理流程

空间的主体性，以及与人的居住生活相对应的复杂的内在机理，在社会步入老龄化、居住环境建设逐步由"数量"向"质量"发展以及从追求"物质环境"提升到注重"精神内涵"的过程中，传统规划方式就暴露出越来越多的问题。

针对邻里单位存在的问题，国外研究城市规划的学者开始反思功能主义的城市规划理论，倡导以社区理论取代邻里单位模式作为生活居住空间建构的理论依据。社区理论将人的居住环境视为一个整体，强调人的主体性，重视生活与物质环境的对应，追求环境的多层次性和生活模式的多元化复合。因此提出居住空间在组织结构上应从树形结构向良好的邻里生活、丰富的社会网络结构即多功能复合结构回归。

在进入老龄化社会、城市居住空间的组织方式需要不断发展以及尽快营造适宜"老有所居"的城市社区居住环境的今天，改变居住空间规划的小区模式，调整和完善规划的指标控制，其必要性和迫切性是不言而喻的。将社区作为养老生活环境的基础空间单元，因此在社区的空间布局、指标控制、物质设施、生活服务等方面都应充分考虑老年人的需要。

### 5.4.1 社区居住空间的布局规划

我国城市居住社区的物质空间大多是以城市规划的居住区为基础，并以街道—居委会行政管辖范围为单元，按照行政区界、道路、河流以及其他自然边界进行切块，简单的划分社区，这种划分方式带有明显的城市传统行政管理体制的特点，缺少对社区的地域、成员、共同意识、空间和组织结构进行全面、系统和均衡发展的考虑，因此存在的缺陷是显而易见的。要建立适宜"老有所居"的城市社区居住环境，就"物质空间"的建设而言，必须科学合理地进行地域空间规模的控制和组织结构的建立。

1. 居住空间的规模

长期以来我国城市对居住空间的规划沿袭了以居住区、居住小区和居住组团三级划分、逐级深入的规划方法，城市住宅区的用地范围通常是依据城市总体规划中的路网结构来划定，城市的路网间距形成了住宅区的用地边界。目前我国城市中的路网间距通常为400m左右，因此形成的城市住宅区用地单元规模一般均在十几公顷左右，这种依照交通干道确定范围的方法也是邻里单位和居住小区规划理论指导的结果[182]。有学者曾经对入选《中国小康住宅示范工程集萃》和《中国城市住宅小区建设试点丛书——规划设计篇》中的住宅小区规模进行过统计分析，在总计44个小区中，用地规模在10hm$^2$以上的小区占到总数的81.81%[183]。从一般居住者的日常生活活动范围以及人对居住环境的认知能力上分析，10hm$^2$的居住区在规模上明显偏大。此外，在居住区规划指标的控制上由于对各级居住空间限定了固定居住人口，一般分为居住区3～5万人，居住小区1.0～1.5万人，过大的人口指标也导致了居住空间规模的过大。

社区居住空间的建设必须有助于良好邻里与社会关系的营造，生活在社区中的居民从相遇、相识再到个人交往人群的建立，一般会随着异质性人群的人数增加而减少。因此，为了使居住空间的尺度和规模更能体现人的主体性，能够符合人对居住环境的控制与认知能力，合理限定居住空间的规模是十分重要的。

人对居住空间的认知能力与人的视觉能力密切相关。当距离超过 130～140m 时，人的视力能力就无法清晰分辨远处人的轮廓、服饰和性别等，因此街区中街与街之间的距离以人的辨识能力为依据控制在 130～140m 比较适合。吉伯德（Fredderik Gibberd）通过研究提出了城市居住空间范围不应大于 137m[184]，而亚历山大（Christopher Alexander）也认为人的认知范围直径应不超过 300 码（约 274m）[185]，因此通过换算可以得出适宜的居住区规模应控制在 5hm² 左右，国内一些学者通过研究也提出了居住区空间范围 4hm² 的土地规模[182]。

缩小居住区的空间规模既有利于增强居民之间的邻里交往，又能够为控制住宅的开发强度提供有效手段。同时，小规模的居住区有利于在其周边配置公共服务设施，提高服务设施的网络覆盖面和利用效率，缩短日常生活购物的出行距离。控制居住区的空间规模还能够有助于形成居住空间的多样性，避免应"房价滤网"导致的同质人群的大规模聚集。

2. 居住空间的组织结构

现状社区中的居住区在空间上通常被规划的路网边界所控制，形成 10hm² 左右的用地规模，通过对住宅区进行详细规划，形成整个地块由外围向内部逐渐降低的高层住宅布局方式，再将根据千人指标配置的设施和商业开发项目布置在地块的周边形成沿街裙房，这种规划布局成为目前社区居住空间组织结构的典型模式。由于这种规模的住宅区周边道路通常为城市干道，宽度一般在 20～30m，繁忙车流量的阻隔和过宽商业街尺度很难形成良好的商业氛围，特别是老年人在跨越道路时很容易引发交通安全事故。

当将住宅区的规模缩小，把 10hm² 的用地规模分解为 3～4 个居住区进行布局时，公共设施的布置以及其他职能空间的插入就会变得比较容易，易于形成各种功能空间的交叉利用，由此形成新的居住区空间组织结构（图 5-7）。

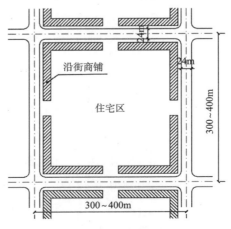 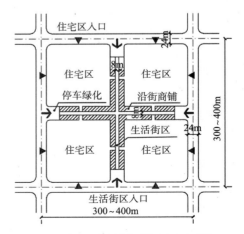

（a）传统住宅区的空间组织结构　　　　（b）住宅区小规模化后的空间组织结构

图5-7　社区居住区空间组织结构的转型

这种新的组织结构的具体内容是将过去沿住宅区周边干道布置的设施裙房，通过住宅区规模的缩小，在地块内部几个小规模住宅区之间进行设置，小规模住宅区之间的道路设为 6～8m 的步行街道，两侧布置各类配套服务项目和商业店铺，形成生活设施、商业设施等多重、交叉功能的步行商业街。这种空间组织结构既有利于形成通行安全、到达便利、商业氛围浓厚的生活街区，又为各个居住区的居民（特别是老年人）创造了一个良好的相识、相知的交往场所。同时住宅区面临干道一侧由于去掉了沿街商铺，住宅区内部的绿化空间成为新的街景，既增强了街道的开放感，形成丰富的社区沿街景观，又便于住宅区人行出入口和地下车库出入口的安全设置。

居住空间的小规模化组织是社区居住空间布局规划的关键，是老龄化社会城市社区居住环境营造的重要方式，也是城市多功能复合网络建构的有效途径，其优点主要表现在：

1）开放与富有活力的社区生活街区

社区生活街区是集社区景观、生活购物、社会交往与社区管理等一体的多功能复合空间，是容纳丰富社区活动和展示社区活力的生活空间，它具有半公共的城市空间属性，是社区与社区相联系的社会性空间，是社区居民就近体验城市生活魅力的功能性空间，包括满足老年人迫切需要的文化与精神生活（图5-8）。

 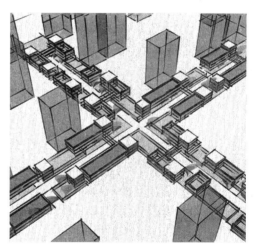

（a）生活街区透视　　　　　　　　　　　（b）生活街区鸟瞰

图5-8　社区居住空间中的生活街区

2）适宜的社区步行系统可达性

生活街区的植入增强了社区居住空间的微穿越，倡导步行交通实现了机动车在步行范围之外的过滤，与社区各类公共设施相连的独立步行系统的建立可以有效缓解城市交通压力。老年人在出行目的、时间、交通手段选择方面通常表现出多样化特点，根据老年人身心特征和特殊交通需求，重视步行交通可以提高老年人社会交往和生活质量。

### 3）柔性的社区边界开放空间

弱化社区空间的独立性，更强调城市的整合。通过生活街区作为社区居住空间中心的线性表达，即完备的社区公共设施、适宜的社区步行系统、平等的介质亲和空间，它也是各个社区之间的柔性边界，促进社区空间的开放。

#### 5.4.2 社区居住模式的规划指标控制

城市人口出生率不断降低、老年人口比例不断升高，这是城市进入老龄化社会的典型特征。家庭平均人口数量和人口结构的变化对城市社区居住环境的规划提出了新的要求，特别是对城市用地结构和居住小区配套设施的规划指标控制产生重要影响。

1. 用地结构与公建配套设施面积指标

目前的城市用地结构，都是基于以往的规划理念与方式，并没有充分考虑到老龄化社会的到来对整个城市的用地结构，其中包括住宅、公共设施、公共空间、道路交通等各项用地的规划布局以及相应的规划设计都会产生重大影响。在现行的《城市用地分类与规划建设用地标准》所划分出的 10 大类、46 中类和 73 小类城市用地分类中，还没有将养老居住与养老服务等设施用地单独标明出来。该类用地仅在 C36 小类的游乐用地一项中提到了老年活动中心，显然这样的城市用地类别划分已不能适用于老龄化社会的城市建设，不能解决老龄化社会所面临的城市用地规划问题。因此，应首先考虑在城市规划用地类型中增加"老龄人口用地"的地类，城市规划中应对各类老年设施和活动中心的数量及布局进行通盘考虑和统筹安排[186]。各种老年居住与服务设施的建设在今后城市建设中的比例将会不断增多，应将老年设施用地需求的最低标准在规划用地的"中类"用地中进行设置，这也是在城市用地结构方面应对老龄化社会的一项积极调整措施。

其次，还应对城市社区的公建配套设施面积指标进行相应的调整。随着 20 世纪 90 年代中期以后社会经济的快速发展和城市居民生活水平的大幅提高，旧的《城市居住区规划设计规范》中的指标体系已不能适应社会发展的需要，虽然从 2002 年开始实施了《城市居住区规划设计规范（2002 年版）》GB 50180—93，对旧规范在设施分类上增加了社区服务类，设施项目上增加了社区服务中心、敬老院等，但在新修编的"规范"中所列的居住区配套公建的服务对象是无区分的。目前老年人口在很多大城市已超过 10%，但专门服务于老年人的设施如托老所、老年服务站等却还未列入规范[187]，还没有对社区迫切需要的各类老年设施有一个明确的配套指标要求，在分类上也存在将托老所、养老院归类在社区服务类别下的问题。

虽然在目前实施的公共服务设施设置规定中对设施的服务内容、设置规定进行了说明，给出了一般规模要求，但仍然缺少明确设施规模的控制指标。在控制性详规编制中对设施的规模进行测算时，通常采用居住区公共服务设施指标体系中的"千人指标"。千人指标是以每千居民为单位根据公共建筑的不同性质而采用不同的计算单位来计算建筑面积和用地面积的,以"千人"为单位进行公共设施配套规模和内容的控制虽然具有操作上的便利性,但却未能反映出老龄化社会对城市社区公共服务设施指标的影响。主要表现在以下两个方面:

(1)人口年龄结构对设施规划指标的影响。进入老龄化社会后,随着人口结构的变化,即少年儿童人口比例降低、老年人口比例大幅增加,必然会对现行规范中的教育类、文体类、服务类的配置指标产生较大影响。由于"居家养老"国策使得绝大多数老年人生活在城市社区中的居住区内,目前国家标准制定的居住区级每千人 100～200$m^2$、小区级每千人 20～30$m^2$ 的文体设施指标远远低于老年人养老生活的实际需要。

(2)户均人口数降低对设施规划指标的影响。要进行千人指标的设施配套计算,就必须首先确定居住区的总人口。目前常用的方式是以居住区的总户数乘以家庭户均人口所得数值作为居住的人口数量。居住区中的总户数是比较容易统计的,因此目前很多规划设计单位一般采用总户数乘以户均人口 3.5 人来计算居住区总人口的数值。从城市户均人口的统计结果看,自 20 世纪 70 年代末开始,我国城市的户均人数开始降低,由最高时的 4.70 人降低到 2000 年时的 3.14 人,一些特大城市则降低的更多,例如上海,2010 年的家庭户平均人数已降低到 2.5 人[188]。因此,规划计算中高估居住人口数量会导致多占建设用地,并且现实中被高估的部分也未用于老年设施的建设。

要改善和提高社区的养老居住生活环境,就必须全面、系统地研究人口老龄化对社区规划提出的新要求,并且及时将研究成果纳入制定的相关标准和规范中。国家最近颁布了《城镇老年人设施规划规范》GB50437—2007,对老年设施的分级、规模和内容作了规定,在进行社区居住区规划时应保证该规范中的各项指标得以贯彻实施。同时还应该结合该规范的内容对现行的《城市居住区规划设计规范》中有关老年设施方面的相关指标进行修订,使其在居住区的规划设计上更加具有科学性和可操作性。

2. 公共服务设施类型的配置

目前居住区的公共服务设施建设基本是依照《城市居住区规划设计规范》进行配置的,该规范对教育、医疗卫生、文化体育、商业服务、金融邮电、社区服务、市政公用和行政管理设施的面积标准与用地标准都列出了相应的"千人指标"。但在居住区规划实践中,由于各项目所处的环境条件不同,例如对旧城区的居住区改造、城区周边生地上的居住区开发建设等,在公共服务类设施类型的配置上由于基础条件不同,虽然规范提出可酌情增减,但在实际执行中往往缺乏科学的依据。目前教育与社会福利类的设施建设还必须借助规范的执行来实现,而商业、娱乐等服务设施已开始逐步走向市场化,通过市场调节规模与内容。因此,应根据居住区所处区位的发展状况对公共服务设施类型的配置进行因地制宜的动态调整,特别是在与老年人的养老居住与养老服务密切相关的设施类型配置方面。

由于在《城市居住区规划设计规范》的公共服务设施分类中并没有明确的老年设施类

型，导致看似与教育、医疗卫生、文化体育、商业服务和社区服务类都有关联，但在居住区规划的实际落实过程中往往容易造成内容的缺失。同时，在老年设施的类型中除了相关的养老服务设施外，还应包括重要的养老居住设施。因此，应根据老龄化社会的需要对"规范"及时加以调整，老年设施相关类型的配置应该在"规范"中单独、明确地列出。

## 5.5 本章小结

宏观意义上的城市人居环境发展，离不开作为城市构成基础单位的微观社区生活环境的改善与提高。社区不但已成为今天承载城市社会管理和直接服务群众的最基层机构，更重要的是社区还是老年人日常生活的主要区域场所，将未来城市养老居住环境放在社区中建设既能较好地依托城市社区发展的有利条件，发挥社区社会服务体系的效率，又能真正将老龄化社会的城市人居环境建设落在实处。

面对不断增长的社会老龄化进程，结合近年来我国城市社区的发展建设实践，我们深刻地认识到，要解决好日益增多的老年人的安居养老问题，科学地建设适宜"老有所居"的城市社区居住环境是我们最为有效的途径。只有借助社区发展的作用与动力机制，以政府的引导结合社区组织的管理与服务，通过居民的参与、自助与合作，才能最终在社区发展的过程中不断改善社区的居住环境质量，实现老龄化社会"老有所居"的建设目标。

（1）老龄化社会适宜"老有所居"的社区居住环境建设离不开社区的发展，社区发展的重要作用和意义在于着重强调了要推动城市人居环境的整体发展，就不能脱离社区的发展，社区发展既是目标本身，也是体现以人为中心的社会发展的必然要求。

（2）社区发展强调的是社区成员素质的提高、共同意识及社区文化的形成、社区组织与管理机制的建立以及生活环境与服务设施的建设。这些发展建设内容都是我们营造适宜"老有所居"的城市社区居住环境不可或缺的内容。

（3）国内外的社区发展实践证明，社区发展理论对城市社区建设具有重要的指导意义。社区发展的目标就是要增加居民对社区事务的参与，改善社区生活质量，促进社区的整体进步，在共同意识和归属感上得以加强。只有通过社区物质与精神多方面的发展，才能真正改善社区的生活环境状况，建设适宜"老有所居"的城市社区居住环境，离不开社区发展理论的指导，社区发展理论能够有助于我们全面地、系统地解决好城市社区居住环境发展与建设问题。

（4）老龄化社会适宜"老有所居"的城市社区居住环境体系主要由建设管理体系、支撑援护体系和居住场所体系三部分构成，是一个包含着软件建设与硬件建设、物质建设与精神建设、政府主导与居民自治、具体照护与普世援护的多层次、多方面的生活环境体系，框架中各个部分相互关联、相互作用构成一个有机的整体。只有充分发挥好各个部分的作用，整个框架体系才能够形成良好完整的作用机制，才能营造出一个良好的适宜"老有所居"

的城市社区居住环境。

（5）社区作为重要的养老生活环境，在空间布局、指标控制、设施建设等方面应充分考虑社区居民特别是老年人的需要。缩小居住区的空间规模既符合老年人对环境的认知能力，增强邻里交往，又能够为控制住宅的开发强度提供有效手段。改变居住空间的组织结构，既有利于形成通行安全、到达便利、商业氛围浓厚的生活街区，又为公共设施的布置以及其他职能空间的插入创造有利条件。应根据老龄化社会的需要对现行《城市居住区规划设计规范》中有关老年设施方面的相关指标进行修订，老年设施相关类型的配置应该在"规范"中单独、明确地列出，使其在居住区的规划设计指导上更加具有科学性和可操作性。

# 6 满足"居家养老"的城市社区住宅规划设计

对于城市老年人的养老居住方式问题,过去我们一直认为可以通过加快城市养老居住设施和老年住宅、老年公寓、老年之家以及老年住区的建设而得到解决,在城市居住环境的研究上也常常把老年住宅与普通城市住宅割裂开来,忽略了城市住宅在解决老年人居住生活方面应发挥的重要作用,导致大量已建设的城市住宅很少考虑为居住者进入人生老年阶段的住生活提供使用上的便利。

城市住宅应该在解决老年人的安居养老上发挥出应有的作用。以"居家养老"为模式构筑老龄化社会城市社区居住环境体系,是我们在研究城市老年人养老居住问题上将"分离型"的老年人居住环境转换到"统合型"的老龄化社会居住环境方法论的一个转变。老龄化社会城市社区居住环境体系中的"居家养老"主要是将养老的居住场所侧重于人们已长期居住的普通城市住宅,是将过去由子女承担的老年人的经济保障和生活照料转变为从社区支撑援护体系中得到帮助,即使无法与子女同住,也能够使老年人健康、安全地生活在自己的家中,是将老年人的安居养老住所融贯在整个城市社区住宅之中进行建设的居住环境综合体系。

随着城市老年人口的日益增多,我们只有在建设好部分社会养老居住设施的同时,把重点放在满足"居家养老"城市住宅的建设上,才能从根本上解决好大多数老年人的养老居住生活问题[51]。

## 6.1 满足"居家养老"的城市社区住宅

长期以来传统的"家庭养老"居住方式在我国的社会发展中发挥出了重要作用,有效地缓解了国家经济发展水平不足与解决老年人养老居住问题的矛盾。改革开放后,作为我国最具广泛性的"家庭养老"方式正在发生着深刻的变化,伴随着家庭结构核心化,子女异地就业造成空巢家庭不断增多等因素的影响,传统"家庭养老"的职能受到严重削弱,老年人的安居养老问题也越来越引起全社会的高度关注。在国家还难以拿出大量财力和物力来发展"社会养老"的情况下,以"居家养老"为主体构筑老龄化社会城市社区居住环境就成为解决城市老年人晚年居住生活的有效方法和切实可行的途径。

### 6.1.1 满足"居家养老"城市社区住宅的原则

通过对以往我们采用将老年人的养老居所与一般居民生活环境建设相"分离"建设方

法中存在问题的总结，本研究提出了未来应将整个城市社区建设成能够满足老年人"老有所居"生活需要的"老龄化社会居住环境"的建设理念，其突出特点是将城市老年人的养老居所与一般城市居民的生活环境建设相"统合"。其理论依据在于：

1. 《联合国老年人原则》与《联合国老龄问题宣言》

联合国自1982年召开第一次世界老龄大会后即致力于制定一个全世界的老年人纲领。经过专家与各国政府部门长达9年的研究与准备，终于在1991年12月通过联合国大会审议，即《联合国老年人原则》（第46／91号决议）。《联合国老年人原则》吸收了老年人的人权思想，强调老年人个人之间有很大差别，需要采取多样化政策，必须提供机会，让自愿而又有能力的老年人参与各种社会活动并作出贡献。《联合国老年人原则》共有18项，概括起来有独立、参与、照顾、自我实现和尊严五个原则[189]。

《联合国老年人原则》是我们解决老年人问题的目标，也是衡量人类为解决老年人问题所付出努力的简单标尺。在《联合国老年人原则》中也提出了对老年人居住建筑发展的要求。独立原则强调了老年人的居住权利是独立的最基本条件，"老年人应获得足够的住房"和"老年人应尽可能长期在家居住"，既是关于老年人对居住方式选择权利的肯定，也是贯彻发展"居家养老"的重要依据。参与原则强调的是老年人的社交权利，我们必须为老年人创造有利于社会交往的居住环境，也就是说要保证老年人在正常化的环境中生活，而不是被孤立或者隔离于特定的环境中。照护原则的目标是老年人的正常化居住，这个原则突出强调了家庭和社区要给予老年人生活的照顾和保证，适宜"老有所居"的城市社区居住环境建设重点提出发展社区支撑援护体系正是体现了对这一原则的贯彻。

1992年第47届联大提出将1999年定为"国际老年人年"，国际老年人年的主题是"建立不分年龄人人共享的社会"。这一主题是要让人们重视将老年人融入社会，利用老年人的潜能以便造福社会，同时确保行动不便的老年人受到照料。该主题反映了当今主流社会在老龄问题上最新的追求，具有重要的现实意义和历史意义[190]。

将"建立不分年龄人人共享的社会"这一思想落实到城市人居环境的建设中，就是要求我们要重新审视过去在解决老年人居住问题上所采用的方法与途径，将老年人的居住环境孤立或者隔离于普通人的居住环境外，既违背了老年人平等和社会参与的原则与权力，也无法满足老年人对居住环境的物质与精神上的需求。

将城市老年人的养老居所与一般城市居民的生活环境建设相"统合"，将"老年住宅"与城市社区一般住宅建设相融合，既是我们对《联合国老年人原则》与《联合国老龄问题宣言》精神宗旨的理解，也是老龄化社会建设适宜"老有所居"城市社区居住环境方法论的转变。

2. 原居安老原则

"原居安老"的概念出自于1956年埃里·鲍格格伦博士提交给瑞典皇家老年问题委员会的一份报告中，其要义是指每个老年人都应该能够独立地居住在自己的住宅里进行养老，无论他们的身体机能是处于健康还是衰弱状态,即使由于各种原因而无法在自己的住宅中独立生活,也应当帮助他们尽可能生活在长期居住的社区环境中的养老设施里[191]。

埃里·鲍格格伦的"原居安老"思想是基于当时的历史背景提出的,包括瑞典、挪威等北欧国家为了解决日益凸显的老年人居住问题,这些国家一方面不断完善社会保障体系,另一方面大规模建设养老设施和独立老年人居住建筑,以此作为解决问题的主要手段。这种高福利的养老居住模式首先使政府背上了沉重的经济负担,其次是身心衰退的老年人在生活上需要照顾时则必须离开熟悉的家庭环境进入到养老设施,这种居住方式切断了老年人自主、自尊以及融入社会的生活需求,导致老年人在精神上容易产生孤独和寂寞。

面对养老居住生活中出现的各种问题,有越来越多的老年人产生了希望回归家庭和社区的愿望,希望能够留在原来的家庭或者社区中继续居家生活,同时一些社会和建筑学者也在反思这种养老模式和居住方式存在的问题,通过调查与研究提出了"原居安老"思想并在20世纪60年代后期开始逐渐得到了全面的认可和推广。"原居安老"思想结合了"正常化"和"无障碍环境"的理念,认为应该尽可能地创造条件让老年人居住在自己的家中,对于那些身体衰弱,只能部分独立或者完全失去独立生活能力的老年人,也尽可能使其入住到社区范围内的养老设施中,保持其长期形成的地缘社会关系[192]。

"原居安老"将养老行为从家的范畴延伸到了社区层面,是融合了养老居住建筑、社会保障制度和照护制度来解决老年人养老居住问题的办法。"原居安老"是建立在国家、社区、家庭和个人基础上,以原有居住地为养老场所,以社区养老服务为基础,以国家政策法律为保障的养老居住方式。"原居安老"既满足了多数老年人在原有熟悉的环境中安度晚年的心愿,在社会效益与经济效益上又有利于实现可持续发展,"原居安老"为我们研究老龄化社会满足"居家养老"城市社区住宅和养老居住设施的科学化建设提供了有益的指导。

### 6.1.2 满足"居家养老"城市社区住宅的构成方式

长期以来在老年人的养老居住问题上,我们一直希望通过加快老年住宅和养老设施的建设来加以解决,忽略了城市普通住宅应当发挥的作用。在住宅的规划和设计上,一直是将城市住宅和老年住宅区分开来进行的,城市住宅在设计上虽有一些无障碍的要求,但要很好地满足老年人的养老居住需要还存在较多的不足。另外将城市住宅和老年住宅加以区分也体现在现有的住宅设计规范上,例如1999年3月建设部颁布了修编后的《住宅设计规范》GB 50096—1999,同年5月建设部又会同民政部颁布了《老年人建筑设计规范》JGJ 122—99的强制性建筑设计规范,前一部规范只是在总则中概括性地提出"住宅设计应以人为核心,除满足一般居住使用要求外,根据需要尚应满足老年人、残疾人的特殊使用要求",但在具体条文中并没有更深入的内容体现。而后一部规范明确是针对专供老年人使用的居住建筑和公共建筑,指向性明确。

要"建立不分年龄人人共享的社会"和实现"原居安老"的理念,就必须在城市社区住宅的构成体系上做好规划,将社区住宅作为老年人养老居住的主体建筑空间,实现城市住宅的可持续利用,满足老年人"居家养老"的愿望。城市社区住宅体系是由"终生可居住型"城市住宅和"老年住宅"两部分构成的(图6-1)。

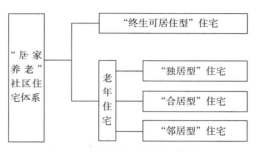

**图6-1　城市社区住宅构成体系**

"终生可居住型"城市住宅是指能够满足人的一生不同阶段居住需求的住宅。其建设方式可以从两方面着手:①要求新建的城市住宅在规划和设计阶段就必须考虑居住空间与家庭结构变化的可适应性,为将来的适老改造提供便利;②对现有城市住宅通过阶段性改造的方式将其转化为"终生可居住型"城市住宅。

"老年住宅"是指以老年人或老年人家庭为主要使用对象,为满足他们的居住需求而设计建造的住宅。根据老年人和老年人家庭的居住需求状况又可以将老年住宅分为"合居型"、"邻居型"和"独居型"三种。

要使"居家养老"在今天的城市社区居住生活中得以实现,做到城市社区住宅的可持续使用,那么社区住宅的规划和建设则应从两个方面来进行:①将部分"老年住宅"融贯在城市社区住宅体系之中进行建设;②应将重点放在做好"终生可居住型"城市住宅的规划、设计、建设和改造之中,为满足老年人"居家养老"的使用需要提供良好的空间物质条件。

### 6.1.3　满足"居家养老"城市社区住宅的科学性和重要性

**1. 延续了我国传统文化与家庭观念**

以往传统的大家庭生活不但成为我国老年人养老的主要方式,而且也是我国传统文化的重要组成部分。"居家养老"的特点在于在居住方式与场所性上保留了"居家"的形式,既能满足老年人对"家"的情感需求,又能充分利用老年人家中原有住房、家具、生活设施等物质资源,节约了社会对养老物质需求的投入资金,节约了社会养老成本,同时还能够使得老年人长期地域生活所形成的良好邻里关系得到延续[193]。

"居家养老"强调的是老年人的养老居住场所仍然是自己的"家",既长期以来生活居住的城市社区住宅,通过社区养老环境体系的帮助,使老年人能够长期居住在自己拥有的城市社区住宅中。"居家养老"强烈体现了"家"的场所感和空间感，延续了老年人长期以来形成的家庭观念和传统生活习惯[194]。

2. 能够较好地满足老年人的养老生活行为特征

养老居住设施和一些集中规划建设的老年住宅区虽然有着较为完善的物质生活条件，但却难以满足老年人养老生活中不可或缺的精神需求。相对封闭、远离亲情的空间环境容易导致老年人因精神上的孤独、寂寞所造成人身伤害事件的发生。

依据有关老年人的生活行为科学研究成果，以及本研究前期进行的城市社区"老有所居"生活环境适宜性综合调查的结果分析，都进一步证实了老年人更愿意居住在原先熟悉的生活环境中，不愿轻易放弃原有的生活行为规律以及长期以来建立的良好社会邻里关系。因此"居家养老"可以最大限度地满足老年人的居住行为要求，从家庭、邻里和社区服务的帮助中得到生活的照顾和精神的安慰。

3. 与城市住宅的商品化制度相适应

城市住房制度的改革促进了城市住宅的建设发展，逐步形成了以商品住宅为主的住宅所有制形式，购买住宅成为人生中最大的生活消费，并且城市居民的住宅购买绝大多数都是利用分期付款的方式，这就使得人们一生中不可能简单地根据生活需要更换居住场所。因此城市住宅应尽可能满足人生各个不同阶段的使用需求而实现持续有效地利用，特别是满足人生老年阶段的"居家养老"使用要求的需要。

## 6.2 城市社区"老年住宅"的适度建设

通过在社区中适量地建设一些"合居型"、"邻居型"和"独居型"的老年住宅，能够合理、有效地解决当前一部分老年人的养老居住问题。

### 6.2.1 "合居型"住宅

"合居型"住宅是指老人与子女同住在一个住宅单元内，既有家庭公用的部分，也有各自独立使用的部分。"合居型"住宅根据老年人与子女合居后的空间利用方式可以再分为三种基本形式：

（1）老年人与子女完全居住在同一个套型住宅内，老年人只有自己单独的卧室，厨房、餐厅和起居室与子女共同使用。这种居住方式下老年人与子女的生活结合密切，便于相互照顾，也是目前老年人与子女最普遍、最典型的一种合居方式（图6-2）。

（2）在子女居住的户型内植入一个简单的一室户型，两个户型共用同一个入户门。一室户型供老年人居住，并设置了专用的卫生间和简单的厨房设备，平时老年人可以利用子女户型中的厨房、餐厅和起居室，有特殊需要时老年人也可以在自己的房间内实现独立生活。这种合居方式使老年人的居住生活既体现了与子女合居的传统优点，同时又保持了老

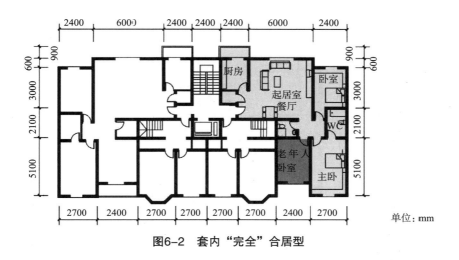

图6-2 套内"完全"合居型

年人生活的相对独立性。北京东方雅苑住宅小区中就设置了这种"合居型"单元(图 6-3)[51]。

图6-3 套内"一室户"合居型

（3）在子女居住的户型内再套入一个完整的一室一厅户型，两个户型共用同一个入户门。与第二种类型相比，在延续了其优点的情况下更好地实现了老年人居住生活的独立性(图 6-4)[183]。

新加坡政府曾经为了缓解空巢家庭现象而在"多代家庭住房计划"中建设了大批"合居型"住宅，面积分为 165m²、150m² 和 138m² 三种类型，户型由主体公寓与单元公寓的两部分组成，主体公寓为普通住宅，单元公寓则是与主体公寓相连且配备厨厕的一室户。

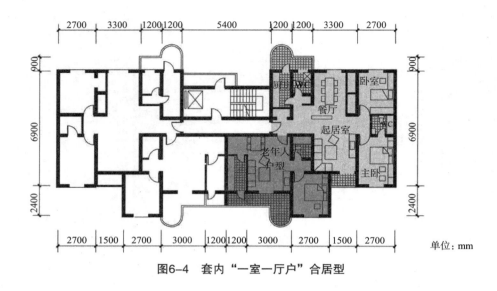

图6-4 套内"一室一厅户"合居型

"合居型"住宅的居住方式既满足了老年人与子女共同生活的亲情需要,又体现了对老年人与子女家庭生活方式差异性的相互尊重。各级地方政府可以首先在保障性住房的建设中有计划、按比例地进行"合居型"住宅的配套建设,既能够满足一部分子女希望与父母共同生活家庭的需要,同时又能够在城市住宅的建设中发挥引领与示范作用。

### 6.2.2 "邻居型"住宅

"邻居型"住宅是指老年人与子女各自独立居住,在居住空间上虽然存在一定的距离,但两代之间仍然可以保持生活上的密切往来,特别是在相互需要帮助的时候能得到及时的援助,也有将这种居住方式称为"网络式家庭共居形式"。目前一些城市两代邻居呈现快速发展的趋势,虽然分开居住,但两套住宅却相距很近。分开居住是不同代之间社会、经济权利平衡的结果,而相距近则是传统价值观的重要体现[195]。"邻居型"住宅根据分开居住空间距离的相互位置关系,可分为"同楼同层居住"、"同楼分层居住"和"同社区居住"三种形式。

(1)同楼同层居住:老年人与子女各自住在同楼层相邻的两个住宅单元中,有各自的出入口,老年住宅是一个完整的住宅套型,比较适合有生活自理能力的老年人夫妇居住。这种居住方式既便于老年人与子女在生活上相互照顾,又能够各自保持一定的独立性,避免作息时间上的相互干扰。

(2)同楼分层居住:老年人与子女各自住在同一栋住宅楼不同楼层的独立单元中,两个单元通过垂直交通联系,在相互照护关系上虽然弱于同楼同层居住方式,但仍然可以较密切的保持联络,便于子女时常来探视和照应老年父母的生活。

（3）同社区居住：老年人与子女虽然各自独立居住，但却生活在同一个社区中，通过步行在短时间内即可到达。在联络的便利性上虽然不如前两种形式，但在父母生活上遇到困难需要帮助时，子女还是能够快速地赶到并进行及时的援护。

"合居型"和"邻居型"的居住方式注重了家庭及子女对老年人生活上的援护义务，这种居住方式较好地体现了中国传统家庭文化和亲缘社会关系的特点，亲情照护也更能够让老年人感受到家人的关爱和温暖。因此在今后社区住宅的规划设计中，应当科学合理地配置"合居型"、"邻居型"住宅，为老年人与子女家庭实现共同生活提供物质空间的可能。"合居型"、"邻居型"住宅的建设必须依靠政府政策性的引导才能取得建设成效，国家也可以通过相应的补贴政策鼓励有条件的家庭采用"合居型"和"邻居型"的多代居住方式，用以缓解当前社会照顾资源不足的困难。例如新加坡政府在1978年实施的"联合抽签计划"，这项计划规定当认购住宅的老年人与他们的子女愿意选择住在相邻单元时，他们可以在抽签排队中得到优先权。1987年建屋发展局又进一步推出了"联合选屋计划"，鼓励老年人与他们满21岁以上的子女选择居住在同一栋住宅或同一个街区，并对愿意采用这种居住方式的两代家庭可以在抽签轮候中得到优先权以及价格上的适当优惠。

### 6.2.3 "独居型"住宅

"独居型"老年住宅是指为身边无子女的老年夫妇和孤寡老人设计建造的住宅，这种住宅在设计当初就充分考虑了老年人的居住特点。"独居型"老年住宅的建设一方面能够为老年人的养老居住生活提供较好的空间环境，另一方面也为有能力和愿望的老年人更换到更适合他们居住的住宅提供选择的可能。

从经济性和使用性方面考虑，"独居型"老年住宅易采用小户型的空间组织方式，根据孤寡老人和老年夫妇的居住使用特点，一室户和一室一厅户型是较适宜的户型结构，面积可控制在50m$^2$以下。日本在保障性住房的建设中，通常配置部分1DK和1LDK的户型供老年人家庭使用，1DK和1LDK户型的面积分别控制在40m$^2$和50m$^2$以下。"独居型"老年住宅必须符合《老年人建筑设计规范》的要求，并且在规划布局上尽量设置在住宅楼的底层，便于老年人日常生活的出入。若设置在楼层中时，则必须在出入口和垂直交通的设计上满足无障碍设计的要求。

"独居型"老年住宅的建设仅靠市场的调节作用是非常有限的，政府住宅建设管理部门应当在开发新建的居住区中，强制性地要求按照户数比例建设部分"独居型"老年住宅，并对其在住区中分布的位置与楼层提出要求。1993年建成的日本北海道江别市道营大麻住宅小区就是一个典型实例[196]，在这个小区中没有将老年住宅集中起来进行设置，而是采用分散化的布置方式设置在各栋住宅楼的底层或通过电梯能够到达的楼层（图6-5、图6-6）。

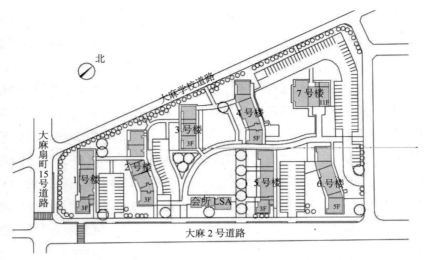

图6-5 日本北海道江别市道营大麻住宅小区总平面[176]

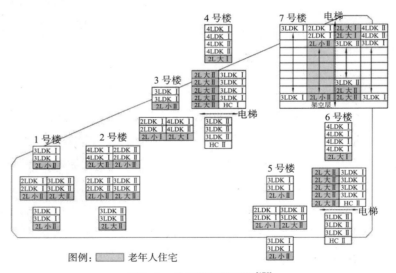

图6-6 住宅单元配置图[176]

在住宅建设的同时，还在小区的中部设置了LSA（生活援护员）用房，其中包括老年人活动室、谈话室和LSA住宅，向老年家庭和有身体机能障碍人员的家庭提供生活援助服务。LSA制度是江别市开展的社会服务事业中的一个组成部分，同时还要求在一定的居住区域内（例如在大麻小区相邻的住区中）设置"日常生活服务中心"、"在宅看护支援中心"和"照护站"等设施，居住在大麻小区中部分老年人的饮食服务就是由日常生活服务中心提供的。

在大麻小区老年住宅中设置了与LSA室联系的紧急通报系统和生活异常检测系统，住宅内部采用了防滑地面材料、消除室内地面高差、下埋式浴缸以及满足轮椅使用者生活需求等无障碍化设计，确保了"居家养老"的实现（图6-7）。

6 满足"居家养老"的城市社区住宅规划设计

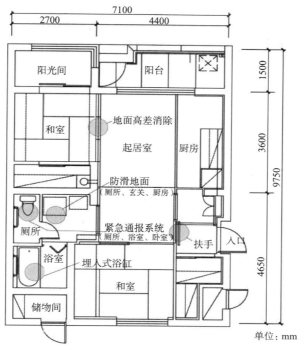

图6-7 老年人住宅（2L小Ⅱ）平面[176]

新加坡政府在老年人"独居型"住宅的建设上也采取了一些控制性措施，例如1993年建屋发展局与社会发展部合作开始建设老年人"独居型"住宅，但为了防止老年人过于集中，制定了入住老年人比例不得超过全部户数50%的强制性政策，剩余50%作为出租公寓提供给没有经济能力购买住房的年轻人租用。并且这种住宅采用了新的开发模式，即将过去带有独立的厨房、卫生间与淋浴设施的一室户改为适合空巢家庭老年人独立居住的住宅。在配套设施方面，所有住宅的底层设置了"长者活动中心"，其中包括老年人的健身设施、娱乐活动设施以及带有物理治疗与心理辅导功能的老年人日间照顾设施。

## 6.3 城市社区"终生可居住型"住宅建设

"终生可居住型"住宅是指通过对城市住宅进行适当的改造以适应人的一生不同阶段生活需要的住宅，它是实现城市社区"居家养老"居住场所体系建设的核心部分。

### 6.3.1 "终生可居住型"住宅的概念与标准

1986年挪威在总结以往发展社会福利化养老存在的问题和接受"原居安老"思想理念后，首先提出了"终生可居住型"住宅的概念。"终生可居住型"城市住宅是指在家庭不同生命周期阶段都能够满足居住需求的城市住宅，是让居住者不需要因年龄老化而改变居住环境的永续性住宅模式，住宅能够随着人生不同阶段的活动能力与生活需求陆续增加家事服务、行动辅具、无障碍设施、护理服务、复健支持、临终照护等环境机能与服务设施[197]。

"终生可居住型"住宅在概念上不同于目前已有的"无障碍住宅"和"普适住宅"。"终生可居住型"住宅是从时间的维度实现家庭居住者终其一生的居住适应性，"无障碍住宅"主要是以残障人士及老年人为使用对象而设计的住宅，"普适住宅"主要强调的是对于每一类使用者都平等、合理使用的住宅[52]。

挪威在提出"终生可居住型"住宅策略后，开始鼓励住宅设计者将住户在不同年龄和家庭人口构成阶段对住宅的使用需求作为住宅设计的重要依据，特别是要考虑到老年人生活阶段对住宅的使用要求，住宅的户型结构应具有满足家庭不同阶段基本生活需要的功能空间，并且达到无障碍设计要求。

荷兰在解决老年人养老居住问题时也非常重视对普通住宅的利用。对于仍然愿意在原有住宅中生活养老的老年人提供住宅改造经费的援助，让他们有能力对其住宅进行适老改造。同时作为养老居住场所的完善与补充，根据老年人的不同需求建造多种形式的老年住宅，这些专用住宅内部设施齐全，能够满足老年人养老生活的多种需求。

日本是世界上老龄化程度最高的国家。1986年颁布的《日本长寿社会对策大纲》中提出了在居住环境体系中满足"适应终生生活的设计原则"，支持和提倡"属地养老"，即老年人居住在自己的家中，在生活上接受社区的照料。日本建设省于1995年颁布了"长寿型社会住宅设计指南"，指南明确要求在设计住宅的时候应考虑到人的一生随着年龄的推移所产生变化的各种需求，从而设计出通过一定的改造就可以满足各年龄段需求的住宅。该指南是日本长寿社会住宅建设的指导，其具体内容包括：出入口、卫生间、浴室、起居室和老年人卧室尽可能设置在同层；住户内的地面原则上采用没有高差的构造；楼梯、浴室中设置扶手，出入口、卫生间、走廊设置扶手或留出将来设置的位置；通道、出入口的宽度要考虑轮椅的使用（通道78cm，出入口75cm以上）；卫生间、浴室要尽可能考虑生活援助护理的可能等[198]。

### 6.3.2 家庭不同阶段居住行为与居住空间的适应关系

传统的住宅设计研究往往比较注重住宅的功能空间与家庭人口结构的相关性，从家庭人口构成及对生活行为方式的一般性假定来研究居住空间的组成方式，但忽略了家庭居住需求随居住者年龄的增长和家庭人口的变动所产生的阶段性变化。"终生可居住型"城市住宅的设计研究主要是重视家庭居住需求的变化，以家庭的发展时间为轴线，分析家庭居住者居住行为的变化特点和规律、居住需求与居住功能空间的适应性关系。基于这种设计理念，在研究老龄化社会城市住宅上，通过引入家庭生命周期理论，应用其合理的家庭阶段划分模型，有利于我们详细具体的把握家庭生活行为及居住需求的变化特点，有利于归纳总结出居住空间随家庭阶段性生活行为变化而需要进行适应性改造的内容。

1. 家庭生命周期的划分及特征

20世纪初美国乡村社会学者朗特里（Rowntree）根据家庭的生存需求与家庭收入支出比之间的关系提出了最初的家庭生命周期理论[199]。1982年美国学者吉利（Gilly）和埃尼斯（Enis）制定出一个符合美国国情的家庭生命周期阶段划分模型，该模型根据美国家庭中妇女家庭地位的变化，家庭中第一个孩子的出生及最小一个孩子独立的时间为依据将家庭的生命周期划分为13个阶段[200]。这个家庭生命周期阶段的划分模型被认为是目前国际上最具科学性的模型（表6-1）。

家庭生命循环周期表[201]

表6-1

| 主人 | 主人年龄阶层 | 家庭循环阶段 | 家庭形式 | 子女情况 | 年限 |
| --- | --- | --- | --- | --- | --- |
| 25岁以前 | 成长时期 | 准备阶段 | 1.单身者 | | 0～5 |
| 25～27岁 | 自立时期 | 成家阶段 | 2.结婚家庭 | 无子女 | 1～3 |
| 28～30岁 | 活动时期 | 养育阶段 | 3.基础型家庭 | 0～2岁婴儿 | 2 |
| 31～34岁 | | | | 2～6岁学龄前儿童 | 4 |
| 35～40岁 | | 教育阶段 | 4.发展型家庭 | 6～12岁学龄期儿童 | 6 |
| 41～46岁 | 安定时期 | | | 12～18岁青春期、教育期少年 | 6 |
| 47～52岁 | | | | 18～24岁青年期，就学或就业 | 6 |
| 53～74岁 | 自由时期 | 瓦解或聚合阶段 | 5.缩减或增加型家庭 | 子女婚后可能分居，也可能共同生活 | 6～15 |
| 75岁以上 | 保护时期 | 老年阶段 | 6.残余型家庭 | 老年夫妇或孤老，与子女分居或合住 | 6～20 |
| 总年限 | | | | | 37～62 |

在社会学研究领域，家庭生命周期理论在20世纪末被引入我国，但同时也发现适用于美国的Gilly模型在很多方面并不适合我国，其原因在于两国的具体国情存在着差异，文化的影响和对家庭价值观的认识是形成这种差异的主要原因。我国崇尚尊老爱幼，传统的"大家族"文化有着很深的社会基础，不少子女在结婚后仍旧与父母共同生活而不同于美国家庭的子女成年后即独立成户，在我国也有不少子女家庭为照顾年迈的父母会回到父母的住所或将父母搬来与自己共同生活。社会学者经过长期的研究探讨，对引入的家庭生命周期理论进行适合我国国情修正，在阶段划分模型上基本形成了一致的看法，即将家庭的生命周期划分成三个大的阶段：家庭初期、家庭中期和家庭后期。本研究参照家庭生命周期理论的分期方式并注重子女与父母的居住关系，根据家庭中子女的出生、成长、离巢将家庭生命周期再细分为家庭成立期、满巢Ⅰ期（子女出生至学龄前）、满巢Ⅱ期（学龄段至成家前）、空巢期和鳏寡期五个阶段，同时考虑家庭初期和中期阶段与父母的居住关系，综合形成了家庭居住关系的八种状态（图6-8）。

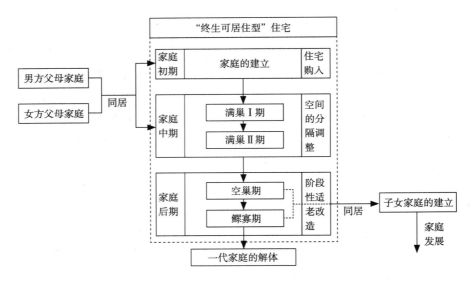

图6-8 家庭生命周期不同阶段划分模型结构图

## 2. 家庭居住行为及其分类

居住行为是指居住者在住宅内部所发生的一切生活行为的总和[202]。在"终生可居住型"住宅设计中，只有对整个家庭不同阶段的居住行为进行细致的调查与分析才能准确地表达出家庭居住行为的完整性和系统性，了解家庭各阶段居住行为的规律和特点，从而掌握家庭不同阶段对于居住空间的使用需求。

家庭居住行为具有多样性和可变性的特点。20世纪60年代日本学者吉阪隆在他出版的《住居的发现》一书中将家庭居住行为划分为三大类：第一类为居住者生理必需的及维持日常生活的居住行为；第二类为辅助或补充服务于第一类行为活动的居住行为；第三类为充实家庭成员精神需求的游艺、娱乐型等的居住行为（表6-2）[176]。

家庭居住行为分类[203]　　　　　　　　　　　　　　　　表6-2

| 行为分类 | | 生活行为内容 |
| --- | --- | --- |
| 第一类 | 休息 | 睡觉、小憩 |
| | 饮食 | 吃饭、喝水、哺乳 |
| | 排泄 | 大小便、沐浴 |
| | 生殖 | 性交、妊娠、分娩 |
| 第二类 | 家务 | 烹饪、洗衣、清扫、整理 |
| | 生产 | 生活资料的生产 |
| | 交换 | 买卖、搬运 |
| | 消费 | 购买 |

续表

| 行为分类 | | 生活行为内容 |
|---|---|---|
| 第三类 | 表现 | 写作、书画、造型 |
| | 创造 | 艺术、科学 |
| | 游戏 | 体育、游戏、娱乐、旅游 |
| | 冥想 | 哲学、宗教 |

**3. 家庭生命周期对居住行为的影响**

家庭生命周期的变化是家庭居住行为发生变化的直接动因。根据家庭生命周期阶段模型的划分，归纳总结出家庭成立期、满巢Ⅰ期、满巢Ⅱ期、空巢期和鳏寡期五个阶段城市家庭居住方式的主要特点：

（1）家庭成立期，即结婚成家至子女出生前这一阶段。根据新婚夫妇是否与父母同住可以再分为两种情况：①在没有与父母同住的情况下，新婚夫妇的日常起居生活相对比较自由，可以根据自己的兴趣和爱好来进行，在整个生命周期阶段生理和心理等各方面也都处于最活跃状态，家庭生活以夫妻两人的日常起居为重心；②与父母同住即通常的两代居，由于这时期的父母年龄大部分还未进入老年阶段，他们仍能够保持自己独立的生活起居方式，因此在这一时期的家庭生活中新婚夫妇与父母的日常起居具有既相互联系又相对分离的特点。近年来，家庭成立期新婚夫妇的大龄化和成立期至满巢Ⅰ期之间时间的延长成为家庭生命周期发展变化的一个重要特点。

（2）家庭中期的满巢Ⅰ期，即子女出生到学龄前这一阶段。根据是否与父母同住也可以分为两种情况：①没有与父母同住时，伴随着子女的出生，养育子女成为夫妇家庭生活的重心，由于夫妇仍需工作的缘故，家庭可能会请保姆或父母来短期居住照顾子女；②与父母同住的满巢Ⅰ期家庭，既要养育子女，同时还要兼顾父母的养老，由于这个时期的父母生活自理能力较强，不需要对他们进行特殊的关照，相反还能帮助照看第三代，因此这一阶段两代家庭居住行为的重点主要是围绕学龄前子女的成长和教育展开的。

（3）家庭中期的满巢Ⅱ期，即子女学龄期这一阶段。这一阶段是家庭生活重心多元化的阶段，根据是否与父母同住可以分为两种情况：①没有与父母同住时，家庭的日常起居生活主要是围绕子女的成长和教育，夫妻家庭经营与事业发展等；②与父母同住的家庭，父母大多从工作岗位退休逐步回归家庭，因此，除了养育子女成长的居家生活之外，家庭生活中会增加许多围绕着父母而进行的居住行为，这个阶段家庭三代同堂，是家庭日常起居生活中最为复杂的家庭周期阶段。

（4）家庭后期的空巢期，即子女离开家庭异地求学或工作的这一阶段。子女高中毕业，离开父母去接受高等教育或出国留学直至异地就业，家庭进入到空巢阶段，过去一直以子女为中心的家庭生活又恢复到初婚时夫妇二人的生活状态，但此时夫妇的生理机能已开始降低。根据是否与父母同住可以分为两种情况：①没有与父母同住时，家庭居住行为主要围绕夫妻二人的生活起居进行，直至一方过世。或是子女成婚后跟随子女居住，夫妻生活转入到子女的家庭生活中；②继续与父母同住，家庭生活中既要照护年迈的父母，直至父母过世，同时又有可能还要看护第三代，是家庭生活较为忙碌一个阶段。

（5）家庭后期的鳏寡期，即夫妇一方离世后另一方独自生活的阶段。夫妇失去一方后的老人一般都会表现出现孤独与消极的状态，老年人的生理机能也会变得逐步低下，从而导致家庭的居住行为简单而单调。这一阶段的居住生活也可以分为三种情况：①独自居住，在生活自理遇到困难的时候希望社区能够提供必要的援护和帮助，直至生命的后期；②入住到养老居住设施中，利用设施提供的生活照料安享晚年；③与子女同住，由子女提供生活照护并养老送终。

4. 家庭不同阶段居住行为与居住空间的适应性分析

根据问卷调查的结果分析以及入户生活行为的观察，将家庭不同阶段居住行为及居住空间的对应关系进行了系统的归纳与分析，以家庭成立期的居住行为与居住空间的适应性关系为评价标准，归纳总结出家庭生命周期中五个不同阶段居住行为与居住空间的适应性特点（表6-3）。

家庭不同阶段居住行为与居住空间的适应性分析　　　　　表6-3

| 家庭的生命周期 | | | 家庭成立期 | | 满巢Ⅰ期 | | 满巢Ⅱ期 | | 空巢期 | 鳏寡期 |
|---|---|---|---|---|---|---|---|---|---|---|
| 有无父母同住 | | | 无 | 有 | 无 | 有 | 无 | 有 | | |
| 居住空间的需求及适应性 | 住宅内部功能空间 | 玄关 出入口 | 门宽0.9m，有高差 | ● | ▲ 婴儿车的出入 | ▲ 婴儿车的出入 | ● | ● | ■ 不利于轮椅使用 | ■ 不利于轮椅使用 |
| | | 通道 | 净宽不小于1.2m | ● | ● | ● | ● | ● | ● | ● |
| | | 起居室 功能 | 团聚、会客、休闲、娱乐 | ● | ● | ● | ● | ● | ● | ● |
| | | 起居室 面积 | 不小于12m² | ● | ● | ● | ● | ● | ● | ● |
| | | 主卧 功能 | 休息、睡眠 | ● | ▲ 增设婴儿床 | ▲ 增设婴儿床 | ● | ● | ■ 夫妇有分床的需求 | ● |
| | | 主卧 面积 | 不小于10m² | ● | ▲ 设置空间要求 | ▲ 设置空间要求 | ● | ● | ■ 设置空间要求 | ● |

续表

| 家庭的生命周期 | | | | 家庭成立期 | | 满巢Ⅰ期 | | 满巢Ⅱ期 | | 空巢期 | 鳏寡期 |
|---|---|---|---|---|---|---|---|---|---|---|---|
| 有无父母同住 | | | | 无 | 有 | 无 | 有 | 无 | 有 | | |
| 居住空间的需求及适应性 | 住宅内部功能空间 | 次卧室/书房 | 功能 | 休息、睡眠、学习 | ● | ● | ● | ● | ● | ● | ● | ● |
| | | | 面积 | 不小于6m² | ● | ● | ● | ● | ● | ● | ● | ● |
| | | | 数量 | 无要求 | ▲ | 一间 | ▲ | 一间 | ■ | 至少两间 | ▲ | 一间 | ■ | 至少两间 | ● | ● |
| | | 卫生间 | 面积 | 不小于3m² | ● | ● | ● | ● | ● | ■ | 满足轮椅使用 | 满足轮椅使用 | 满足轮椅使用 |
| | | | 出入口 | 门净宽0.7m | ● | ● | ● | ● | ● | ■ | 满足轮椅使用 | 满足轮椅使用 | 满足轮椅使用 |
| | | | 高差 | 有高差 | ● | ● | ● | ● | ● | ■ | 满足轮椅使用 | 满足轮椅使用 | 满足轮椅使用 |
| | | | 通道 | 净宽不小于0.9m | ● | ● | ● | ● | ● | ● | 满足轮椅使用 | 满足轮椅使用 | 满足轮椅使用 |
| | | | 设备 | 基本设备 | ● | ● | ● | ● | ● | ▲ | 满足轮椅使用 | 满足轮椅使用 | 满足轮椅使用 |
| | | | 数量 | 至少1间 | ▲ | ▲ | ▲ | ■ | 宜设两间 | ▲ | ■ | 宜设两间 | ● | ● |
| | | 厨房 | 净宽 | 两排净距不应小于0.9m | ● | ● | ● | ● | ● | ▲ | ■ | 满足轮椅使用 | 满足轮椅使用 |
| | | | 面积 | 不小于5m² | ● | ● | ● | ● | ● | ▲ | ▲ | ▲ |
| | | | 出入口 | 门净宽0.7m | ● | ● | ● | ● | ● | ■ | 满足轮椅使用 | 满足轮椅使用 | 满足轮椅使用 |
| | | | 高差 | 有高差 | ● | ● | ● | ● | ● | ■ | 满足轮椅使用 | 满足轮椅使用 | 满足轮椅使用 |
| | | | 通道 | 净宽不小于1.5m | ● | ● | ● | ● | ● | ▲ | ▲ | ▲ |
| | | | 设备 | 基本设备 | ● | ● | ● | ● | ● | ▲ | ■ | 满足轮椅使用 | 满足轮椅使用 |
| | | 餐厅 | 功能 | 就餐、储藏 | ● | ● | ● | ● | ● | ● | ■ | ■ |
| | | 阳台 | 高差 | 有高差 | ● | ● | ● | ● | ● | ▲ | ■ | 满足轮椅使用 | 满足轮椅使用 |

续表

| 家庭的生命周期 | | | | 家庭成立期 | | 满巢Ⅰ期 | | 满巢Ⅱ期 | | 空巢期 | 鳏寡期 |
|---|---|---|---|---|---|---|---|---|---|---|---|
| 有无父母同住 | | | | 无 | 有 | 无 | 有 | 无 | 有 | | |
| 居住空间的需求及适应性 | 住宅共用空间部分 | 建筑物入口 | 走道<br>净宽不小于1.2m | ● | ● | ● | ● | ● | ● | ● | ● |
| | | | 户门<br>门宽0.9m | ● | ● | ● | ● | ● | ▲ | ■满足轮椅使用 | ■满足轮椅使用 |
| | | | 高差<br>有高差 | ● | ● | ● | ● | ● | ▲ | ■满足轮椅使用 | ■满足轮椅使用 |
| | | 垂直交通 | 楼梯<br>梯段净宽不应小于1.1m | ● | ▲ | ▲ | ● | ▲ | ▲ | ▲ | ▲ |
| | | | 电梯<br>候梯厅深度不得小于1.5m | ● | ● | ● | ● | ▲ | ▲ | ▲ | ▲ |

注：表中符号●、▲、■分别代表适应性程度的强、中、差。

（1）家庭成立期：当与父母不同住时新婚夫妇对居住空间的个性化要求比较高，注重空间的变化和色彩，有意通过吊顶和地面的高差变化来表现空间竖向上的层次感，通过设置屏风和隔断实现水平方向的层次感。在该阶段对居住空间关注度高的依次为主卧室、起居室和卫生间，对厨房、餐厅和次卧的要求较低。当与父母同住时，起居室是两代人家庭生活中最主要的公共空间，因此对面积和朝向要求较高，卫生间最好配置双卫，可以照顾到两代人生活的隐私及不同的生活起居特点。厨房的使用对象和频率父母要高于子女。

（2）家庭中期的满巢Ⅰ期：随着子女的出生，这个时期家庭可能请保姆或父母短期居住来照顾子女，主卧室中要考虑能够放置婴儿床的空间，同时还需要次卧或能够划分出放置保姆单人床的空间；由于这一时期的家庭生活主要以养育子女为中心，厨房、餐厅的使用频率较上一个阶段要高，家中还希望能够留出供幼儿活动玩耍的空间，对起居室的面积要求有所提升。有父母同住的满巢Ⅰ期家庭还要兼顾父母的养老居住，对次卧的要求会增加，最好有两个卫生间或是次卧能够靠近卫生间，便于老年人晚上如厕。

（3）家庭中期的满巢Ⅱ期：家庭生活呈多元化现状，伴随着子女进入学龄期，子女开始与父母分住，子女需要拥有独立的卧室用于学习和睡眠。卫生间在早晨的利用时间比较集中，易于造成相互影响。与父母同住的家庭除了要照顾子女外，还会有许多围绕着父母而进行的居住行为。这个阶段的家庭三代同堂，家庭居住行为丰富多样，同时也就要求居住空间具有较高的适应性。

（4）家庭后期的空巢期：子女离家外出求学或工作，家庭又回到夫妇二人的生活状态，次卧室出现空置，主卧室、起居室和卫生间成为夫妇生活中最常用的空间，但此时夫妇的生活自理能力开始下降，对居住空间的适应能力开始变弱，在原有生活空间里会遇到以往不曾出现的不适应问题，如对出入口的宽度和室内高差的适应程度，有些家庭还希望主卧室能够将双人床转换成两个单人床，因此主卧室的宽度在设计上应考虑此种利用方式的可能。此外，对厨房和卫生间的使用方式与使用特点也会产生较大的变化。如果父母健在并一同生活时，既要照护年迈的父母，又有看护第三代的可能，家庭生活比较忙碌，在居住空间的组织和利用上要充分考虑老年人与幼儿利用的便利性与安全性。

（5）家庭后期的鳏寡期：在家庭生命周期中这一时期人的生活自理能力处于最弱阶段，整个家庭居住行为变得简单和单调，部分老年人甚至失去生活自理的能力，很大程度上需要得到社区提供的生活援护。对居住空间的适应能力也下降到最低点，特别是对卫生间和厨房的使用要求会出现较大的变化，如墙壁上安置的扶手能够帮助他们保持身体的稳定性和上下起坐，住宅中地面出现高差和湿滑的地方也是最容易引发老年人身体伤害事故的场所，过去设置的室内隔断和厨房、卫生间入口宽度的不足则有可能成为利用轮椅的障碍。

将家庭不同阶段的居住行为特点与居住空间各个组成部分的适应关系进行综合比较分析，可以归纳总结出：

玄关：出现不适应性问题的阶段在满巢Ⅰ期、空巢期和鳏寡期，问题主要表现在入口与走廊的宽度和地面的高差上；

主卧室：出现不适应性问题的阶段在满巢Ⅰ期和空巢期，问题主要表现在功能布局和面积要求上；

次卧室：出现不适应性问题的阶段在家庭成立期、满巢Ⅰ期和满巢Ⅱ期，问题主要体现在对次卧室数量的要求和与卫生间的联系上；

卫生间：出现不适应性问题的阶段在家庭成立期、满巢Ⅰ期、满巢Ⅱ期、空巢期和鳏寡期，前三个阶段问题主要体现在卫生间设置的数量上，空巢期、鳏寡期问题主要体现在对面积、出入口、地面高差、卫生设备和无障碍设施的使用要求上；

厨房：出现不适应性问题的阶段在空巢期、鳏寡期，问题主要体现在对出入口的宽度、地面高差、家具尺度、布局方式等方面；

起居室：执行新的《住宅设计规范》将起居室作为住宅主要空间进行设计的起居室对家庭各个阶段的适应性良好，表现问题不突出。但此前建成的住宅很多情况下是将其中一间居室改作起居室使用，在功能的布局上容易出现不适应问题；

共用空间：住宅共用空间部分出现不适应性问题的阶段在满巢Ⅰ期、空巢期和鳏寡期，问题主要表现在出入口地面出现的高差、通道宽度及垂直交通无障碍利用等方面。

通过对家庭不同阶段居住行为与居住空间的适应性分析可以看出，在整个家庭生命周期阶段中，居住行为与居住空间适应性最差的是家庭的老龄阶段。不适应问题表现最突出的生活空间是厨房、卫生间、卧室及交通空间，表现的形式有面积大小问题、设备的布置问题和利用方式的变化。出现问题最多的部位有室内外高差、出入口的宽度、地面铺装材料的防滑性以及垂直交通利用的便利性等。通过对不同家庭阶段的居住行为与居住空间适应性问题的把握与分析，有助于我们对"终生可居住型"城市住宅进行科学的规划与设计。

### 6.3.3 对现有城市住宅进行"适居性"改造

现有城市住宅很大程度上由于受到建设当初各种条件的制约，特别是缺少政策的引导和相关建设规范的要求，建成使用后发现在满足"居家养老"要求方面存在着种种问题，例如：

空间上，从户外进入户内，在地面上特别是出入口处存在过多的高差，容易发生老年人跌倒的人身伤害事故。有些家庭为了追求空间的变化效果，居室、起居室、厨房和卫生间采用不同的地面装饰材料，在铺设材料的交接处容易出现高低变化，甚至有意在室内的地面上设置高差，这种做法容易成为将来发生绊倒事故的隐患。另外，入户门、厨房和卫生间出入口的宽度常常过小，容易造成轮椅使用者通行困难。

构造上，在室内无论走道、居室、卫生间和厨房都不设置扶手，特别是一些轻质隔墙在构造上也都不考虑将来安置扶手的可能。卫生间的厕位除后墙外经常出现三面不靠墙的设置方式，使得将来扶手设置出现困难。地砖是家庭地面装修常用的铺设材料，种类繁多，很多家庭在选择上往往只注重价格和形式，忽略了防滑性能，地面湿滑所引发的跌倒受伤在老年人住宅伤害事故中占有很高的比例，这一现象也从住宅的现状调查中得到印证。

设备上，目前厨、卫设施无论在布置的方式还是尺度上都与"居家养老"的居住需求存在较大的差距，难以满足轮椅使用者和需要介护时的使用需要。出于安全防范的需要，住宅一般只设置与单元出入口的视频或音频联系装置，在户内特别是老年人最容易出现突发身体不适的卧室和卫生间，现有住宅一般都未设置紧急呼救系统，使得"居家养老"在安全性上存在很大不足。

在家庭生命周期不同阶段通过对上述住宅中这些部分进行一定的"适老"改造，能够在很大程度上解决部分城市居民在"居家养老"中遇到的住宅空间环境问题，实现现有住宅的终身可居住利用。笔者留学日本大学大学院关沢研究室的同门师兄坂本启治一级建筑师曾经根据住户的要求，对一所住宅在22年的居住过程中进行过3次"适老"改造设计，实现了住宅的终生可居住利用[204]。1977年，当时56岁的洋杂货自营业女主人因脑出血入院紧急救治，经过治疗后留下半身不遂和语言表达方面的一些障碍，在印刷公司就职的男主人找到坂本建筑师，希望能够对已经居住了20多年的住宅进行适应性的改造设计。由于条件和工期的限制，第一次的改造主要是针对浴室、卫生间和洗面所进行的。在居住功能方面将过去作为店铺的部分改作起居室，将过去的起居室改为夫妇的卧室。因离公共浴室很近，早期的住宅中没有浴室，因此在这次改造中拆除了过去的杂物棚并增设了浴室，采用了长度为1.20m的天然气直接加热型浴盆，并留出1.00m宽度的介护空间。卫生间改造将过去的蹲式便器换成坐式便器，并确保了0.80m宽和1.35m

长的内部空间大小。采用了成品的洗面台,节省了占用洗面所的空间并留出了入浴更衣的位置(图 6-9)。

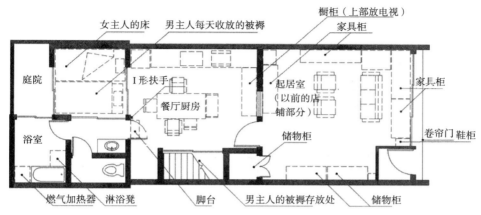

图6-9 第一次"适老"改造平面图

经过第一次改造并居住使用了10年之后,男主人从公司退休,由于心脏疾病使得身体状况和过去相比有了较大的衰退。第一次改造后的卧室面积较小,女主人睡在床上,男主人为了照顾女主人就睡在床边的榻榻米上,每天收、铺被褥成为耗费体力的一项工作。同时餐厅厨房与起居室分割开来在利用上不够灵活,特别是两个子女带着孩子回来就显得比较拥挤,于是就请坂本建筑师进行了第二次的"适老"设计改造(图 6-10)。

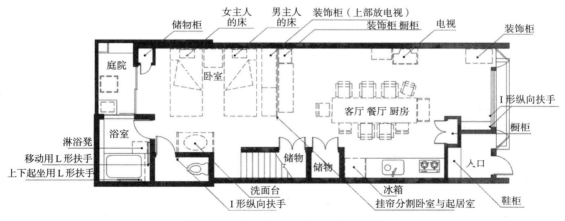

图6-10 第二次"适老"改造平面图

这次改造首先将住宅内的地面高差全部去除掉,更换了浴室设备,在浴室、卫生间和玄关处增设了扶手,拆除卧室与餐厅的隔墙,将卧室扩大改成可摆放两张单人床的布局形式,起居室、餐厅和厨房整合为一个完整空间并与卧室用隔断分开,增加了空间的开放感。

第二次改造虽然住宅的面积没有改变，但使得每天活动的空间范围得到了扩大，生活空间的质量得到了提高。

第二次改造后又居住了11年，男女主人都已成为近80岁的高龄老人了，生活行动和自理能力在不断下降，每周需要2次生活援助人员到家里来进行生活辅助，特别是入浴需要人员在旁边辅助，如厕的起坐和洗面的站立变得困难，水平移动时需要借助手扶来帮助稳定身体。在这种状况下，为了能够继续在家中养老生活，于是再次请坂本建筑师进行了第三次的"适老"设计改造（图6-11）。

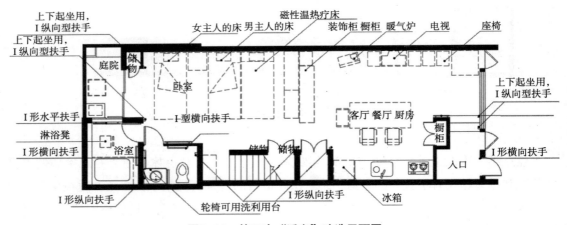

图6-11 第三次"适老"改造平面图

这次改造主要以提高生活的安全性，防止身体伤害事故的发生为目的。首先为了便于扶手的设置，将洗面台和卫生间在空间上合二为一，洗面台换成能够适应轮椅利用式，增设了便于上下和水平稳定的扶手。其次在居室内的出入口处和活动通过的墙面位置设置了相应的扶手，增强了上下起坐和水平移动的稳定性。

从这所住宅在20多年间进行的三次"适老"改造来看，伴随着老年人年龄的增长，对住宅功能空间的利用方式会产生阶段性的变化，从注重功能空间的独立性和丰富性转变为安全性和便利性。年龄的增加导致身体机能的衰退，"适老"改造的目的就是要排除生活中危险的东西，防止身体伤害事故的发生，同时最大限度地为老年人的居家养老生活提供便利，为老年人生活的自理与自立提供帮助。

为了实现"居家养老"和城市现有住宅的可持续利用，政府可以通过一定的奖励和资助办法来鼓励居民对现有住宅进行终生可居住改造。如日本东京都的江户川区对愿意与子女合居而需要对住宅进行改造的家庭，施行了低息贷款援助制度；对长期租房生活的老年家庭希望改善养老居住条件而更换新的租房，其提高的房屋租金差价全部由区政府负担；对所有准备"居家养老"而计划对住宅进行改造的老年家庭，实行了改造工程费用由区政府全额负担制度[205]，这些相关政策的实施使社区内老年人的养老居住生活水平有了较大的提高。

### 6.3.4 新建城市住宅的终生可居住设计

为了使城市住宅能够满足"居家养老"的使用需要，与其将来投入大量的人力和物力对住宅进行改造，不如在住宅开始设计和建造时，就把将来老年人可能产生的居住行为需求变化考虑进去，采取相应的技术措施，只需进行简单的"适应性"改造，就能为住宅的终生可居住创造条件[206]。

要使城市住宅实现终生可居住利用，就必须结合家庭生命周期中家庭结构的动态变化以及生活方式与生活行为的变化特点，对住宅进行适应性的规划设计。从一定意义上讲，当住宅建成并入住使用之后，住宅便处于不断地变化之中。终生可居住住宅是一个以使用者为中心的满足生活变化的空间系统，这个空间系统体现出灵活性、开放性和可参与性[207]。

1. 终生可居住住宅的基本要求

借鉴国外的先进经验，为使今后新建的城市住宅能够满足将来的"居家养老"，实现住宅的终生可居住利用，在新建城市住宅的设计中应注重以下几个方面：

（1）平面设计：至少设定住宅套内中的一间卧室将来为老年人使用，使这间卧室与出入口、起居室、餐厅、厨房和卫生间邻近，跃层式住宅应将老年人卧室设置在底层。

（2）室内高差设计：在老年人日常活动的区域内，地面尽可能采用零高差，特别是在玄关、厨房、卫生间的出入口处。

（3）出入口、走道设计：玄关入口门的宽度最好设置为1.20m的大小门，内部走廊的有效宽度应在1.20m以上，其他各房间的出入口宽度不低于0.80m。

（4）地面材料：户内各房间地面应采用防滑建筑装饰材料，尤其是厨房和卫生间的地面。

（5）扶手：在卫生间、楼梯、入口和走道等将来要设置扶手的部位，如果设计中采用了轻质隔墙，应设置局部墙体补强材料和能够安装扶手的预埋件。

（6）设备：住宅内的供水设备、电器设备、煤气设备要充分考虑老年人使用的安全性和易操作性。在老年人的卧室、厨房和卫生间内设置呼救系统的预留埋线，便于将来与社区老年人服务管理网络连接，实现远程监护。

日本江别市道营大麻住宅小区中的老年住宅在室内容易出现紧急情况的地方都设置了安全管理系统（图6-12），其中包括紧急情况通报按钮、生活异常检测装置、火灾和天然气泄漏报警器等。当按下紧急通报按钮时，一方面设置在住宅外部走廊上的报警器会发出信号，争取在第一时间内得到近邻的援助，同时安全管理系统也会将求救信号直接传送到LSA室，及时取得LSA的救护。

2. 住宅各功能空间与居住行为的适应性设计

根据前期问卷调查的结果分析以及家庭不同阶段居住行为与居住空间的适应性分析，对构成住宅主要功能空间的各个部分重点进行适应性设计方法研究。

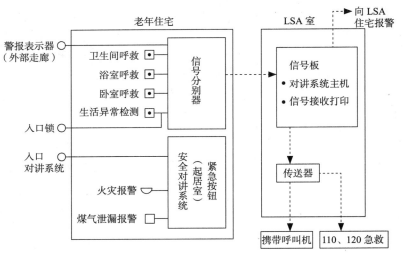

图6-12 大麻住宅小区老年住宅紧急通报系统[176]

1）起居室

起居室是一家人休息、团聚的地方，是住宅中的核心空间，同时也是老年人日常生活中停留时间最长的地方，起居室的适应性设计应保障家庭成员能够在其中舒适地开展日常起居活动。

（1）起居室内的居住行为

起居室内的基本居住行为有家庭日常休闲、娱乐活动，一般也是家庭会客的主要场所，根据家庭的经济收入状况以及主人的兴趣爱好，在起居室中家具和家用电器的设置种类与摆放方式会有较大差异。

（2）起居室空间的基本寸法

在住宅设计规范中只是对起居室的面积提出了不小于 $12m^2$，布置家具的墙面直线长度应大于 3.00m 的要求。近年来，在城市住宅设计中普遍采用了大起居室、小卧室的面积分配方式，起居室在户型面积中所占的比例最大，面积一般都超过了 $16m^2$，最小开间在 3.60m 以上（图6-13）。从家庭不同阶段居住行为与居住空间的适应性分析来看，目前起居室的空间设计基本能够满足家庭不同阶段使用需求的变化[151]。

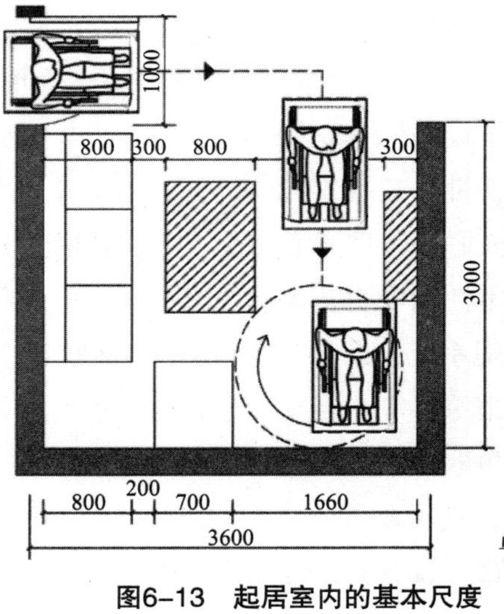

图6-13 起居室内的基本尺度

（3）起居室的适应性设计

目前按规范设计的起居室在面积上虽然能够满足基本居住需求，但在一些住宅的设计中，常常会出现入户交通流线穿过起居室造成空间完整性的破坏，此外在起居室中开门较多也是影响使用的常见问题。起居室的设置位置应避免通往老年人频繁使用的空间的动线过长，同时在起居室中应确保一个能够停放轮椅的宽裕空间，以便使用轮椅时也能参与家庭的团聚活动。在起居室的朝向上，进入空巢期之前由于户外活动占有较大比重，对北向的起居室还能够接受，但进入空巢期后的家庭由于户内活动所占比重变大，对起居室南向的希望也越来越强烈，因此，考虑到终身可居住利用，起居室应尽可能设置为南向。

2）卧室

卧室不仅是居住者休息睡眠，也是带有个人私密性的放松休憩空间。在现有的住宅设计中常常有主卧室与次卧室之分，主卧室是家庭生命周期中夫妇一直要居住的空间，因此要考虑满足不同阶段的使用要求，次卧室有可能成为与父母共同生活时父母的居住空间，因此宜将住宅中的一个次卧室按老年人居住需求进行设置。

（1）卧室内的居住行为

主卧室是家庭夫妇的居住空间，除了要满足夫妇基本的生活行为需求外，在满巢Ⅰ期还要考虑在卧室内放置婴儿床的需要，在空巢期满足夫妇分床休息和起卧时需要介护所需的空间[209]。

当家庭夫妇与一方的父母共同生活时，次卧室就成为老人们的居住场所，其使用特点基本与空巢期夫妇的居住行为相类似。

（2）卧室空间的基本寸法

在住宅设计规范中只是对双人卧室的面积提出了不小于 $10m^2$，应有直接采光和自然通风的要求。但从前期的调研和家庭不同阶段居住行为与居住空间的适应性分析结果中看出，仅仅制定卧室的面积标准是不全面的，家庭不同阶段的居住行为对卧室空间提出了不同的设置要求。

在确定常用家具尺寸和基本居住行为所需空间尺度的基础上（图6-14），通过对家庭生命周期不同阶段的居住需求进行归纳和对比可以看出：

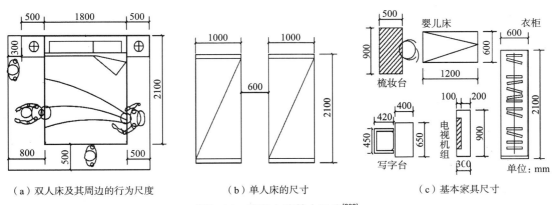

图6-14 卧室内的基本尺度[203]

新婚期卧室内满足基本居住需求的最小空间为 3.44m×3.94m。满巢Ⅰ期由于需增设婴儿床，所需卧室最小空间为 3.44m×4.54m。满巢Ⅱ期子女离开父母进入到次卧室，主卧室回归到新婚期的空间大小。空巢期考虑到轮椅的使用以及夫妇分床休息的需求可能，卧室内满足基本居住需求的最小空间为 3.84m×4.44m。鳏寡期考虑到生活介护的需要，卧室内满足基本居住需求的最小空间为 3.84m×3.94m（图6-15）[209]。

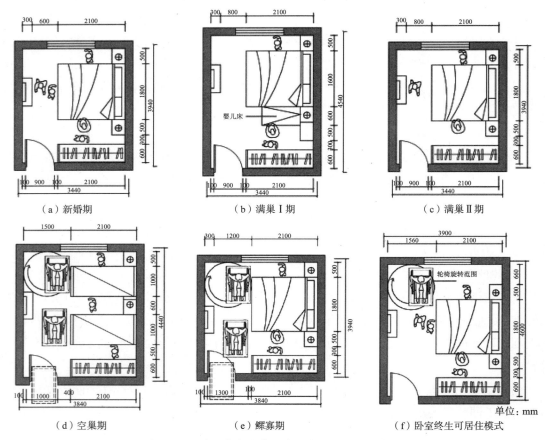

图6-15 卧室内各家庭生命周期阶段的居住需求

通过对家庭生命周期五个阶段的居住行为与空间布局的分析可以看出，对主卧室开间要求最大的是空巢期和鳏寡期为 3.84m，对进深要求最大的是满巢Ⅰ期和空巢期为 4.54m。结合对五个阶段居住方式的分析结果，故主卧室的空间尺度设定为 3.90m×4.60m 比较适合，能够满足家庭不同阶段居住行为多样化的需求（图6-16）。

（3）卧室的适应性设计

主卧室考虑到今后满足轮椅使用、分床布置或生活介护的需要，空间尺度以 3.90m×4.60m 为宜，另外特定为将来供老年人居住的次卧室，根据分析比较适合的空间尺度为 3.60m×3.90m，并且最好临近卫生间，便于老年人夜间如厕使用。考虑到今后可能使用轮椅以及紧急情况下的避难需求，老年人卧室通往户外的动线布局不应太长。良好的卧室居住环境不仅仅只考虑空间上的大小，还必须要有良好的朝向、合理的家具布置以及舒适的光、声、热物理环境。为了提升居住的安全性，在主卧和老年人次卧中应设置紧急时的呼救装置和火灾报警器等设备。

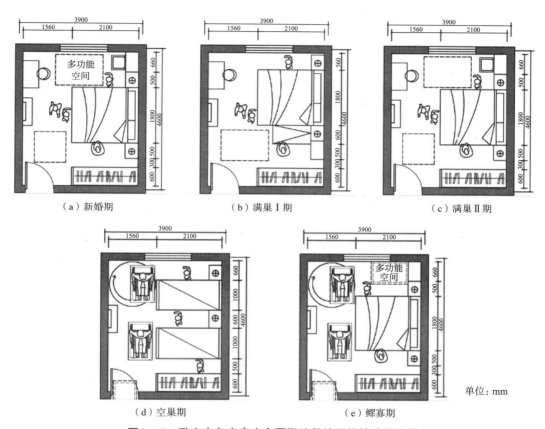

图6-16 卧室内各家庭生命周期阶段的可能性功能布局

3）厨房

厨房是住宅空间内重要的功能空间，是制作家庭饮食的主要场所，也是家庭主妇利用时间最多的工作场所。

（1）厨房内的使用行为

厨房内的行为活动主要是做饭和洗涤餐具，并且有着较强的流线特征，因此在设计过程中要充分考虑行为动作的基本程序和行为特点。

（2）厨房空间的基本寸法

在住宅设计规范中对厨房的面积提出了一、二类为 $4m^2$，三、四类为 $5m^2$，操作面净长不小于 2.10m，单排布置设备的厨房净宽不小于 1.50m 和双排布置设备的净距不小于 0.90m 的要求。按照住宅规范的要求和目前住宅中经常利用的形式，厨房空间的布局方式主要有单边型、双边型、L 形、U 形和半开敞式几种类型（图 6-17）[209]。

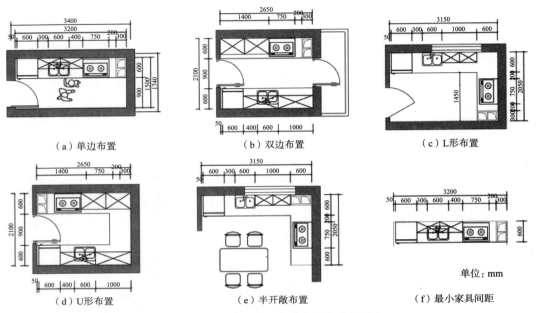

（a）单边布置　　　　　　（b）双边布置　　　　　　（c）L 形布置

（d）U 形布置　　　　　　（e）半开敞布置　　　　　　（f）最小家具间距

单位：mm

图 6-17　最经济尺寸下各种布置方式的厨房

但如果考虑到将来在空巢期和鳏寡期老年人使用轮椅能够易出入和易操作，则现有住宅规范的要求就显得还不够完善。根据确保在厨房空间内轮椅使用者的操作行为所占据的水平、垂直空间范围及基本交通空间的寸法，厨房空间的布置形成以下几种方式（图 6-18）。

从分析图中可以看出，在单边型和 L 形的布置方式中，厨房的开间宽度应不小于 2.34m；在双边型和 U 形布置中，厨房开间的宽度最好能够大于 2.70m；半开敞的布局方式具有较好的适应性，有利于将来轮椅使用者利用。

从操作台的设置长度与厨房面积最小化的控制关系上来看，L 形的布局方式最为合理，对于家庭不同阶段中使用者的适应性最强。

（3）厨房的适应性设计

通过对厨房各种布局方式与家庭不同阶段的使用状况分析得知，出现不适应性问题的阶段主要在空巢期和鳏寡期，应将轮椅使用者的利用需求作为设计的主要依据。在布局方式上，应避免通往其他空间的动线与做饭时的使用空间重合，避免厨房与餐厅之间的动线过长，尽量采用 L 形操作台的布局方式；在出入口宽度的设计上，要满足轮椅易出入的需要；地面铺设装饰材料要尽可能消除高差，防止湿滑；开关、插座的高度、位置应考虑老年人的使用，设置在伸手能够够到的位置；厨具设备应考虑到老年人使用

6 满足"居家养老"的城市社区住宅规划设计

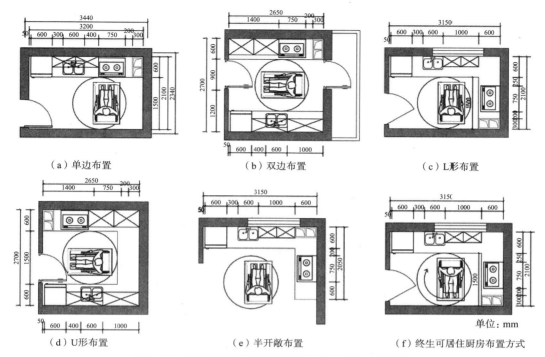

(a) 单边布置　　　　(b) 双边布置　　　　(c) L形布置

(d) U形布置　　　　(e) 半开敞布置　　　　(f) 终生可居住厨房布置方式

图6-18　可供轮椅使用者使用的各种布置方式的厨房

的安全性,应设置燃气泄漏与火灾报警装置;此外采光与自然通风也是必须考虑的设计要素。

4) 卫生间

卫生间是居家生活利用频度较高的空间,其设计的合理适用与否,对所有家庭成员特别是老年人至关重要,直接影响到居住的舒适性和安全性。从前期的问卷调查和对家庭生命周期居住行为与居住空间适应性分析来看,卫生间存在的问题较多,同时也是住宅内身体遭受伤害事故的高发区。我国目前建设的城市住宅多将厕所、洗面与浴室采用合设的方式,住宅面积在 $100m^2$ 以上设置两个卫生间的户型也比较常见,卫生间的基本面积大多集中在 $4 \sim 6m^2$ 之间[210]。

(1) 卫生间内的使用行为

居住者在卫生间内的基本行为活动主要有如厕、洗漱和沐浴,同时还兼有化妆、洗衣和放取储物活动。根据家庭生命周期不同阶段的使用特点分析,家庭成员对于卫生间的利用需求是有所不同的,除一般使用外,还要考虑轮椅者的使用方式与特点,如厕、入浴需要介护时所必须确保的空间等。

(2) 卫生间的基本尺法

在住宅设计规范中提出了卫生间应至少设置三件卫生洁具并且最小面积为 $3m^2$,同时还要求设置洗衣机的位置。虽然目前很多住宅卫生间在面积上超过规范要求达到

4～6m²，但由于布局方式以及洁具设置位置的不合理导致在实际使用中仍然存在诸多问题。目前城市住宅中三件卫生洁具在卫生间中的布置方式及相互关系常见有以下三种类型（图6-19）[209]。

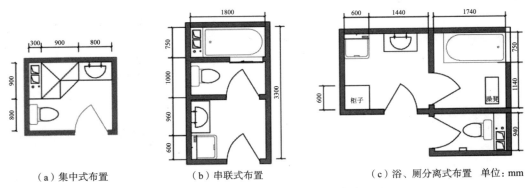

（a）集中式布置　　　（b）串联式布置　　　（c）浴、厕分离式布置　单位：mm

图6-19　卫生间的基本平面布局方式

集中式布置。三件卫生洁具集中设置在一个空间内，以单边和L形布置方式居多。该布置方式集约了三件卫生洁具的使用空间，容易实现面积的最小化，同时管网集中布置体现了良好的经济性。不足之处在于同时只能容纳一个家庭成员使用，在满巢Ⅰ、Ⅱ期的早、晚利用时段容易出现问题。

串联式布置。根据使用频率和使用特点将三件卫生洁具分设在三个串联的空间内，这种布局方式可以做到干湿分区，供家庭成员同时洗漱和如厕或入浴使用，但缺点是内部空间的采光和自然通风会受到一定的影响。

浴、厕分离式布置。将厕所与洗面和浴室完全分离，这种布局方式可以完全做到干湿分区，如厕与洗浴同时利用，但缺点是占用面积较大，在小户型或经济型住房中难以适用。

从家庭生命周期居住行为与居住空间适应性分析来看，在家庭成立期、满巢Ⅰ期和满巢Ⅱ期出现的问题主要体现在卫生间设置的数量上，这些可以通过改良设置方式例如采用串联式和浴、厕分离式来进行解决。在空巢期和鳏寡期出现的问题主要体现在无障碍使用要求上。

满足轮椅使用者在卫生间内的如厕和入浴行为是实现卫生间终生可居住的必要条件[211]。卫生间中卫生洁具的设置方式不同，对轮椅使用者发生行为动作时所占用的空间尺度有很大影响（图6-20）。

根据轮椅使用者在卫生间内行为的基本动作特点，将使用坐便器的基本空间尺度概括为1.50m×2.20m；使用洗脸池的空间范围为1.20m×1.50m；使用浴盆的空间范围为1.60m×2.20m[213]。

6 满足"居家养老"的城市社区住宅规划设计

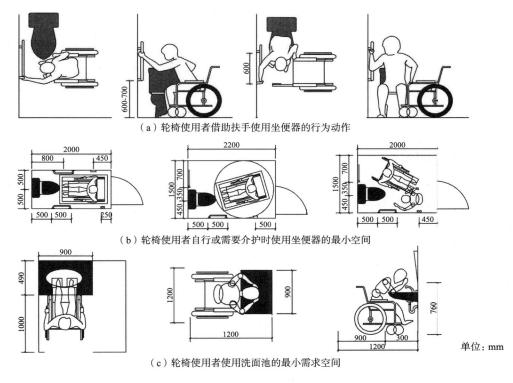

图6-20 轮椅使用者使用坐便器及浴盆的基本空间尺度[212]

（3）卫生间的适应性设计

通过对卫生间各种布局方式与家庭不同阶段的使用状况分析可以总结出，卫生间的位置应尽量靠近老年人居住的卧室，保证前往卫生间的通道在夜间也能安全地通行；应尽可能确保较大的面积，满足轮椅使用者如厕、入浴的使用需要以及将来介护帮助的实现；出入口设计要满足轮椅易出入的需要，地面铺设装饰材料要尽可能消除高差，防止湿滑；在卫生间中应设置老年人在紧急情况下的安全呼救装置，应采用座式便器并在便器的旁边设置电源插座，便于将来安装水洗装置的需要；此外卫生间中的采光与自然通风也是必须考虑的设计要素。

5）住宅内的交通空间

（1）水平交通的适应性设计

在住宅设计规范中对解决走廊和出入口处的地面高差以及墙面安装扶手并没有强制性要求，只是规定了设置电梯的住宅公共出入口有高差时要设置轮椅坡道。通过调研得知，老年人在住宅中水平移动最容易发生人身伤害事故的场所是地面存在高差的地方，因此各出入口处的地面饰材应尽可能选用无高差的铺装工法，因防水需要可在厨房和卫生间的入口处将高差改为缓坡，或在入口处设置排水地沟来防止卫生间的水流入室内的问题[214]。

当老年人使用轮椅之后，造成移动不畅的主要有户门宽度和门槛问题，因此入户门的宽度宜设置为1.20m的大小门,便于将来使用轮椅的老年人出入方便和大型家具的搬运。调查得知最容易出问题的户内门是厨房与卫生间,门洞的最小宽度应保证轮椅的出入通畅。当入楼门和入户门出现门槛时,应采用满足轮椅通行的构造工法。

为了保证老年人将来在住宅中移动时的安全,应考虑在后期适应性改造时能够安装扶手,因此在将来需要设置扶手的部位,如果设计中采用了轻质隔墙,应设置局部墙体补强材料和能够安装扶手的预埋件[51]。

(2)垂直交通的适应性设计

城市住宅的高层化已成为住宅建设的一个发展趋势,因此要使住宅满足终身可居住的需要,在电梯的选型和利用方式上要考虑老年人和轮椅利用者的使用需求,采用无障碍的电梯设计[215]。

### 6.3.5 "终生可居住型"住宅的设计导则与设计内容

"终生可居住型"社区住宅强调从时间的维度实现居住者终其一生的居住适应性,要求设计者在设计住宅时,应充分考虑使用者随年龄增加在各功能空间中所产生的需求变化,设计出通过一定改造就可以满足各年龄段居住需求的永续性住宅,并使之成为我国应对老龄化社会发展的基础性住宅(表6-4)。

"终生可居住型"社区住宅可以从两个方面着手进行建设:①对新建城市住宅采用"终生可居住型"住宅的设计要求,使今后建设的住宅都能够实现终生可居住利用;②对既有住宅进行"适老"改造,通过对一些功能空间和建筑局部进行满足老年人使用需求的改造,在居住空间环境的营造上最大限度地帮助老年人实现居家养老(表6-5)。

"终生可居型"住宅的设计导则　　　　　　　　表6-4

| 基础导则 | 1.提升住宅的安全性、舒适性和经济性,满足对老年人生活行为进行援护的需要 |
| --- | --- |
| | 2.设置多个次卧室时,须将其中一个设定为老年人卧室 |
| | 3.住宅的各功能空间应尽可能设置在同层,采用跃层时将老年人卧室与玄关、起居室、餐厅、厨房、卫生间设置在同层,老年人卧室应与卫生间临近 |
| | 4.设置多个卫生间时,应使其中一个卫生间特别是临近老年人卧室的卫生间满足导则的要求 |

| 部位 | 设计导则 | 所处空间位置(■的空间) |
| --- | --- | --- |
| 通道、出入口的宽度 | 住宅中走道、各出入口的宽度应满足轮椅利用者的通行需要。<br>1.走道宽度在1.2m以上。<br>2.玄关采用1.2m的入户子母门,卧室、厨房和卫生间门的有效宽度在0.8m以上 | |

续表

| | | |
|---|---|---|
| 地面高差 | 住宅中老年人日常生活通行路径的地面应采用无高差设计，或采取满足轮椅通行的构造设计 | |
| 地面铺装材料 | 住宅中特别是老年人日常生活利用空间的地面铺装应采用防滑材料 | |
| 扶手设置 | 主卧室、老年人卧室、卫生间和走道的墙壁，应在将来需要设置扶手的位置采用满足安装要求的墙体构造设计 | |
| 门窗设置 | 门窗开启方式和把手的选择应满足老年人利用的安全性，卫生间应采用外部能够开锁的门锁，门上玻璃应采用安全的钢化玻璃 | |
| 室内设备 | 室内的电器设备、燃气设备和热水设备在设计及安装上应充分考虑老年人利用的安全性。<br>1. 主卧室、老年人卧室和卫生间设置安装报警装置的埋线。<br>2. 厨房设置火灾和燃气泄漏报警装置 | |
| 室内环境 | 结合地域的气候、温度情况，采用必要的设备满足老年人生活需要的室内温湿环境 | |

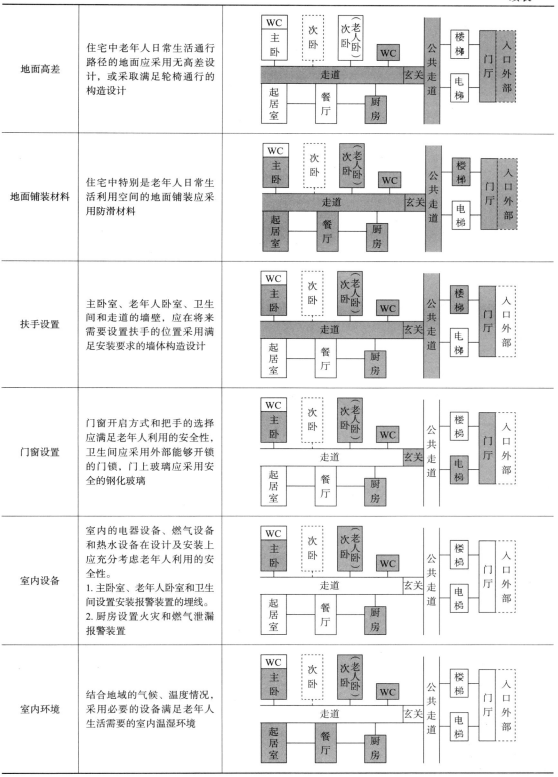

**"终生可居型"住宅的改造与设计内容**　　　　　　　　　　　　　　　表6-5

| 住宅部位 | 工程内容 | "终生可居型"社区住宅的改造与设计 ||
|---|---|---|---|
| | | 既有住宅的"适老"改造 | 新建住宅的设计要点 |
| 住宅内部 | 玄关 | 进行降低入口门槛和消除玄关地面与室内地面高差的改造，便于轮椅的使用 | 采用宽度为1.20m的入户子母门设计；采用降低入口门槛的设计方法，消除玄关地面与室内地面的高差 |
| | 起居室 | 进行舒适性较好的木质地面改造，降低跌倒造成的身体伤害 | 采用起居室南向的布局方式 |
| | 主卧室 | 进行确保轮椅出入的门口宽度改造；进行舒适性较好的木质地面改造，降低跌倒造成的身体伤害 | 采用不小于3.90m×4.60m的空间布局方式；预埋设置紧急呼救装置的线路 |
| | 次卧室 | 进行确保轮椅出入的门口宽度改造；进行舒适性较好的木质地面改造，降低跌倒造成的身体伤害 | 采用不小于3.60m×3.90m的空间布局方式；临近卫生间，便于老年人夜间如厕使用；预埋设置紧急呼救装置的线路 |
| | 卫生间 | 进行满足轮椅使用者如厕、入浴及需要介护帮助的卫生设备改造；进行满足轮椅易出入的出入口改造；进行消除高差，防止湿滑的地面铺设材料改造；进行辅助起坐及水平移动便利的扶手加装改造 | 采用确保一个卫生间坐便器1.50m×2.20m；洗脸池1.20m×1.50m；浴盆1.60m×2.20m的空间布局方式，满足轮椅使用者如厕、入浴及将来需要介护帮助的利用；采用0.8m以上满足轮椅易出入的出入口宽度设计；采用消除高差，防止湿滑的地面铺设装饰材料；预埋设置紧急呼救装置的线路；采用座式便器并在便器的旁边设置电源插座，便于将来安装水洗装置的需要 |
| | 厨房 | 进行满足老年人、轮椅使用者操作方便的厨房设备改造；进行满足轮椅易出入的出入口改造；进行消除高差，防止湿滑的地面铺设材料改造；采用方便老年人使用的开关、插座高度改造 | 采用开间宽度不小于2.34m（单边型和L形）、2.70m（双边型和U形）的布置方式；建议采用半开敞的布局方式有利于将来轮椅使用者利用；采用0.8m以上满足轮椅易出入的出入口宽度设计；采用消除高差，防止湿滑的地面铺设装饰材料；采用方便老年人使用的开关、插座设计高度； |
| | 餐厅 | | 采用满足轮椅使用者用餐的空间布局方式 |
| | 阳台 | 进行高差消解、铺设防滑地面材料改造 | 采用消除高差，防止湿滑的地面铺设装饰材料 |
| 公共空间 | 建筑入口 | 进行高差消解、铺设防滑地面材料改造 | 采用1.2m以上满足轮椅易出入的出入口宽度设计；采用自动或开闭方便的楼门设计；采用无台阶、防止湿滑的地面设计 |
| | 走道 | 进行高差消解、铺设防滑地面材料改造；进行老年人通行区域的加装扶手改造 | 采用1.4m以上通行宽度的设计；采用无台阶、防止湿滑的地面设计；采用至少单面设置扶手的设计 |
| | 楼梯 | 进行至少单面设置扶手，扶手水平延长长度不小于20cm的改造；进行地面防滑的改造；进行踏步无阴影的照明改造 | 采用踏高小于16cm，踏宽大于30cm的楼梯设计；采用至少单面设置扶手，扶手水平延长长度不小于20cm的设计 |
| | 电梯 | 进行多层住宅的加装电梯改造 | 采用宽度大于0.8m的电梯出入口设计；采用便于轮椅回转的1.5m×1.5m梯箱；采用便于轮椅使用者利用的操作面板设计 |

## 6.4 运用保障性住房建设实现养老居住水平改善

### 6.4.1 充分发挥保障性住房的引领作用

从 20 世纪 80 年代开始，我国的住房制度从计划体制逐步进入到货币化分配、商品化流通的新运行轨道，除实行住房公积金制度外，还初步建立起以经济适用房、廉租房为主体的保障性住房制度。保障性住房是指由政府统一规划、统筹建设，限定建造标准、销售价格或租金标准，提供给中低收入家庭居住使用，满足其基本居住生活所需，能够体现社会保障作用的住宅。在我国城市生活的中低收入家庭中，既有大量的空巢和孤老家庭，也有众多的三代共同居住家庭，根据一些城市的调查统计，中低收入家庭中的老年人口比重普遍要高于一般家庭，由于经济收入的制约，这些家庭的居住条件和居住水平处于比较困难的状况。解决和提高中低收入家庭的住房条件与水平，它既是社会保障制度在实现"老有所居"中的体现，也是改善民生、促进社会和谐发展的重要内容。

通过保障性住房建设一方面可以有效解决城市低收入家庭的住房困难问题，另一方面也能够对适宜"老有所居"的城市住宅建设起到良好的引领作用。日本半个多世纪以来在保障性住宅建设方面的发展经验以及所取得的建设成就给予了我们良好的启示。二战结束后，面对 420 万户家庭无处可居的住房问题，日本政府一边采取应急措施，一边开始着手制定住宅建设国家政策。到 1965 年形成了日本以公共资金进行住宅建设发展体制的四大支柱（表 6-6）。在住宅建设"五年计划"的指导下，开始根据收入的不同（由低到高顺序为公营—公社·公团—公库）有计划地开展住宅的供给[180]。

日本政府的住宅建设政策体系在战后住宅建设中发挥了主导作用。1966 年制定了《住生活基本法》，确定将五年作为一个周期，全国分为十个区域来制定和实施住宅的建设计划，住宅建设"五年计划"从 1966 年开始到 2006 年共进行了八期。在第二个"五年计划"结束时基本上解决了住房难问题，到第五个"五年计划"完成时已有 90% 以上家庭达到了政府制定的最低居住标准，住宅建设由此从注重数量增长进入到提高住宅品质和环境质量的时代[216]。

日本保障性住宅建设发展体制的四大支柱（公营、公库、公团、公社） 表 6-6

| 住宅名称 | 住宅相关法律 | 建设目的 | 法律的制、改订 | | 住宅所有关系 | | 事业主体 | |
|---|---|---|---|---|---|---|---|---|
| | | | 制定时间 | 最新改订时间 | 持有 | 租赁 | 建设主体 | 管理主体 |
| 公营住宅（都道府县市町村） | 公营住宅法 | 在国家和地方公共团体的协助下，为低收入者提供低房租、健康并能满足文化生活的住宅，保障国民的生活安定和增进社会福利 | 1951 年 6 月 4 日 | 2006 年 6 月 8 日 | — | ○ | 都道府县公社·民间 都道府县公社·民间 | 都道府县市町村 |

续表

| 住宅名称 | 住宅相关法律 | 建设目的 | 法律的制、改订 制定时间 | 法律的制、改订 最新改订时间 | 住宅所有关系 持有 | 住宅所有关系 租赁 | 事业主体 建设主体 | 事业主体 管理主体 |
|---|---|---|---|---|---|---|---|---|
| 公库融资住宅 | 独立行政法人住宅金融支援机构法（旧住宅金融公库法） | 帮助国民实现住生活环境的改善而进行的住宅建设，对灾害复兴中住宅的建设提供长期低息贷款 | 1950年5月6日 | 2006年12月20日 | ○ | ○ | 个人·公社等个人·民间（公寓建设业者） | 个人·公社等个人·公寓管理组合 |
| 都市再生机构住宅（旧公团住宅） | 独立行政法人都市再生机构法（旧日本住宅公团法） | 为中、低收入家庭提供低于市场租金水平的租赁住宅和出售低利息分期付款的公共集合住宅，帮助生活基础设施落后的城市和地区进行旧街区改造和市政设施建设 | 1955年7月8日 | 2006年12月15日 | — | ○ | 都市再生机构 | 都市再生机构 |
| 公社住宅 | 地方住宅供给公社法 | 在住宅供给不足的地区，将工薪阶层的储蓄资金和其他渠道获得的资金合并用于建设条件良好的集合住宅，再提供给工薪阶层居住 | 1965年6月10日 | 2006年6月2日 | — | ○ | 住宅供给公社<br>住宅供给公社 | 住宅供给公社<br>住宅供给公社 |

近年来为了应对快速出现的高龄化、少子化和生活环境等方面的问题，2006年日本政府对《住生活基本法》重新进行了修订，之后又在这一法律的基础上制定了为期10年的全国《住生活基本规划》，将提供良好的居住环境和满足国民多样化的居住需求作为新的住宅政策的基本理念[217]。日本保障性住宅的发展建设历程如图6-21所示。

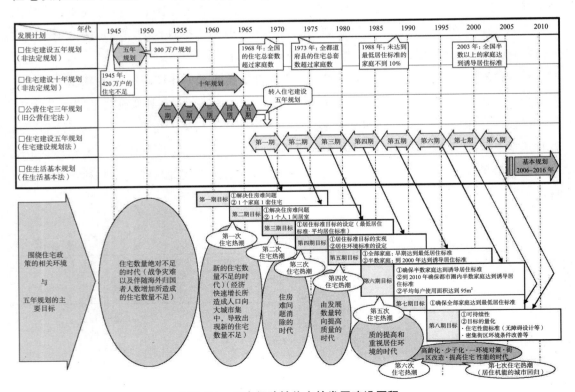

图6-21　日本保障性住宅的发展建设历程

在第七个"五年计划"执行期间,建设省(现国土交通省)还制定出《公共住宅企划规划指南》,对保障性住宅企划规划的实施方式、保障性住宅事业发展策略以及规划设计等方面提出了新的要求[218]。该指南明确了保障性住宅的设计原则,提出保障性住宅的建设必须在国家政策指导下,确保住宅具有良好的居住性、建设与管理成本的合理性以及与地域社会联系的紧密性[20]。同时,日本的保障性住房建设在解决老龄化社会的居住需求上也起到了积极地引领和促进作用,要求所有建设的保障性住宅都要把老年人居住使用的可能性作为住宅设计的一般标准,满足国家制定的《长寿社会对应住宅设计指南》的要求。

近几年来为了尽快解决城市低收入家庭的住房困难问题,保障性住房已成为我国当前各级地方政府的一项工作任务和城市住宅建设中的一个重要组成部分。此外为保持国家经济平稳发展,在国家最新公布的扩大内需、促进增长的10项措施中,"加快建设保障性安居工程"被列到了首位。面对城市老龄化社会进程的不断发展,虽然我国的保障性住房目前还处于数量严重不足阶段,但随着社会经济发展和相关政策的不断完善,发展建设的力度将会不断增大,与此同时对保障性住房的规划和设计也会不断提出新的要求。

2007年笔者受邀参加了建设部组织的"保障性住房建设标准"编写工作,在笔者负责编写的第三章建筑标准中,结合家庭人口、代际关系以及居家养老等要素进行了条文的撰写,提出了保障性住房建设应符合《老年人居住建筑标准》的要求。保障性住房是由国家投入建设的住宅,因此,在老龄化社会适宜"老有所居"的居住环境建设上应当发挥出引领示范的作用。如何借助于快速发展的保障性住宅建设来实现"老有所居"的目标,对保障性住房进行科学的规划和设计就显得极为重要。

### 6.4.2 老龄化社会保障性住房的建设发展构想

借鉴国外,特别是作为老龄化国家日本的保障性住宅规划设计经验,笔者认为,我国的保障性住房建设应以营造适宜"老有所居"的良好社区环境为目标,在规划设计研究上应把重点放在以下六个方面(图6-22):

(1)与地域特性相结合:应注重研究能够适应于当地气候、环境以及传统居住方式的保障性住房的建设方式,充分发掘和利用具有地方特点的建设资材,研究如何通过保障性住房建设来改善和提高传统社区的居住环境条件。

(2)与城市居民的居住需求相适应:应制度性地每五年对城市住宅的居住使用现状进行一次普查,及时把握居住需求因家庭收入水平的提高和构成人口的改变而产生的变化,为保障性住房的建设规模、建设标准的制定和调整提供可靠的依据。

(3)住宅选址与住宅形式的合理性:为了形成良好的居住环境,确保居住生活的便利性,应对保障性住房建设选址的确定方式进行认真的分析研究,根据建设用地在城市中的区位

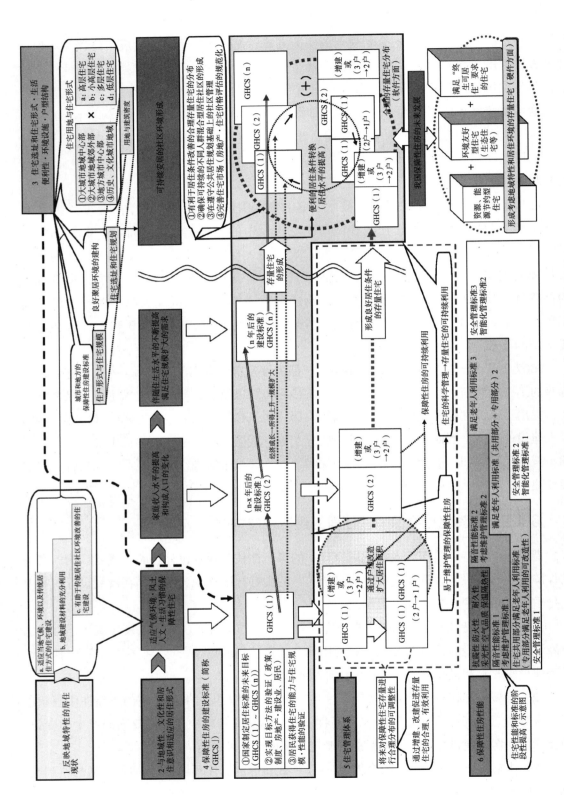

图6-22 我国老龄化社会保障性住宅的未来建设发展构想

关系以及周边环境特点，确定合理规模，优化选择住宅建筑形式以及适用的户型结构。

（4）合理制定住宅建设标准：应根据住宅普查结果和国家制定的住宅建设发展目标，结合城市居民获取住宅的能力以及生活方式发生的变化，研究制定不同阶段的动态建设标准，为通过未来建设发展而形成有利于居住条件改善的存量住宅，确保不同社会人群混合型可持续居住社区的形成奠定基础[198]。

（5）科学建立住宅管理体系：在对已有保障性住房进行合理的居住分配、使用管理基础上，应注重结合建设标准的动态变化，研究如何通过增建和改建方式，促进已有保障性住房的合理、有效利用，为将来对存量住宅进行合理的分布调整创造条件。

（6）不断提升住宅性能：应结合社会经济、建筑技术的发展状况，研究制定住宅性能的阶段性标准，使保障性住房的安全性、舒适性、耐久性等方面的性能得到不断提升。为了应对日趋发展的老龄化社会，目前建设的保障性住宅不但要满足居住者的一般需要，同时也要能满足居住者随着年龄增大、身体机能不断低下或身体活动机能产生障碍时的居住需要，也就是说所有建设的保障性住宅都要把老年人居住使用的可能性作为住宅设计的一般标准，满足"终生可居住型"城市住宅的使用要求[219]。

到目前为止，我国"保障性住房建设标准"还没有正式对外发布，针对保障性住房满足老龄化社会居住需求的规划设计还没有可以实施的标准，缺少对规划的宏观引导和设计的明确要求。面对今后紧迫的建设任务，如何通过科学的规划和设计使今后建设的大规模保障性住房在适宜"老有所居"的城市住宅建设中能够充分发挥出良好的社会和经济效益，最大限度地满足老龄化社会城市居民的使用需求已成为我们当前迫切需要研究和解决的问题。

## 6.5 本章小结

城市住宅应该在建设适宜"老有所居"的城市社区居住环境中发挥出应有的作用。以"居家养老"为模式构筑老龄化社会城市社区居住环境体系，是将老年人的安居养老住所融贯在整个城市社区的住宅之中进行建设，是我们在研究城市老年人养老居住问题上方法论的一个转变。

（1）要做到城市社区住宅的可持续使用，社区住宅的规划和建设应从两个方面来进行：①将部分老年住宅融贯在城市居住建筑体系之中进行建设；②应将重点放在做好"终生可居住型"城市住宅的规划、设计和建设中。

（2）通过在社区中适量地建设一些"独居型"、"合居型"和"邻居型"的老年住宅，能够合理地解决目前一部分老年人的养老居住问题。

（3）通过对城市住宅进行阶段性的适老改造以适应人的一生不同阶段生活需要的"终生可居住型"住宅建设，是实现城市社区"居家养老"居住场所体系建设的最核心内容。

（4）通过引入家庭生命周期理论，应用其合理的家庭阶段划分模型，有利于我们详细具体的把握家庭生活行为及居住需求的变化特点，有利于归纳总结出居住空间随家庭生活行为变化而需要改造的内容，有利于科学地指导"终生可居住型"城市住宅的规划与设计。

（5）通过对家庭不同阶段居住行为与居住空间的适应性分析可以看出，在整个家庭生命周期阶段中，居住行为与居住空间适应性最差的是家庭的老龄阶段。不适应问题表现最突出的生活空间是厨房、卫生间、卧室及交通空间，表现的形式有面积大小问题、设备的布置问题和利用方式的变化。出现问题最多的部位有室内外高差、出入口的宽度、地面铺装材料的防滑性以及垂直交通利用的便利性等。

（6）对现有城市住宅在空间上、构造上、设备上以及厨卫设施的尺度上无法满足养老居住需要部位进行"适应性"改造，可以在很大程度上解决部分城市居民的"居家养老"问题，实现现有住宅的终身可居住利用。

（7）新建城市住宅应在户型的平面设计、室内高差设计、出入口和走道设计、地面材料的选用、扶手的设置以及设备的配置方面符合"终生可居住型"城市住宅的设计要求。

（8）保障性住房建设应以营造适宜"老有所居"的良好社区环境为目标，满足"居家养老"的使用需求，在老龄化社会适宜"老有所居"的居住环境建设上发挥出引领和示范作用。

# 7 城市社区养老居住设施的规划设计

我国城市空巢老人与独居老人家庭数量的快速增长已成为全社会高度关注的一个问题。1985年以前,生活在城市中的老年人除很少一部分孤老能够移居到福利院和敬老院之外,绝大部分老年人都是采用家庭养老的生活方式。现在,伴随着传统家庭养老职能的逐渐弱化,如何为日益增多的空巢老人与独居老人营造一个良好的养老居住环境,已成为城市人居环境建设必须解决的重要课题。

笔者认为,建设适宜"老有所居"的城市社区居住环境应从两方面着手:①实现前章所述的以"居家养老"为核心的城市社区住宅建设,将过去完全由子女承担的老人经济保障和生活照料渐变为从"居家养老"社会服务体系中得到帮助;②要科学地进行社区养老居住设施建设,为无法实现"居家养老"的老年人提供良好的居住条件和养老服务。

## 7.1 城市养老居住设施的现状与问题

新中国成立后,各地方民政部门建设了一批主要收养城市中"三无"(无法定赡养人、无固定生活来源、无劳动能力)老人的社会福利院,这种养老方式带有国家援助供养性质,受经济发展水平的制约,能够收养的老年人数量有限。

改革开放后,面对不断增多的居家养老有困难的老人,政府一方面加大资金投入修建养老院、老年公寓等养老居住设施,另一方面也鼓励一些民营企业参与养老居住设施项目的开发建设。2001年国务院制定了《中国老龄事业发展"十五"计划纲要》,之后又颁布实施了《中国老龄事业发展"十一五"规划》以及《中国老龄事业的发展》,2011年9月在国务院发布的《中国老龄事业发展"十二五"规划》中,又进一步明确了"构建居家为基础、社区为依托、机构为支撑的社会养老服务体系,创建中国特色的新型养老模式"发展建设目标。从2001年起连续三年在全国城市实施了建设社区老年福利服务设施的"星光计划",总投资达到134亿元人民币,建成"星光老年之家"3.2万个。到2005年底,全国城乡共有社会福利院、敬老院、养老院、老年公寓和老年护理院等养老服务机构39546个,总床位达到149.7万张,收养老年人110.29万[220]。

尽管如此,城市养老居住设施目前无论从"量"还是"质"上都与老年人的实际需求有着较大差距,主要表现在收养能力的局限性与设施利用的不均匀性、地缘社会关系的割裂与设施服务质量的非亲情化以及养老生活内容与形式的差异化三个方面。

## 7.1.1 收养能力的局限性与设施利用的不均匀性

按国家老龄委的近期统计，我国目前城市每千名老年人拥有的养老机构床位数仅有11.6张[221]。与发达国家平均每千名老年人占有养老床位数50～70张的水平相比，我国城市养老居住设施在数量上存在严重的不足。

上海是我国老龄化比例最大也是老龄化社会居住环境建设起步较早的城市，到2007年年底全市共有养老机构560家，养老床位总数达到69785张，但总的床位数也只达到60岁以上老年人口的2.5%[222]。一些地理位置和设施条件较好的养老设施，老年人需要通过提前申请、排队等候才能入住。

改革开放以来，特别是在"十一五"规划时期，北京市在养老设施建设方面取得了显著进展。截至2010年底，共有养老机构419家，床位71589张，每百位老人拥有床位2.87张，社区日间照料中心和社区托老所5305家，床位32000张[223]，据调查统计，全市有12.7%的老人愿意到养老机构安度晚年，但由于设施床位数量的限制，目前仅有1%的老年人能够如愿以偿[224]。

一方面许多老人找不到地方养老，另一方面一些养老机构的入住率并不理想。2000年民政部的社会福利和社会事务司曾经对青岛、大连、佛山、烟台和北京五个城市市区范围内的养老机构入住率进行过调查，统计结果显示各种所有制形式的养老机构平均入住率为63%。其中，国办养老机构为81%，街道和市区的镇办敬老院为80.6%，个人办为61%，企事业单位办为34%[225]。另据调查京、沪等大城市的养老床位，40%分布在城区，60%在郊县，城区供不应求，郊县四成空置[226]。

入住率问题的形成虽是多方面的，但养老居住设施规划布局与使用需求的脱节是造成这一现象的主要原因。从近年来一些城市养老居住设施的发展建设状况看，受土地价格、建设成本以及环境条件等诸因素的影响，新建养老居住设施"郊区化"趋势比较明显。目前城区中现有的养老居住设施以旧建筑改造利用建成的方式居多，受原有条件的限制，室内空间质量、服务设施水平和外部环境条件相对比较落后。郊区新建的养老居住设施虽然环境条件相对较好，但由于老年人必须远离原有的生活环境，使得一部分老年人宁可选择居住在条件相对较差的城区养老居住设施也不愿到郊区去，造成城区与郊区养老居住设施在使用上出现"冷热不均"，严重影响了养老居住设施的使用效率。

## 7.1.2 地缘社会关系的割裂与设施服务质量的非亲情化

"亲缘"与"地缘"是老年人社会关系中最为重要的两个部分。亲缘关系是指老年人与子女、亲属等由血缘联系构成的社会关系，传统的养老模式是以亲缘关系为基础的。地缘社会关系是指老年人在长期的居住生活中与地域周围的邻居、朋友、熟人以及地域中各种组织所构成的社会关系。

由于目前的城市养老居住设施建设并没有完全按照老年人口分布状况和实际需求进行配置布局，这就容易导致入住到养老居住设施中的老年人既远离亲缘关系又失去了原有的地缘关系，造成在陌生环境中老年人易于产生寂寞与孤独等精神上的新问题。

另外目前城市养老居住设施还难以做到让入住的老年人得到亲情化的生活服务，其原因在于设施的硬件环境和服务水平都还与老年人的养老生活需求有着较大差距：

（1）设施规模超大化。目前我国城市养老居住设施的规模普遍偏大，很多都在几十甚至上百床位以上。设施的大规模化虽然有利于解决养老居住设施数量不足以及提高管理效率和降低运行成本，但这种大规模、效益化下的养老居住设施存在着无法解决老年人因年龄、文化程度、收入状况以及性格差异所带来的个性化需求等问题，难以实现亲情化的养老服务。

（2）空间功能雷同化。老年人的养老生活除了基本居住需求外，满足老有所乐、老有所为也是设施服务的重要内容。目前大多数养老设施内部功能形式雷同，多以食、寝空间设置为主，辅以阅览室和棋牌室等一般的活动空间，从内容到形式都过于单一化，难以满足老年人精神和文化生活的多样性需求。

（3）援护服务简单化。由于缺少针对养老居住设施提供服务的标准以及健全的管理规章制度，具有专业护理知识的工作人员严重缺乏，设施服务岗位大量聘用临时员工，服务内容简单，缺乏根据老年人身体状况进行的有针对性的服务。

### 7.1.3 养老生活内容与形式的异化

我国老年人对设施的根本需求不是向往宾馆的星级服务，而是享受儿孙绕膝，有老伙伴、老邻居聊天的快乐，多数老年人入住设施是迫于健康问题。当老年人入住到城市养老居住设施之后，以前在各自家庭中形成的个性化生活方式被转化为一种共同生活方式，原来以家务活动为主的日常生活转变成在设施中到时间吃饭睡觉，剩余时间下棋看报的生活内容，由主动型的自主生活转变为被动型的接受服务，使很大一部分老年人难以适应又不得不强迫自己接受，这种被异化的养老生活方式对老年人的身心健康会产生严重影响。

## 7.2 城市养老居住设施"社区化"建设的意义

通过对当前城市养老居住设施现状的调研，对存在的各种问题和老年人对居住设施需求的分析，本研究提出了应将城市养老居住设施配置在社区中进行规划和建设的发展思路。社区既是城市构成的基础单位，也是老年人日常生活的主要区域场所，社区已成为今天承载城市基层管理和直接服务群众的最基层社会机构。将城市养老居住设施配置在社区中进行建设能够较好地依托城市社区发展的有利条件，充分利用社区医疗服务网络，发挥"地缘"社会关系在老年人养老生活中的重要作用，有利于延续老年人长期形成的"家庭"生活方式。

### 7.2.1 充分利用社区医疗服务网络与"地缘"社会关系

发展城市社区卫生服务是我国卫生体制改革的重大内容，是 21 世纪我国城市卫生服务的发展方向。2007 年底，全国已设立社区卫生服务中心（站）2.7 万个，其中社区卫生服务中心 3152 个，社区卫生服务站 23881 个[227]，城市社区卫生服务模式已初具雏形。

将养老居住设施设置在社区中，可以充分利用社区卫生服务设施为老年人提供日常的健康管理和最快捷的健康保障服务。同时，可以减少养老居住设施中医护人员的数量，降低健康管理成本，减轻社会和家庭的经济负担，能够体现出良好的社会和经济效益。

老年人的养老生活不仅需要物质上的空间，也与社会有着密切的联系。中国有句古话"远亲不如近邻"，当亲缘关系难以在老年人养老生活中发挥作用时，地缘社会关系则是老年人养老生活中精神慰藉和生活援护上的重要补充。当老年人无法"居家养老"而必须入住到养老设施中时，居住到社区养老设施可以使老年人不脱离熟悉的生活环境，延续老年人养老生活中不可或缺的地缘、亲缘社会关系，易于给老人带来社区大家庭的认同感和归属感。

### 7.2.2 延续老年人的"家庭"生活方式

让生活在社区养老居住设施中的老年人仍然能够延续"家庭"生活方式，包含两个方面的意义：

（1）生活场所"家庭"化。由于在社区养老居住设施中生活的基本上都是本社区的老人，大家彼此熟悉，在养老设施中容易营造和睦的家庭气氛，形成良好的人际关系。同时社区养老居住设施充分利用城市住宅的空间构成特点，使入住其中的老年人仍然能够感受到居家生活的空间环境氛围。

（2）生活内容"家庭"化。在社区养老居住设施中可以根据老年人的身体状况和所掌握的生活技能，在援护人员的帮助下，让老年人来分担日常生活中的一些如购物、清扫、做饭等力所能及的劳动，使老年人一方面能够体会到为大家服务所带来的自我价值感，另一方面通过维持一定量的家务工作，延续家庭日常生活的特点。

### 7.2.3 社区资源的合理利用

伴随着社区发展与社区建设步伐的加快，通过发挥社区组织有效的行政机制，引入互助机制、志愿机制和市场机制，通过社区组织、民间组织、企事业单位和居民群众的共同参与，近年来城市社区的人居环境条件与质量都有了较大幅度的提升。很多城市社区设立了不同服务功能的社区服务中心并形成相应的服务网络，对社区的户外活动空间场地进行了有效地治理，增加了活动场地的类型和增设了各种健身活动器材，交往休闲空间的功能也有了进一步完善，在总体上逐步形成了一个较好的社区居住环境。

传统的城市养老居住设施在建设上和管理上往往具有自我封闭的特点，与社区形成脱离状态，面对养老居住设施在环境与服务方面存在的问题时，总是强调人力和物力资源的缺乏，当前社区已有的居住环境与社区服务资源难以得到有效的利用。在建设适宜"老有所居"的城市社区居住环境体系中，将养老居住设施放在社区中建设，就是要充分利用现有的社区资源，充分利用社区的建成环境和社会服务网络，最大限度地发挥社区组织对社区资源的协调管理职能，实现对社区资源有效的整合利用[58]。例如，社区建设的服务中心为在设施中居住的老年人提供送餐、护理等服务，社区医院为老年人提供健康管理与康复训练等。

## 7.3 "社区化"养老居住设施的建构方法

社区养老居住设施，顾名思义就是将养老居住设施在社区中进行配置与建设，同现有城区中运营的养老居住设施相比，其最大特点就是入住对象主要是长期在设施所在社区生活的老年人，并且设施从设置规模、服务方式以及管理模式都是针对该社区的特点与需求进行建设的。

社区养老居住设施主要体现的是生活的居住机能，能够对长期或短期在此居住养老的老年人进行全面的生活照料并对他们进行健康的护理。入住老年人开展文体、娱乐等活动则可以充分利用社区中的设施与场所，既节约了建设成本，又有利于促进老年人与社区居民的情感交流。因此社区养老居住设施的规划建设应注重结合社区各自的特点，充分利用社区中可以利用的各种资源，以老年人的养老生活需求和生活行为特点为依据，科学合理地规划和建设。

### 7.3.1 社区养老居住设施的规划方法

1. 养老设施规模的"单元化"

西方经济发达国家在早期建设福利型国家的目标指导下，建设了大量大规模的养老居住设施。作为福利先进国家的瑞典，在经历了高福利、高负担的发展过程之后，从20世纪80年代开始，提出了让老年人回归家庭和在普通居住环境中延续生活的新的发展建设理念。例如日本在20世纪90年代之前，为解决老年人养老居住问题所采用的主要对策是大量建设养老设施，这些养老设施根据老年人的生活自理能力和设施能够提供的服务内容分为不同的类型，采用地方自治体、社会福祉法人、医疗福祉法人、财团法人和社团法人等多种形式的投资管理模式，设施普遍采用60床位以上的规模。1999年日本推出了21世纪老龄化对策的"GOLD PLAN 21"计划，包含两个核心思想：①加强为智障老年人提供护理服务的"小规模老人之家"的建设；②建设"相互支撑的社区"。这项计划提倡为了让所有老年人与他们的家人一起能够在熟悉的社区中长久生活，社区不仅要提供生活援护服务，还应形成对居住生活的全方位支撑体系。2003年日本的特别养护老人院等养老设施开始全面推行"小规模生活单位护理（Unite Care）"模式，旨在对老年人开展个性化的护理服务和推进设施"家庭化"的转型。2005年通过对护理保险法的修正，高龄者设施的"小规模多机能"被制度化，通过这项政策的贯彻和实施，过去带有强烈"高龄者设施"风格的建筑形式逐步趋向"住宅化"，并且在城市社区中不经意间就能够见到（图7-1）。

（a）东京真寿会老人之家　　　　　　　　　　（b）东京小规模多机能的"安心馆"

图7-1　"住宅化"形式的养老居住设施

针对过去大规模、追求管理效益化所建设的养老居住设施中存在的"非亲情化"问题，从养老居住设施规划、建设的角度，我们可以从两个方面来进行调整和转变：

（1）对过去建设的大规模养老居住设施进行"单元化"的改造，逐步将过去大规模收容型的养老居住设施向"家庭化"和"单元化"转化。

（2）在社区中建设"小规模多机能"的养老居住设施，最大限度地使居住在养老设施中的老年人的个性活动得到支持，自尊心得到保护[228]。

对过去建设的大规模养老居住设施进行"单元化"改造，就是要对设施中老年人规模化的援护模式进行10名左右一组小规模的划分，并对设施进行与之相适应的使用空间改造。例如日本静冈的"晃之园"养老居住设施，当初建设时的老年人收住规模为120名，为了提高对老年人个性化的援护服务水平，将养老设施实施了单元化的改造，将原来2栋由中廊串联各居室的内廊式布局改造成12人规模的单元式空间形式，将过去集中式餐饮变为分散在各个居住单元中进行，并将过去的食堂也改造成了居住单元（图7-2）[229]。

另外也可以借助对长期使用的旧设施实施装修改造的时机进行"单元化"转化，对多人间的居住方式进行个室化的改造，营造家庭生活氛围的设施居住空间。瑞典从20世纪90年代开始，正是采用这种方式逐步对旧的福利设施进行了大规模的改造，"单元化"的养老居住方式成为养老居住设施的主流空间形式（图7-3）[230]。

7 城市社区养老居住设施的规划设计

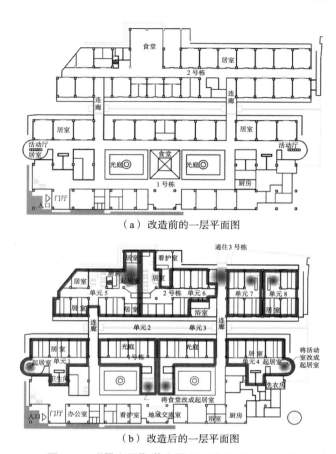

(a) 改造前的一层平面图

(b) 改造后的一层平面图

图7-2 "晃之园"养老居住设施的单元化改造

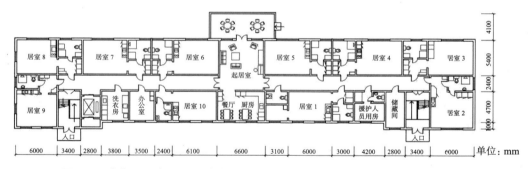

图7-3 瑞典1992年将1939年修建的救贫设施改造成"单元化"养老居住设施

在社区中建设小规模单元式的养老居住设施，是使养老居住设施地域化和社区化的重要方法。瑞典20世纪80年代开始将小规模的养老居住设施与住宅建设相结合，在一些新建公共住宅的底层设置单元式养老居住设施（图7-4），同时也对一些过去的多层公寓式住宅通过加装电梯的方式将顶层改造成养老居住设施（图7-5）。转化后的养老设施主要由8—10个老年人独立的居室、共用的起居室和厨房构成一个居住单元，同时还配置了援护人员用房以及公共的储藏室和洗衣房，居住单元中还设置公共卫生间和储物空间[231]。瑞典把这种转化后的养老居住设施称之为新型老年人"特殊住宅"。

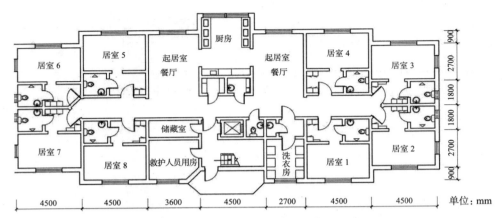

图7-4　瑞典1980年在公共住宅底层建设的新型养老居住设施

目前我国城市养老居住设施的规模同样普遍较大，经营管理效益虽然是养老设施需要考虑的问题，但让老年人能够在设施中生活得安心、舒心才真正是养老设施的责任和义务。养老设施的"社区化"建设正是借鉴了国外的发展经验，针对目前我国养老居住设施的现状和问题所提出的新的发展思路，是养老设施建设方式的转变。在社区中建设养老设施应通过规模的小型化来充分体现养老生活的"家庭化"，使养老服务满足老年人个性化的需求。规模设置以10名左右的老年人和1～2名生活援护人员组成的家庭单元为宜，一所设施根据需求状况可以设置2～3个家庭单元[58]。

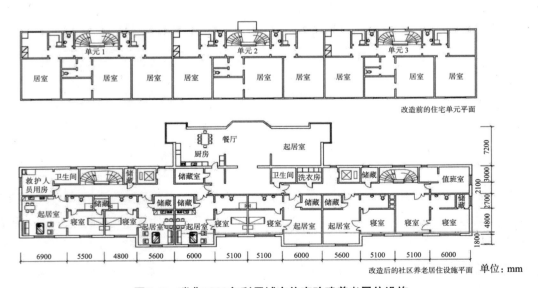

图7-5　瑞典1990年利用城市住宅改建养老居住设施

## 2. 在社区中科学合理地进行布局

在社区中建设小规模的养老居住设施为我们根据老年人的分布状况进行灵活设置提供了条件。可采取与社区医疗服务设施进行有机结合或设置在以社区医疗服务设施为中心的便于联系的位置。例如日本2005年开始将"小规模多机能"养老居住设施制度化，这种建设方式为在宅养老和社区养老提供了支撑。"小规模多机能"居住设施在社区中的布局方式呈现多样化，有的和社区中的幼儿园相结合，还有和社区中的诊疗机构进行结合，将诊疗机构和生活服务类设施放在底层，二层以上设置单元式养老居住设施（图7-6），也有

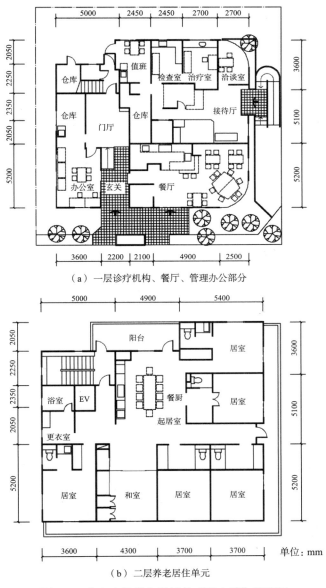

（a）一层诊疗机构、餐厅、管理办公部分

（b）二层养老居住单元

图7-6 东京小规模多机能的"安心馆"平面图

将单元式养老居住设施与老年人日间服务中心结合在一起（图7-7、图7-8），增强了养老居住设施布局的便利性，同时也提高了设施服务半径的合理性。

应将社区养老居住设施视为城市住宅的一个特殊类型，避开噪声嘈杂的主要交通干道而设置在社区中相对比较安静的环境中。宜将设施安排在住宅楼的底层，既便于老年人的出入，又能让生活在养老设施中的老年人与社区中的居民保持密切的联系。

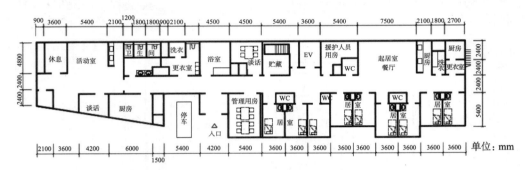

图7-7　日本埼玉县"护理支援草加新善"平面图

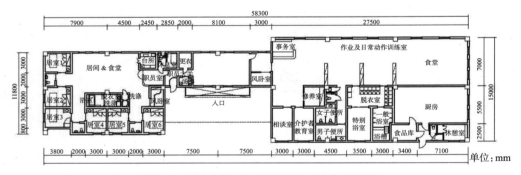

图7-8　日本埼玉县"伊奈町大树会"平面图

**3. 结合老年人生活自立程度及性格特点组建"家庭"**

社区养老居住设施家庭单元的组成应结合老年人的身体状况和日常生活自立能力。通过调查发现，目前生活在养老居住设施中的老年人超过半数以上具有独立生活的能力，生活上需要接受他人帮助的老年人随年龄段的上升人数呈增长变化，需要专人在生活上进行看护的老年人不到受访总人数的5%。

因此，对入住社区养老居住设施的老年人可以通过护理人员的协助，尽量让老年人参与到日常生活的活动中，大家一起分担一些日常事务，做一些力所能及的家务劳动，让老年人感受到个人价值的作用，通过共同劳动、相互协助建立和睦的"家庭"（图7-9）。家庭单元的组成还应考虑老年人的性格特点，让老年人在设施中能够有一个轻松愉快的心态与大家交往、生活[232]。

（a）东京真寿会真寿园

（b）东京真寿会组合之家

（c）埼玉县护理支援草加新善

（d）东京NPO法人组合之家喜乐里

图7-9　家庭单元中的交往生活场景

4. 新建与改建相结合

社区养老居住设施的建设应与整个社区居住环境建设紧密结合，营造以居家养老为主体，社区设施养老为辅助的多层次养老居住环境。社区养老居住设施的建设应在社区组织的引导下进行统一规划，分区、分期进行建设。社区养老居住设施可以通过新建和对已有建筑进行改造的方式进行建设。在社区新建住宅区中可以将养老居住设施与住宅建设相结合，养老居住设施并不一定要单独占用建设用地，这样既可以提高社区土地的利用率，又可以避免给生活在养老居住设施中的老年人因居住场所的特殊性而带来心理上的影响，是最为经济、合理与可行的发展建设方式[58]。

在社区已建成的住宅小区中，也可以通过将原有住宅的若干个单元空间改造成社区养老居住设施，既不破坏原有居住环境，又增大了养老居住设施在社区中设置的便利性和合理性。笔者对社区养老居住设施与城市住宅结合建设的可行性进行过研究，并选择了目前城市住宅中常用的多层、小高层和高层住宅形式与社区养老居住设施进行结合方式的探讨，通过对三种住宅典型单元平面转化为社区养老居住设施方案的试做（图7-10～图7-12），进一步验证了两者结合的可行性。

在与多层住宅进行结合时，考虑到目前的多层住宅通常不设电梯，为了便于老年人的外出活动，最好将设施布置在住宅的底层，这样楼前屋后的空间还可以作为老年人简单活动的场地。在与小高层和高层住宅的结合中，也应尽量将设施设置在底层，如果受到条件

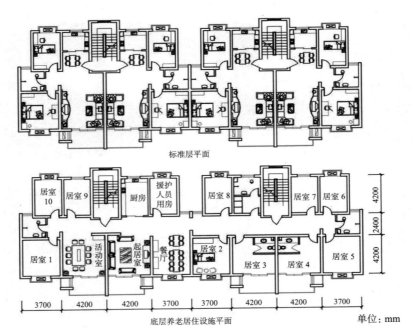

图7-10 社区养老居住设施在城市多层住宅中的建设方式

的限制，也可以在楼层中进行设置，电梯、通道和公共出入口则必须满足老年人出行的安全和便利。目前的高层住宅通常采用每层设置4~6户的平面布局方式，因此利用一个楼层就能够满足设施设置的面积要求。多层和小高层住宅多为一个单元2户的平面布局，在与设施进行结合时，可以将并列的两个单元贯通，通过对2个单元的平面调整，满足设施布局的要求。

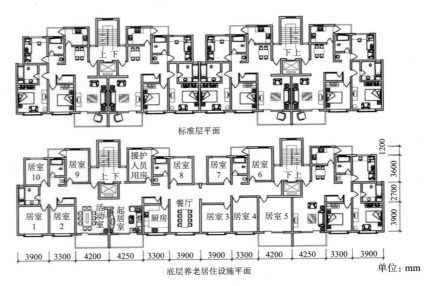

图7-11 社区养老居住设施在小高层住宅中的建设方式

标准层平面　　　　　　　　　　　底层养老居住设施平面　　　　　　单位：mm

**图7-12　社区养老居住设施在高层住宅中的建设方式**

这种与住宅结合建设的小规模单元型社区养老居住设施也可以根据需要利用楼层设置多个单元，在每个单元中可以设置10个左右老年人的独立居室以及援护人员用房，住宅中的起居室、餐厅、厨房和卫生间通过适当改造，能够直接作为日常生活空间使用[58]。

5. 老年人与社区居民交流的平台

社区养老居住设施不应仅仅是为老年人的居住生活单纯提供了空间，还应该成为老年人与社区居民开展交流活动的一个平台[233]。不能够将老年人的养老生活从社区居民中分割开来，相反应借助社区养老居住设施的建设来增强社区居民与老年人的交往，增强社区人与人交往的活力。

因此，在社区养老居住设施的规划设计上，应充分考虑与社区文化活动设施相结合，便于老年人的参与，或是在设施中设置一些开放的活动空间供社区中的儿童和其他居家养老的老年人使用，活动空间开展的活动内容以及空间大小可以依据社区文化活动设施建设的总体规划和场地条件来设置。例如日本社会福祉法人真寿会建设的养老居住设施"真寿园"，在设施的一层除了设置老年人日间服务中心、在宅介护支援中心和设施的一些辅助用房外，还专门设置了开展地域交流活动的空间，内容包括谈话室、茶吧、美容室、编织和陶艺制作空间（图7-13、图7-14）。

每天会有一些社区的老年人来这里与朋友聊天，一些放学后的小学生也会来到这里，由老年人教他们编织和陶艺制作，节假日时间还会有很多社区的居民来做义工，参加与老年人的交流活动，设施里也会不定期地举办一些有社区居民参加的观花、年糕制作等活动。

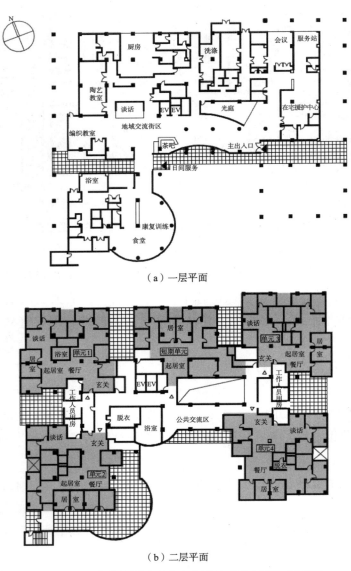

(a) 一层平面

(b) 二层平面

图7-13 日本社会福祉法人真寿会的"真寿园"平面图

(a) 交流街区空间

(b) 谈话空间

图7-14 真寿会"真寿园"底层设置的交流街区（一）

（c）手工作品展示销售　　　　　　　　（d）茶吧

（e）编织教室　　　　　　　　　　　（f）陶艺教室

图7-14　真寿会"真寿园"底层设置的交流街区（二）

## 7.3.2　社区养老居住设施的建设策略

社区养老居住设施的建设一方面要在加大政府投资建设力度的同时，积极引入市场机制，争取民营资本的投入，形成多渠道的建设模式。另一方面必须充分发挥社区组织有效的行政管理机制，制定出科学的建设发展策略。社区养老居住设施建设策略主要包括建设与使用两个阶段，在建设阶段要做好对社区养老居住设施建设规模、建设类型与建设方式的控制，在使用阶段要重点做好项目验收、组建"家庭"和日常管理工作（表7-1）。

在社区养老居住设施发展建设阶段，社区组织应当首先做好总体建设规划，密切结合社区的社会条件（社区人口、家庭构成、老龄化程度等）和物质条件（住宅、服务设施、活动场地、交通环境等）现状，进行建设规模的控制，编制建设发展规划和分期实施规划。结合社区老年人的身体健康状况和生活自理程度确定设施居住"单元"的划分方式，根据需求程度确定"单元"组合数量和设置区域。

在社区养老居住设施运营使用阶段，社区组织应当联合政府的民政部门和医疗卫生部门对设施运营单位的资质和能力进行认真评估，采用行政许可的方式严把准入制门槛。必须重点提升设施的服务功能与看护技术水平，要求运营单位不断加强对看护人员的服务素质和技能水平的职业化训练，目前养老居住设施利用率不高的一个重要原因就是服务水平低下所造成的。社区组织还应当加强对设施的日常监督和管理，定期检查设施的运营情况，了解老年人在设施中的生活状态，结合老年人的身体机能状况要求运营单位进行"家庭"与服务功能的调整，不断完善和提升服务质量。

社区养老居住设施的建设策略　　　　　　　　　　　　　　　　　表 7-1

| 阶段 | 工作任务 | | 实施单位 | 工作内容 |
|---|---|---|---|---|
| 建设阶段 | 建设规模控制 | 总量测算<br>规模调整<br>编制规划 | 社区 | 根据3%床位数的目标进行调查、试算；<br>结合社区老龄化程度及具体情况进行调整；<br>编制总体与分期建设规划 |
| | 建设类型控制 | 分类、分级<br>确定"单元"数量<br>确定"单元"配置 | 社区<br>建设单位 | 根据老年人的身体健康及利用需求状况进行分类；<br>根据老年人的生活自理程度进行分级；<br>确定不同类型"单元"的建设数量；<br>确定"单元"的构成方式、管理模式；<br>确定"单元"的设置区域 |
| | 建设方式控制 | 独立新建设置<br>结合公建设置<br>结合住宅设置 | 社区<br>建设单位 | 进行选址、确定建设用地；<br>制定将"单元"与社区新建医疗设施、文化活动设施、生活援助服务设施和商业设施等进行结合建设的方案；<br>制定对既有公建进行设施改造的方案；<br>制定在新建住宅中设置"单元"或在既有住宅中进行"单元"改造的方案 |
| 使用阶段 | 项目验收 | 工程验收经营许可<br>技能培训 | 社区<br>建设管理部门<br>民政部门<br>卫生部门<br>运营单位 | 对建设工程进行质量验收，核发合格证；<br>对运营资格进行审查，确定收费标准，核发许可证；<br>对看护人员进行岗前职业素质、技能培训 |
| | 组建家庭 | 确定利用成员配置<br>看护人员 | 社区<br>民政部门<br>运营单位 | 根据老年人的生活自理程度、兴趣爱好和性格特点组建"家庭"；<br>根据"家庭"构成情况确定看护人员的配置数量、服务内容 |
| | 日常管理 | 监督服务质量<br>把握生活状态<br>完善服务内容 | 社区<br>运营单位 | 定期检查设施的运行情况，对服务质量进行监督；<br>随时把握老年人在设施中的生活状态，进行适应性调整；<br>针对老年人加龄所带来的身体机能与服务需求变化，不断完善、调整服务内容 |

对于既有城市养老居住设施，可以结合本研究所提出的社区养老居住设施空间构成特点以及建设策略逐步进行相应的调整和改造，使之逐步满足"单元化"和"家庭化"的使用需求。例如对于研究实施调查的西安市未央区裕华老年公寓，虽然目前采用的是住宅的平面格局，但在组织与管理服务方式上并没有采用"单元"与"家庭"的构成方式，住宅中的起居室被简单当成了一间大卧室来使用，因此在后续改造中可以首先进行"单元"的空间划分，将起居空间布置成老年人日常活动例如看电视、交流的利用方式，对厨房、餐厅以及卫生间进行相应的改造，使之满足利用的要求。其次根据入住老年人的生活自理程度、兴趣爱好和性格特点组建"家庭"，增强老年人对"家庭"的归属感和适应小团体"家庭"的生活方式。莲湖区福星老年公寓和碑林区文艺路星光老年之家可以采用按层设置生活"单元"的改造，把其中一个卫生间改造成浴室，将与之相邻的值班室或居室改造成厨房，再将南向的两间居室改造成起居室，形成一个完整的居住"单元"。碑林区的温馨苑老年公寓由于原有居住空间

的规模不大,可以按一个生活"单元"进行改造,通过减少居住人数,提升活动空间和居住空间品质,按照"家庭"生活方式改变服务与管理,使之成为典型的社区养老居住设施。

社区养老居住设施在营造未来适宜"老有所居"的城市居住环境中将会发挥出越来越大的作用,只有通过科学的规划,精心的组织、合理的建设、密切的监管和热情的服务,才能使社区养老居住设施真正成为老年人"生活"的场所,实现我国老龄事业发展"十二五"规划中提出的"支撑"作用。

## 7.4 社区养老居住设施的空间设计

### 7.4.1 社区养老居住设施的空间构成

以城市住宅空间的构成形式为基础,实现家庭住宅空间的延续。社区养老居住设施的空间构成不同于过去由多人同住的居室、集中式餐厅和各种娱乐活动用房构成的传统城市养老居住设施类型。社区养老居住设施以家庭住宅空间为原型,由 8～12 人的居室、满足日常活动的起居室、老年人参与烹饪的厨房、共同进餐的餐厅、洗浴卫生以及生活援护人员用房等空间组成一个基本"居住单元"(图 7-15)。

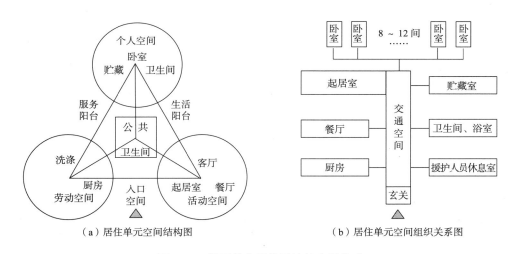

(a)居住单元空间结构图　　(b)居住单元空间组织关系图

**图7-15　社区养老居住设施的空间构成**

如果每个入住的老年人采用单人居室的方式,则一个居住单元中需要布置 8～12 间居室,20 世纪 90 年代中后期国外建设的养老居住设施大多采用的是单人居住方式,考虑到我国的实际情况和老年人的现有经济条件,每个居住单元中的居室数量也可以采用单人与多人相结合的方式进行设置。每所社区养老居住设施中的居住单元设置数量,则应当结合社区老龄化程度以及入住养老居住设施的实际需求来确定。

日本社会福祉法人真寿会的"真寿园"将一层设置为面向地域社区开放的交流活动空间和日间照料设施，二、三层设置为养老居住单元，每层设有5个居住单元，其中单元2设为短期居住，其他4个单元设为长期居住。每个长期居住单元由11间居室、公共起居室、厨房、餐厅、谈话空间、卫生间、浴室、洗衣间和管理人员用房组成，由于在居室中设置了个人用卫生间，因此在单元内设置了1处公共卫生间。单元布局形成以公用服务空间为中心，外围设置居室的围合型空间组织模式（图7-16）。

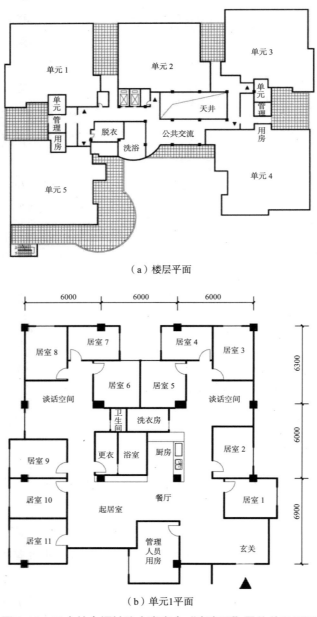

（a）楼层平面

（b）单元1平面

图7-16　日本社会福祉法人真寿会"真寿园"居住单元平面

7 城市社区养老居住设施的规划设计

日本红十字社"广尾综合福祉介护中心"是一所大型养老居住与服务设施，设置有12个特别养护老年居住单元、4个老年人介护保健单元、老年组合之家、日间照料设施和居家介护支援机构等。每个老年居住单元设置有10间居室、起居空间、厨房、浴室、公共卫生间和管理人员用房。单元布局采用直列式中廊，南北两侧设置居室、起居室及服务用房的空间组织模式（图7-17）。

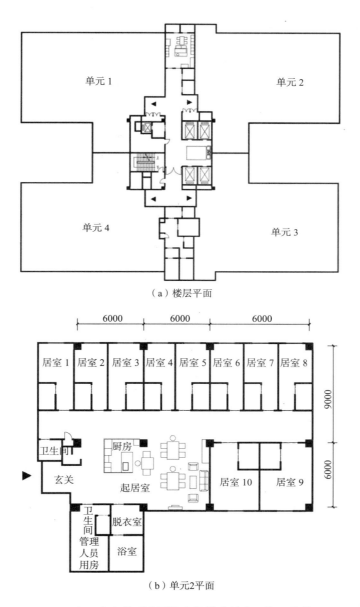

(a) 楼层平面

(b) 单元2平面

图7-17 日本红十字社"广尾综合福祉介护中心"居住单元平面

2013年建成的日本社会福祉法人光彩会的"みちみち伊奈中央"是一所幼老共生设施，设施由定员120人的养老居住设施和接纳90名儿童的保育院组成。在养老居住设施的标准层上每层布置4个居住单元，每层共用部分设置有楼电梯、不同洗浴方式的机械辅助浴室、健康护理用房和仓储空间。每个老年居住单元由10间居室、起居空间、谈话空间、开放式厨房、浴室、公共卫生间和管理人员用房组成。由于居室内只设置了洗面设备，因此在单元内分3处设置了公用卫生间。单元布局采用L形中廊，沿外侧设置居室、起居室，内侧设置的管理人员用房和浴室及服务用房的空间组织模式，辅助类用房的通风和采光通过天井来实现（图7-18）。

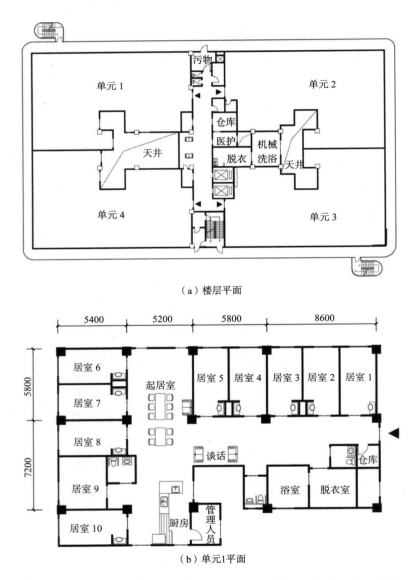

（a）楼层平面

（b）单元1平面

图7-18 日本社会福祉法人光彩会"みちみち伊奈中央"居住单元平面

　　2010年建成的日本社会福祉法人明日荣会的"特别养护老人之家きりしき"是一所能够收住30名老年人的养老居住设施，设施建筑共3层，每层除设置一个养老居住单元外，还在一、二层的端部设置了设施的管理办公及辅助功能用房。每个老年居住单元由 10 间居室、起居室、开放式厨房、浴室、公共卫生间和管理人员用房构成。居室内只设置了洗面设备，公用卫生间分 3 处设置在单元内。居住单元的平面布局采用直列型中廊，南北两侧设置居室、起居室及服务用房的空间组织模式（图 7-19）。

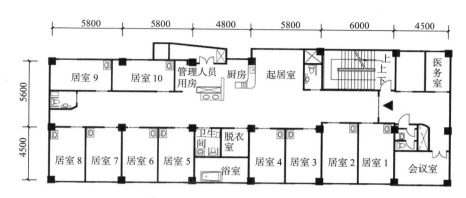

图7-19　日本社会福祉法人明日荣会"特别养护老人之家きりしき"居住单元平面

在设有多个居住单元的养老居住设施中，为了便于老年人加强对自己生活居住单元的认知和记忆，增强"家庭"的归属意识，因此每个居住单元在入口空间的形式上宜采用差异化的设计手法。例如可以通过入口空间的构成方式、入户门的形式、色彩和名称标注等方式来实现。日本真寿会的"真寿园"共设置了五个居住单元，每个单元的入口空间都有所不同，并且采用了日本传统街区的名称来命名五个单元，较好地表现出普通街区中住家的氛围（图 7-20）。

（a）单元入口1　　　　　　　　　　　（b）单元入口2

图7-20　真寿会"真寿园"的不同居住单元入口设计

社区养老居住设施是城市住宅的一种演变形式，因此具有住宅的空间构成、尺度感和住宅的生活氛围，给生活在设施中的老年人营造一个亲切的家居生活环境[234]。

201

### 7.4.2 居室空间设计

目前国内养老居住设施中的居室大多采用2人间和3~4人间的布置方式,单人单间的很少,这种布局方式更多考虑的是增加设施的床位数量和降低利用与管理成本,对老年人的居住质量以及生理与心理方面的多样化需求注重不够。早期国外建设的养老居住设施中的居室也较多采用的是这种居住方式,但随着养老居住环境质量的不断提升以及设施管理经营理念的发展,自20世纪90年代以后设施中的居住方式逐步形成了单人单间的主流形式。

满足居住的个室化需求,这也是本研究前期对当前养老居住设施的居住现状以及老年人的居住需求调研所得出的结论。社区养老居住设施的居室亦采用每个老人一个独立空间的形式,个室化的居住空间即是对老年人生活多样性的一种尊重,同时也可以避免因生活习惯不同而同居一室容易产生矛盾。另一方面,在集体环境中生活的老年人常常需要有一个相对独立的个人空间,能够不受外界影响处理一些个人事务,需要安静休息的时候可以随时回到自己的居室。

居室空间的大小可以根据各设施的具体条件而定。瑞典老年人"特殊住宅"中的居室单元面积大多控制在20m² 左右,配备了能够洗浴的卫生间和较大容量的储物空间,一般在居室中还设置简易的橱柜,便于老年人进行简单的炊事活动。不设卫生间的居室面积控制在12 ~ 16m² 左右为宜(图7-21)。

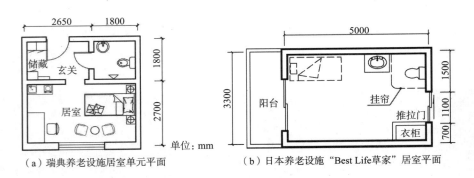

(a)瑞典养老设施居室单元平面　　(b)日本养老设施"Best Life草家"居室平面

图7-21　社区养老居住设施的居室单元平面

为了提高居室空间利用的有效性,缩短居室外通廊的长度,居室大多采用3.3 ~ 3.6m的开间形式,居室进深也大多控制在4.5 ~ 5.6m。由于居室的开间宽度有限,又要考虑到轮椅通行的便利性,因此床的摆放方式大多采用了沿进深方向一侧靠墙进行设置(图7-22)。床的摆放方式为建筑设备控制开关设置位置的确定提供了依据,一般在床头附近老人躺在床上也能够伸手触碰到的位置设置室内照明、空气调节和紧急联络对讲的开关,同时床头附近还应设置满足日常和一些理疗用电设备使用的电源插座(图7-23)。

（a）居室1　　　　　　　　　　　　（b）居室2

图7-22　居室中床的摆放方式

（a）开关位置示意　　　　　　　　　（b）居室中的家具

图7-23　室内设备控制开关位置的设定

居室中应设置洗面台，洗面台的设置位置可以结合居室的布局方式进行设定。在居室中不设置坐便器的情况下，通常会将洗面台设置在入口门的一侧，这种布局方式能够给室内带来较多的活动空间，不足之处是一般入口附近空间比较狭窄，对轮椅使用者的便利性容易产生影响。在设置了坐便器的居室往往会将洗面台设置在坐便器同侧墙面的居室中部，优点是洗面台附近的空间比较开敞，便于轮椅使用者的利用，缺点是较多地占用了侧墙可利用空间，加大了居室的进深尺寸。为了设备投入与利用的合理、有效性，居室内洗面台的热水供应系统普遍由过去的集中式改为分离式，并且采用了具有防止水温过热控制系统的电热水器（图7-24）。

考虑到老年人使用的安全性，在居室中以不设洗浴设施为宜，可以通过设置的公共浴室来满足老年人的洗浴需求。居室中是否设置坐便器可以结合设施的建设标准和居室的空间大小来确定，如果卫生间采用共用方式，则最好采取分设在2~3处，这样便于老年人使用。通过调查发现在一些没有设置坐便器的居室中，一些老年人为了满足夜间如厕的方便，在居室中放置了坐椅式痰盂。在设置了坐便器的居室中，为了提高空间利用的有效性，可以改变过去用墙体分割空间的做法，通过在天棚上设置滑轨挂设帘布来保护私密性。坐便器的设置应满足无障碍使用的需要，在便器旁还应设置紧急报警按钮（图7-25）。

（a）入口一侧　　　　　　　　（b）居室中部　　　　　　　　（c）入口一侧

图7-24　居室内洗面台设置

（a）移动坐椅式　　　　　　　（b）空间专属式　　　　　　　（c）滑轨挂帘式

图7-25　坐便器的设置方式

居室内应设置一定的物品收纳空间，通过调研日本和台湾地区的养老居住设施发现目前较多采用的方式有三种：①在居室内设置内藏式壁橱，可以有效利用空间并且收藏能力较大；②居室内统一配置活动式家具橱柜，这样有利于根据居室的布置情况灵活移动，但容易造成居室风格雷同；③允许老年人将自带的家具放在居室中，这种方式可以根据使用需要自由设置，并且能够增强居室的家庭感（图7-26）。

在居室中努力营造家庭氛围是满足老年人在养老居住设施中精神需求的重要内容。老年人移居到养老居住设施后，由于脱离了原来的家庭居住环境，加之个人原有的生活节奏和习惯都会有所改变，因此容易造成难以适应和精神寂寞的问题。在日本进行养老居住设施的调研中发现,很多养老设施在居室布局中都尽可能预留出供老人自带一些生活使用家具的位置,设施的援护人员也会尽可能帮助老年人在居室中通过家具的摆放、物品的陈设和家庭照片的贴挂来营造居家的氛围(图7-27)。

(a)内藏壁橱式

(b)标配家具式

(c)自带家具式

**图7-26 物品收纳方式**

(a)居室内景1

(b)居室内景2

**图7-27 营造居室家庭氛围**

居室的入口宽度应考虑轮椅出入的方便,有些设施也将入室门设置为推拉门,并且在门上或门框上设置扶手(图7-28)。居室应避免宾馆式的排列方式,居室的门可以采用不同的样式和颜色,便于老年人建立对自己居室的认知。台湾双连安养中心在老年人居室的入口处还专门给老年人提供一块可以按个人喜好进行装饰的空间,居室入口形式呈现出多样性(图7-29),入口处设置的鞋柜也考虑了老年人换鞋时的坐处。

(a)推拉式（扶手在门上）　　　　（b）推拉式（扶手在门框）　　　　（c）折叠推拉式

图7-28　推拉门及扶手的设置方式

(a)居室1　　　　　　　　　　　（b）居室2　　　　　　　　　　（c）入口换鞋柜

图7-29　台湾双连安养中心居室入口

### 7.4.3　起居空间设计

起居空间是老年人在居住设施中重要的户内日常活动场所，是老年人开展交流、活动、手工或午餐等活动的主要空间，因此应将起居室设置在朝向较好和有良好景观的位置（图7-30）。

起居空间的面积以 40m² 左右为宜，可以集中设置，也可以根据老年人日常生活需要通过家具的布置划分为 2~3 个功能区，既能够提高空间的利用效率，同时又有助于实现空间的多用途使用（图 7-31~图 7-34）。

（a）"真寿园"起居室

（b）组合之家起居室

图7-30　日本社会福祉法人真寿会养老居住设施单元中的起居空间

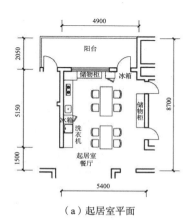
（a）起居室平面

（b）起居室内景

图7-31　日本东京"安心馆"养老居住设施单元中的起居空间

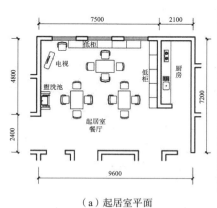
（a）起居室平面

（b）起居室内景

图7-32　日本埼玉县"草家新善"养老居住设施单元中的起居空间

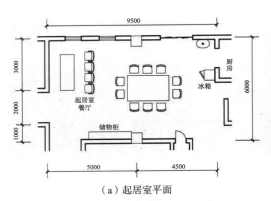 

（a）起居室平面　　　　　　　　　（b）起居室内景

图7-33　日本埼玉县"大树会"养老居住设施单元中的起居空间

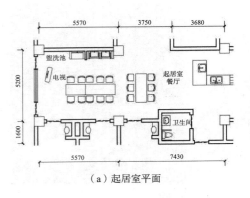 

（a）起居室平面　　　　　　　　　（b）起居室内景

图7-34　日本埼玉县"光彩会"养老居住设施单元中的起居空间

例如通过沙发、茶几和电视等围合成供老年人休息、看电视的空间；通过桌椅组合布置成老年人能够进行喝茶、吃饭、聊天和手工制作等活动的空间，也可以将桌椅摆放成2~3个组合的形式，即便于老年人分组、分类开展活动，有利于老年人根据兴趣爱好自由组合进行小范围的交流，增强老年人之间的亲密感（图7-35）[235]。

（a）集体活动　　　　　　　　　　（b）分组活动

图7-35　起居室活动空间的活动分区（一）

（c）休息、谈话角

（d）观看电视区

图7-35　起居室活动空间的活动分区（二）

有些养老居住设施为了提高起居和就餐空间的综合利用率，将起居和就餐空间合设在一起，用来解决起居空间面积不足的问题。

日本养老居住设施中起居活动空间的地面有些采用被称之为地面系统的工法铺设，这种系统下部架空，即便于设备布线又使得地面富有弹性，中间垫层部分带有地面加热功能，表面的铺装材料通常采用木制地板。

### 7.4.4　厨房和餐厅设计

传统养老居住设施中的厨房在空间规划上一般被设定成后勤用房，为了避免干扰往往与老年人的日常活动空间分割开来。餐厅一般也采取集中式的大空间布局，空间大小依据设施收养老年人的规模而定。在这种空间组织模式下，炊事活动一般由专职的厨师来操作，居住在设施中的老年人平常是不会到厨房中去的，自然也就不会参与炊事活动。国内大多数养老居住设施中的餐厅是与活动室分开设置的，餐厅仅供用餐时使用，老年人只有在吃饭的时间来到餐厅，快速用完餐后便又离开餐厅，因此餐厅在居住设施活动空间中的利用效率有限。

社区型养老居住设施由于采用的是小规模的组团方式，住宅化的空间结构，因此厨房和餐厅成为日常生活重要的活动空间，特别是希望居住在设施中的老年人能够积极参与到日常的炊事活动中，在援护人员的协助下，让老年人完成他们喜欢做的事、拿手做的事和能够做的事。亲自动手参与餐食的制作不仅有利于老年人的身体健康，而且进餐可以成为一天生活中的亮点，共同进餐还可以为老年人提供社会交流的机会（图7-36）[236]。

厨房与餐厅或起居空间的联系方式主要有四种：①独立式：厨房独立设置，与餐厅或起居空间通过门联系，在厨房完成制作和配餐后通过窗口送至餐厅或起居空间；②半开放式：厨房空间相对独立，但有多个出入口，备餐台设置在餐厅或起居空间口，便于老年人可以参与到餐前准备和餐后整理的活动中；③吧台式：厨房与餐厅或起居空间形成面对面的吧台形式，便于工作人员边操作边与老年人进行交流；④空间一体式：厨房与餐厅或起居空间融为一体，这种方式能够使内部空间得到最大化利用（图 7-37）。

（a）用餐场景1　　　　　　　　　　　　（b）用餐场景2

图7-36　日本社区养老居住设施不同单元中的用餐场景

（a）独立式　　　　　　　　　　　　（b）半开放式

（c）吧台式　　　　　　　　　　　　（d）空间一体式

图7-37　厨房与餐厅、起居空间的联系方式

由于日本烹饪过程中产生的油烟气较小，所以厨房多采用空间开放式的布局方式，这种方式为援护人员对起居空间中老年人的观察照护以及人员之间的交流提供了方便。而我国的烹饪方式由于容易产生大量烟气，因此厨房与餐厅或起居空间的联系方式采用独立式比较适合。厨房空间大小的设置要尽可能保障援护人员和几个老年人共同参与炊事劳动所需要的面积，操作台的设置最好可分设几处供多人同时独立使用，宜采用开放型或岛型的

布置方式[204]。为了便于营造家庭就餐的氛围，餐桌宜采用集中布置的长方桌或相互围合的圆桌形式（图7-38）。

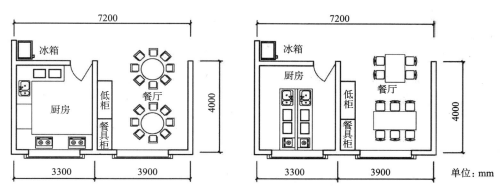

图7-38 厨房、餐厅布置方式示意图

### 7.4.5 卫生间、浴室设计

卫生间和浴室是老年人利用比较频繁的场所，也是容易出现身体伤害事故的地方。卫生间一般采用老年人单人利用的方式，因此卫生间在设施内宜采取2～3处分散设置的方式，分设在居住单元中的卫生间应至少保证一处能够满足轮椅使用者的利用，卫生间的大小应不小于$1.50m \times 2.00m$[237]。伴随着老年人年纪的增长所带来的身体机能的下降，排泄的频度和时间都会有所增加，甚至会有独立完成困难的情况出现，因此为了维护老年人的尊严和私密性，应设置扶手、手动触摸式冲洗等设备，尽可能帮助他们在卫生间内自立完成，同时也需要考虑援护人员对老年人进行如厕援助的便利（图7-39～图7-43）[218]。

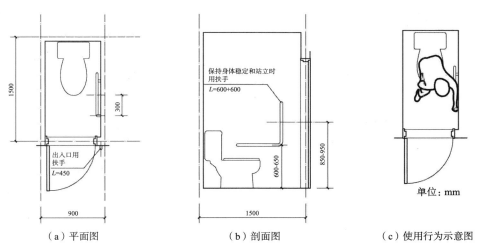

图7-39 居住单元卫生间布置方式（纵向入口）

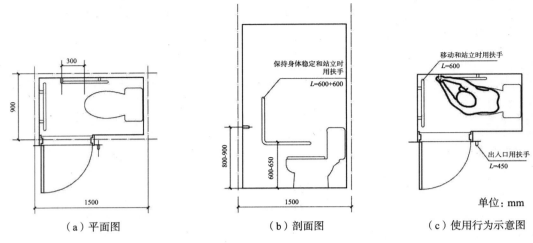

图7-40 居住单元卫生间布置方式（横向入口）

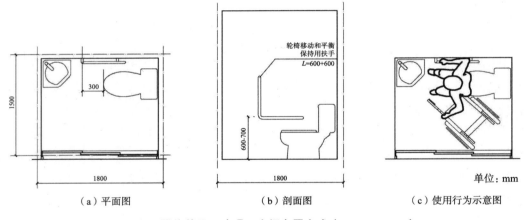

图7-41 居住单元无障碍卫生间布置方式（1500×1800）

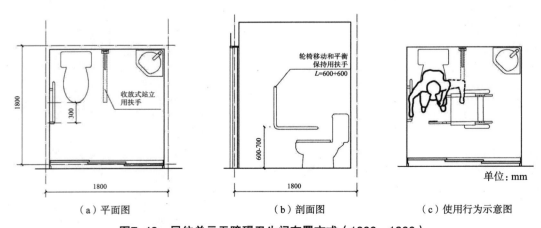

图7-42 居住单元无障碍卫生间布置方式（1800×1800）

（a）分设单人用卫生间　　　　（b）轮椅者使用　　　　（c）触摸式冲洗及报警按钮

图7-43　居住单元中的卫生设备及介护空间

洗浴对老年人身体机能的恢复、心理压力的调节和放松能够发挥重要作用，也是老年人喜爱的一种生活习惯。结合居住单元空间规模合理化的特点以及对老年人隐私的尊重，通常设施中的浴室宜采用单人轮换利用的方式进行设置，更衣室与浴室可采用合设或分设的方式，因此更衣室和浴室的综合面积通常以 8～16m² 为宜。在更衣和洗浴的空间布局上需要考虑满足老年人入浴辅助人员操作的需要，浴盆设置应至少满足两个方向具有开放性，淋浴设置要满足站姿和坐姿两种利用方式的需要。考虑到行动不便老年人的入浴需求，有条件的设施还可设置机械辅助移动式浴盆，并根据老年人入浴的行为特点在需要垂直起立的部位设置纵向扶手，在需要水平移动的部位设置横向扶手，浴室地面应全部采用防滑的饰面材料（图7-44、图7-45）。

为了满足身体活动机能严重衰退的高龄老年人的入浴需求，国外一些养老居住设施还引入了各种类型的机械化辅助洗浴设备。例如日本埼玉县"光彩会"养老居住设施共有 12 个居住单元，除在每个单元中设置了标准浴室外，还在不同楼层设置了公用的不同类型机械化辅助洗浴设备。如平躺式淋浴（图7-46），老年人可以平躺在移动平台车上，推入淋浴舱后，淋浴舱的上下能够自动喷淋，援护人员可以站在设备的两侧将手伸入舱内进行辅助清洗。

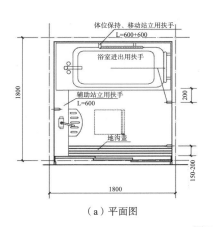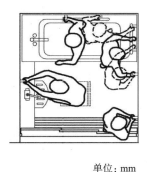

（a）平面图　　　　　　　　　　（b）剖面图　　　　　　　　　（c）使用行为示意图

图7-44　居住单元浴室布置方式

 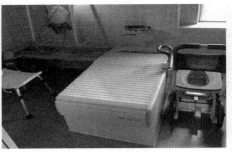 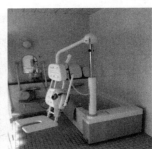

（a）单人利用浴室　　　　　　（b）浴盆周边设置援护空间　　　　　　（c）辅助移动式浴盆

图7-45　居住单元中的浴室及辅助设备

（a）平台车　　　　　　　　　（b）自动淋浴舱　　　　　　　　（c）仓体内部

图7-46　平躺式淋浴设备

平躺式盆浴（图7-47）则可以满足老年人浸泡身体的需要，平台车可以将平躺的老年人移送到浴盆的上部，再通过转换和支架的升降让老年人进入浴盆洗浴。

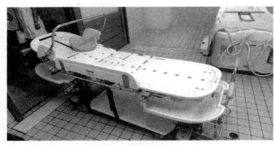 

（a）平台车　　　　　　　　　　　　　　　（b）浴盆

图7-47　平躺式盆浴设备

坐式盆浴设备（图7-48）可以满足使用轮椅老年人浸泡身体的需要，老年人坐在平台车上，平台车可以通过浴盆的一侧直接将老年人送入到浴盆中，然后再关闭入口的挡板进行加注热水完成洗浴。

7　城市社区养老居住设施的规划设计

（a）平台车

（b）浴盆

图7-48　坐式盆浴设备

此外还有一侧挡板能够升降便于老年人坐姿进出的高台式浴盆，在老年人进入浴盆后挡板升起注水，降下挡板后排水，这种浴盆能够帮助下肢活动不便的老年人进行洗浴。也有周围完全开放的独立式浴盆，援护人员能够方便地在浴盆周边进行辅助洗浴活动，帮助老年人完成洗浴（图7-49）。

（a）轮椅使用者进出便利式盆浴

（b）介护辅助式浴盆

图7-49　盆浴设备

## 7.4.6　辅助空间及援护人员用房设计

居住单元中还应设置一定的公共储藏空间，便于存放老年人的私人常用物品和一些杂物。在单元出入口处要设置满足入居老年人进出换鞋的储鞋柜，并放置换鞋时需要利用的座凳。考虑到部分老年人在外出时有利用轮椅的需要，因此在单元入口附近应设置轮椅的放置位置，避免停放的轮椅对一般人的通行造成影响（图7-50）。洗衣机、烘干机可以单独设置放置场所，也可以为了节约空间将洗衣设备安放在浴室中的更衣室内。

援护人员和老年人都是设施中的"共同生活者"，援护人员用房应设置在临近设施出入口处且对设施内部的活动相对易于观察的位置。临近出入口是为了便于对外联系，减少外来人员进出对居住单元内部的干扰，并且也有利于看护和防止老年人擅自离开设施；易于观察是为了当老年人在单元内遇到突发情况时援护人员能够及时发现，便于快速进行有效的帮助和处置。援护人员用房既是援护人员的工作室，也是他们晚上的休息室，所以用房内除了有紧急呼救装置和办公设备外，还应满足放置休息用床的空间。在紧急呼救的方式上，可以采取声音与灯光两种信号结合的方式，在老人居室入口的外墙上可以设置遇到紧急呼救时闪烁的信号灯，便于及时被发现。在援护人员工作室中可以设置有灯信号和对讲功能的面板，对公共区域可以安置视频信号，及时了解单元中的情况。日本养老设施"Best Life 草家"设置了全方位的视频监控（图 7-51），包括在老年人的居室内部，居室内部的视频监控采用自愿方式，老年人在入住设施时，设施会与老年人签订是否同意启用居室内的视频设备，如遇不同意设施可以将视频设备关掉。

图7-50　单元入口处的轮椅存放

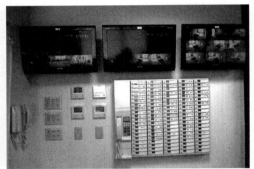

图7-51　援护用房中设置的紧急呼救设备

### 7.4.7　户外活动场地

户外活动场地是社区养老居住设施的一个重要组成部分，是老年人进行户外活动和与社区居民进行交往活动的主要场所。户外活动场地在空间设计上应遵循无障碍原则、安全性原则、易于识别原则、易于到达原则和易于交往原则，户外活动场地的布置应合理利用设施周边的环境条件，并结合老年人的活动特点努力营造出良好的社会交往空间、景观观赏空间和健身锻炼空间[239]。

社区中已有的文化活动设施也是老年人开展户外活动的重要资源，应当加以充分利用，如社区读书室、棋牌室、书画室和运动健身室等。让入住设施的老年人经常参与到社区居民的活动当中，能够有助于维系老年人的地缘社会关系，让老年人充分感受到自己仍然是社区中的一员。

## 7.5　本章小结

为无法实现"居家养老"的老年人提供良好的生活居住环境和养老服务是社区居住场

所体系建设的重要内容。研究通过对目前城市养老居住设施现状进行的深入调研，对设施存在的收养能力的局限性与设施利用的不均匀性、地缘社会关系的割裂与设施服务质量的非亲情化以及养老生活内容与形式的异化等方面的问题进行了认真分析，提出并总结了城市养老居住设施"社区化"、"小型化"和"家庭化"建设的新思路与规划设计方法。

（1）研究论述了城市养老居住设施建设应从"大规模"、"郊区化"转换到"小型化"、"社区化"发展的必要性。将城市养老居住设施放在社区中进行建设能够较好地依托城市社区发展的有利条件，发挥"地缘"社会关系在老年人养老生活中的重要作用，使老年人能够在他们长期生活而熟悉的环境中延续养老生活，保持与原有地域紧密的社会关系。

（2）建设"社区化"的养老居住设施易于做到区域范围的利用合理性和易操作性，有利于充分利用社区的医疗服务设施以及社区提供的生活服务援助。通过研究还进一步证明了可以将地域化的社区养老居住设施视为城市住宅的一个特殊类型，并能够与一般城市住宅一起在社区中进行科学合理的规划设置。

（3）社区养老居住设施不仅仅是一个公共设施，更重要的它是老年人"生活的场所"，其特点仍然保持着城市住宅的居住形态。研究强调社区养老居住设施应当体现出"家庭化"的生活环境，能够帮助老年人延续长期形成的"家庭"生活方式，因此设施的生活空间营造和援护服务方式应避免程式化和单一化，将满足老年人的养老生活需求作为社区养老居住设施建设必须遵循的基本原则。

（4）"单元式"社区养老居住设施的空间构成一般由8～12间个人居室、满足日常活动的起居室、老年人参与烹饪的厨房、共同进餐的餐厅、洗浴卫生以及生活援护人员用房等组成，努力营造出"家庭化"的空间感、尺度感和生活氛围。居住设施单元内部的空间规划与设计既要满足老年人生活行为的需求，为老年人营造一个安全、舒适的生活场所，同时在生活援护服务的方式上也要尽最大努力使老年人有尊严地享受养老生活。

（5）为了实现我国老龄事业发展"十二五"规划所提出的每千名老年人拥有养老床位数30张的建设目标，切实发挥出养老居住设施的"支撑"作用，社区养老居住设施的建设就必须在形成多渠道投资建设的同时，科学地制定出建设与发展策略，切实保证建设目标能够落实。社区养老居住设施的建设策略主要包括建设与使用两个阶段，在建设阶段要做好对社区养老居住设施建设规模、建设类型与建设方式的控制，在使用阶段要重点做好项目验收、"家庭"组建和服务管理工作。

# 8 结论与展望

## 8.1 主要研究结论

伴随着我国跨入不可逆转的老龄化社会，将来何处安居养老已成为生活中我们每个人都必须面对和思考的问题。笔者十多年来一直关注并追踪着有关养老居住环境建设相关课题的研究进展，通过对国外养老居住环境发展及研究历程的回顾，对以往我国城市老年人养老生活环境建设经验的总结和反思，以及本研究所开展的城市社区养老居住环境利用现状与使用需求调查的分析结果，提出了我国老龄化社会养老居住环境的建设理念应从传统"分离"型的"老年人居住环境"向"统合"后的"老龄化社会居住环境"转变，其建设方法应从"住区建设"向"社区建设"转变。

本研究在对不同类型的城市社区居住环境进行考察和对生活在其中的老年人进行问卷调查的基础上，以适宜"老有所居"的城市社区居住环境体系建构为主要研究对象，运用"设计调查"的行为认知与心理分析、类型化分析与多变项比较以及城市环境结构分析等方法，全面考察了社区老年人的日常生活行为特征与空间环境的适应性关系，运用定性研究为主、定量研究为辅的方式，以考察资料、访谈记录以及问卷分析数据为依据，基于社区发展理论与家庭生命周期理论的视角，从宏观层面分析了适宜"老有所居"城市社区居住环境体系框架的构成内容与管理体系的作用机制；从中观层面分析了社区服务支撑援护体系的重要作用以及城市社区居住空间的结构调整与指标控制；从微观层面通过对城市社区住宅在家庭生命周期不同阶段居住的适应性分析以及养老居住设施"社区化"建设，探究了社区居住环境中居住场所体系的规划设计方法。形成的主要研究结论如下：

1. 社区是城市建设适宜"老有所居"居住环境的合理空间单元和社会载体

通过研究进一步证明，城市社区是当前生活在城市中老年人日常生活行为展开的主要空间场所，老年人居家养老生活的主要内容依据社区而展开，并且遵循了活动范围的距离衰减规律。距离社区中心500m的范围是老年人日常活动最频繁的区域，1000m范围是老年人基本休闲及生活购物活动的主要范围。因此，研究提出了将社区作为城市适宜"老有所居"居住环境建设的空间单元具有区域范围良好的合理性；同时强调了缩小居住区的空间规模（3~5hm$^2$）、调整居住空间组织结构，合理配置公共服务设施类型与面积指标是十分必要的。

2. 社区发展以及社区规划对建设适宜"老有所居"城市社区居住环境具有重要指导作用

研究论证了社区组织自上而下的合理规划、精心组织与社区居民自下而上的主体精神、参与意识是建设适宜"老有所居"社区居住环境的重要基础,老龄化社会适宜"老有所居"的城市社区居住环境建设离不开社区的发展。本研究通过对社区发展的内容、构成关系以及相互作用机制的分析,提出了社区发展理论能够有效地指导我们全面、系统地解决好城市社区居住环境的发展与建设问题,社区发展的目标就是要增加居民对社区事务的参与,改善社区生活环境质量,促进社区的整体进步,并在共同意识和归属感上得以加强。只有通过社区物质与精神多方面的发展,才能真正改善和提升社区的生活环境品质。

3. 建设管理体系、支撑援护体系和居住场所体系构成了适宜"老有所居"城市社区的居住环境体系

通过研究提出了城市社区居住环境体系主要由建设管理体系、支撑援护体系和居住场所体系三部分构成,社会保障制度的建设是城市社区居住环境体系构建的基础与保障。社区居住环境体系包含着软件建设与硬件建设、物质建设与精神建设、政府主导与居民自治、具体照护与普世援护的多层次、多方面的内容,体系框架中各个部分通过相互关联、相互作用构成一个完整有机的整体。本研究强调只有充分发挥好各个部分的作用,整个体系才能够形成良好完整的作用机制,才能营造出一个良好的适宜"老有所居"的城市社区居住环境。同时研究还进一步归纳总结了社区居住环境物质空间规划的内容,强调在社区居住环境建设中社区组织应当充分发挥好指导、监督和管理作用,并提出了社区建设项目的行政许可审批管理建议流程。

4. "终生可居住型"社区住宅的科学规划与建设是实现"居家养老"的重要途径

通过研究提出"终生可居住型"住宅的规划与设计既是"居家养老"居住场所体系建设的核心内容,也是城市住宅建设发展的方向。社区住宅的规划与建设应从两个方面来进行:①将部分"老年住宅"融贯在城市居住建筑体系之中进行建设,通过在社区中按一定比例建设"独居型"、"合居型"和"邻居型"的"老年住宅",能够快速、有效地解决当前一部分老年人的养老居住需求,缓解目前社会照护资源不足的困难;②要积极做好"终生可居住"型社区住宅的规划、设计和建设,通过对城市新建住宅进行"终生可居住"的规划与设计,对既有住宅进行阶段性的"适老"改造,使住宅能够适应家庭不同阶段的居住需要,实现"居家养老"的生活愿望。同时研究还提出了保障性住房建设应在老龄化社会适宜"老有所居"的居住环境建设上发挥出引领和示范作用。

5. 利用家庭阶段划分模型与居住空间适应性分析归纳总结出"终生可居住型"社区住宅的设计方法

本研究通过对家庭建立后不同阶段居住行为与居住空间的适应性分析,翔实、具体地把握了家庭生活行为及居住需求的变化特点,客观全面地归纳总结了居住空间随家庭生活行为变化而需要改造的内容。研究论证了在整个家庭生命周期阶段中,居住行为与居住空间适应性最差的是家庭的老龄阶段,不适应问题表现最突出的生活空间是厨房、卫生间、卧室及交通空间;表现的形式有面积大小问题、设备布置问题和利用方式的变化;出现问题最多的部位有室内外高差、出入口宽度、地面铺装材料的防滑性以及垂直交通利用的便

利性等。研究提出对现有城市住宅在空间上（室内高差过多、出入口过小）、构造上（无扶手、地面易滑）、设备上（无紧急呼救系统）以及厨卫设施的尺度上进行"适老"改造，可以在很大程度上解决部分社区居民的"居家养老"问题,实现现有住宅的终生可居住利用。同时研究还进一步总结了"终生可居住型"社区住宅的设计导则与具体设计内容。

6. "社区化"、"小型化"和"家庭化"是今后我国城市养老居住设施发展建设的新方向

研究论述了我国城市养老居住设施建设应从"大规模"、"郊区化"转换到"小型化"、"社区化"发展的必要性，强调指出养老居住设施应当营造出"家庭化"的生活环境，使老年人能够在他们长期生活而熟悉的环境中延续养老生活，保持与原有地域紧密的社会关系。研究提出了社区养老居住设施既是一个公共设施,更重要的它是老年人"生活的场所"，其特点仍然保持着城市住宅的居住形态。同时，研究论证了在社区中建设养老居住设施易于做到区域范围的合理性和易操作性，有利于充分利用社区的医疗服务设施以及社区生活服务援助。研究证明了地域化的社区养老居住设施可以作为城市住宅的一个特殊类型与普通住宅一起在社区中进行科学合理的规划设置，同时研究还进一步归纳总结了社区养老居住设施的规划设计方法，提出了社区养老居住设施的建设策略。

## 8.2 研究展望

老龄化社会适宜"老有所居"的城市社区居住环境是一个包含着软件建设与硬件建设、物质建设与精神建设的综合、系统社会工程，需要不断地结合建设发展中存在的问题开展综合性、交叉性的研究。本研究重点探讨了适宜"老有所居"的城市社区居住环境体系的建构方法，但在体系的运用与实施方法上还需要进一步开展完善与深化研究，后续研究拟从以下两个方面展开：

1. 从社区规划的角度开展老龄化社会社区居住环境建设量化标准的研究

1949年以来，城市规划学科对于我国城市居住区的规划模式基本上都是源用于美国的"邻里单位"和苏联居住小区的规划方法，仅仅根据一些量化标准把居住区物质环境设施的规划和建设当作核心内容。而社区发展源自于社会学和社会研究，城市规划学科对于社区规划的研究和实践尚处于起步阶段。面对老龄化社会不断加快的发展进程，要解决好老年人的安居养老问题，就必须将社会发展与空间环境的建设紧密结合起来，将社区发展的总目标和社区建设的具体行动计划相联系。这就迫切地需要我们进一步从社区规划的角度，特别是社区的规模、各类服务设施的类型配比与建设标准、户外活动空间的人均用地规模与建设内容等方面进行量化研究，这样才能更明确、更有效地用于指导老龄化社会社区居住环境的建设。

2. 从人性化、系统化的角度开展城市养老居住设施建设方法研究

城市养老居住设施建设从过去的"规模化"、"郊区化"转换成"社区化"、"家庭化"，这是社会发展进步和我们对老年人养老生活本质重新认知的必然结果。现实生活中伴随着

老年人年纪的增大，老年人特别是高龄老年人的生活自理能力会逐步降低，需要进行关怀和照护的程度也会出现变化，并且老年人群的个体之间也存在较大差别。在养老居住设施科学化建设的后续研究上，如何针对老年人生活自理能力的程度变化进行养老居住设施空间设计及援护等级的适应性划分；如何结合社区医疗事业发展实现医养一体化的养老居住设施建设；如何将城市中已有大规模养老居住设施转换成对重度丧失生活自理能力的老年人的关怀场所以及作为社区养老居住设施援护人员援护技能的培训基地；如何形成市、区、街道和社区四级城市体系化的设施养老生活环境，已成为我们今后重要的研究课题。

# 参考文献

[1] Official Statistics of Sweden.Statistical Yearbook of Sweden 2004[M].. Stockholm：Statistics Swed en，2004.

[2] 王莉莉，吴子攀. 英国社会养老服务建设与管理的经验与借鉴 [J]. 老龄科学研究，2014（7）：61-70.

[3] 姚栋. 当代国际城市老人居住问题研究 [M]：南京：东南大学出版社，2007.

[4] 张艳萍. 日本社会的老龄化及老年福利政策 [J]. 新西部，2007（18）：121-122.

[5] 林晓红. 世界人口老龄化速度加快 [J]. 人口与计划生育，2005（5）：48.

[6] 国务院第五次全国人口普查办公室. 世纪之交的中国人口 [M]. 北京：中国统计出版社，2006.

[7] 2010 年第六次全国人口普查主要数据公报（第 1 号）[EB/OL]. http：//news.ifeng.com/mainland/detail_2011_04/28/6037911_0.shtml.

[8] 中国人口老龄化现状分析 [EB/OL]. http：//hi.baidu.com/marktowin/item/a5832ac7807fd1cd994aa072.

[9] 全国老龄工作委员会. 中国人口老龄化发展趋势预测研究报告 [J]. 中国妇运，2007（2）：15-18.

[10] 张恺悌，郭平. 中国人口老龄化与老年人状况蓝皮书 [M]. 北京：北京中国社会出版社，2009.

[11] 从树海. 英国社会保障制度框架和运行效果分析 [J]. 财政研究，2001（6）：18-20.

[12] Robson D，Nicoleson A，Barker N.Homes for the Third Age：A Design Guide for Extra Care Sheltered Housing [u]. London：Taylor & Francis，1997.

[13] All people in communal establishments：Census 2001，National Report for England and Wales（C34）[DB/OL]. [2004-01-01. http：//www.the healthwell.info/node/27480.

[14] Ratzka A D.Independent Living and Attentent Care in sweden：a Comsummer Perspective [M].New York：World Rehabitation Fund. 1986.

[15] Nordenfelt L.Final report on focus groups of swedish older people[M]. Cardiff，UK：Dignity & Older Europeans，2001.

[16] 小川正光，小川裕子. コペンハーゲン市域における地区別高齢者の住宅事情 [J]. 日本建築学会計画系論文集，2003（6）：117-123.

[17] 日本厚生劳动省. 平成 15 年社会福祉设施等调查结果的概况 [EB/OL]. http：//www.

mlhw.go.jp/touket/saikin/hw/fukushi/03/index.html,2004-12-01.

[18] 日本厚生劳动省．平成15年介护老人设施・事务所调查结果的概况[EB/OL]．http：//WWW.Mlhw.go.jp/toukei/hw/kaigo/service03/index.html,2004-10-31.

[19] 佐藤滋．集合住宅団地の変遷—東京の公共住宅とまちつくり[M]．東京：鹿島出版会，1989.

[20] 公共住宅設計計画標準検討委員会．公共住宅企画計画指針[R]．国土交通省：東京，1998.

[21] 公共住宅事業者等連絡協議会．公共住宅標準詳細設計図集[M]．東京：創樹社，2007.

[22] Wong A K，yeh Stephen H K.Housing a Nation：25 Years of Public Housing in Singapore[M]．Singapore：Maruzen Asia Housing and Development Board，1985.

[23] 苏珊・特斯特．老年人社区照顾的跨国比较[M]．北京：中国社会出版社，2006.

[24] Nordenfelt L．Report on focus group interviews of older Swedish people.[R]：Dignity & Older Europeans Consortium，2001.

[25] Perkins B.Building Type Basic for Senior Living[M]．New York：John Wiley & Sons，Inc，2004.

[26] 大原一興，佐藤真衣子．高齢者のための建築・研究[J]．建築雑誌，2003（10）：22-27.

[27] 村田順子，田中智子，安藤元夫，広原盛明．高齢者の住宅改善の実態と評価[J]．日本建築学会計画系論文集，2003（11）：1-8.

[28] 菅原麻衣子，藍澤宏，相羽康宏．高齢者の主体的活動の展開から見た通所施設の空間整備[J]．日本建築学会計画系論文集，2004（11）：39-45.

[29] 神吉優美，高田光雄，三浦研．個室・ユニット型養護老人ホームにおけるユニット内共用空間の利用実態[J]．日本建築学会計画系論文集，2005（6）：65-70.

[30] 菅野實，南潤哲，小野田泰明，坂口大洋．小規模自治体における高齢者保健・医療・福祉施設の地域的整備類型に関する研究[J]．日本建築学会計画系論文集，2004（10）：7-12.

[31] 田中紀之，神吉優美，三浦研，高田光雄．施設の居住環境が高ADL高齢者の生活行為に及ぼす影響[J]．日本建築学会計画系論文集，2005（6）：49-55.

[32] 泉恵太，石坂公一，近江隆．地域における在宅介護サービス供給に関する基礎的研究[J]．日本建築学会計画系論文集，2004（11）：95-101.

[33] 井原徹．地域高齢者の日常生活における生活要求と情報要求の特性[J]．日本建築学会計画系論文集，2002（8）：167-174.

[34] 馬場明生，守明子，朝稲渉等．生涯住宅の観点からみた新築住宅の現状[J]．日本建築学会計画系論文集，2004（4）：1-7.

[35] 西野達也，長沢泰．小規模高齢者通所施設の利用実態と空間の使われ方の特性について[J]．日本建築学会計画系論文集，2004（7）：41-48.

[36] 胡仁禄．城市老年居住建筑环境研究概要[J]．东南大学学报，1994（11）：15-20.

[37] 罗德启. 世纪之交的老龄居住问题 [J]. 建筑学报, 1996（1）: 30-35.

[38] 王玮华. 研究老年型城市社区规划特点及对策迫在眉睫 [J]. 城市规划, 1997（4）: 20-24.

[39] 王伯伟. 可持续发展社区与人口老龄化的对策 [J]. 城市规划汇刊, 1997（3）: 37-39.

[40] 陈纪凯, 姚闻青. 新世纪的"银色"人居环境准备——关于改善我国老龄化社会居住形态和居住环境的设想与建议 [J]. 华中建筑, 1998（2）: 26-28.

[41] 曹力鸥. 人口老龄化对社区规划和住宅建设的影响 [J]. 国外城市规划, 1999（3）: 19-24.

[42] 万邦伟, 李晨. 城市老龄化及老年公共活动设施规划研究 [J]. 新建筑, 1993（2）: 58-61.

[43] 张剑敏. 适宜城市老人的户外环境研究 [J]. 建筑学报, 1997（9）: 11-15.

[44] 张军民. 适合老龄化的居住区规划 [J]. 住宅科技, 1998（11）: 42-45.

[45] 毛燕. 在城市绿地中设置老人活动区的探讨 [J]. 中国园林, 1999（4）: 42-43.

[46] 张洪河. 养老制度亟待完善 [J]. 新华月报, 2010（21）: 47-47.

[47] 刘苓玲. 老年社会保障制度变迁与路径选择 [M]. 北京: 首都经济贸易大学出版社, 2009.

[48] 郑功成. 中国社会保障制度变迁与评估 [M]. 北京: 中国人民大学出版社, 2002.

[49] 刘燕辉. 老年社会与老年住宅 [J]. 建筑学报, 2000（8）: 24-26.

[50] 王江萍. 城市老年人居住方式研究 [J]. 城市规划, 2002（3）: 53-55.

[51] 周典, 周若祁. 构筑老龄化社会的居住环境体系 [J]. 建筑学报, 2006（10）: 10-13.

[52] 杨小东, 刘燕辉. "通用设计"理念及其对住宅建设的启示 [J]. 建筑学报, 2004（10）: 7-9.

[53] 开彦. 老年居住形态与老年社区建设 [J]. 北京规划建设, 2001（5）: 50-52.

[54] 宋言奇. 城市老龄社区构建问题三议 [J]. 城市规划汇刊, 2004（5）: 81-84.

[55] 汪劲松. 老龄化社会中城乡结合带开发利用途径初探 [J]. 现代城市研究, 2000（4）: 55-56.

[56] 胡仁禄, 马光. 构筑新世我国老龄居的探索 [J]. 建筑学报, 2000（8）: 33-35.

[57] 马以兵, 刘志杰. 我国老年居住环境的现状与发展 [J]. 中外建筑, 2008（10）: 100-102.

[58] 周典, 周若祁. 构建"社区化"城市养老居住设施方法研究 [J]. 建筑学报, 2009（学术论文专刊01）: 74-78.

[59] 徐怡珊, 周典, 玉镇珲. 基于"在宅养老"模式的城市社区老年健康保障设施规划设计研究 [J]. 建筑学报, 2011（2）: 69-72.

[60] 阎春林. 老年居住环境的创造 [J]. 新建筑, 2001（2）: 24-26.

[61] 林文洁, 于喆, 杨绪波. 居住区老年人户外活动及其空间特征研究——夏季户外活动实态调查 [J]. 建筑学报, 2011（2）: 73-77.

[62] 林武. 城市老年住宅区的户外空间设计 [J]. 华中建筑, 2005,（3）: 77-78.

[63] 周典, 周若祁. 适宜"老有所居"的城市老龄化社会居住环境建设方法研究 [J]. 华中建筑, 2009,（3）: 78-81.

[64] 李焘. 续资治通鉴长编 [M]. 北京: 中华书局, 1993.

[65] 谭书龙. 宋代官办慈善机构管理初探 [J]. 社会科学辑刊, 2005（04）.

[66] 中国社会科学院、中央档案馆编.中华人民共和国经济档案资料选编·劳动工资和职工保险福利卷（1949—1952）[Z].630.

[67] 余天心.边缘财政考察[M].北京：中国财经出版社，1995.

[68] 中华人民共和国民政部.1986年民政事业发展概况[R].北京，1987.

[69] 中华人民共和国民政部.1990年民政事业发展统计公报[R].北京，1991.

[70] 中华人民共和国民政部.2000年民政事业发展统计报告[R].北京，2001.

[71] 郭志刚.关于中国家庭户变化的探讨与分析[J].中国人口科学，2008（3）：2-10.

[72] Jacqueline Doumit, Ramzi Nasser.Quality of Life and Wellbeing of the Elderly in Lebanese Nursing Homes[J]. International Journal of Health Care Quality Assurance, 2010, 23（1）: 72-93.

[73] Jane Zhang.China's Ageing, Risk of the Elderly and Accounting for Aged Care[J]. Managerial Finance, 2003, 29（5/6）: 97-110.

[74] 徐永祥.社区工作[M].北京：高等教育出版社，2004.

[75] 李宝库.在全国星光计划总结表彰会议上的讲话[EB/OL].http://fss.mca.gov.cn/article/etfl/ldjh/200711/20071100003624.shtml, 2004-5-24.

[76] 赵文龙，胡万里.星光计划及星光老年之家的可持续发展之路[J].甘肃社会科学，2005（2）：91-94.

[77] 中华人民共和国国务院.中国老龄事业发展"十二五"规划[EB/OL].http://www.gov.cn/zwgk/2011-09/23/content_1954782.htm, 2011-9-17.

[78] 孙德雄，齐力，李美玲.人口老化与老年照护.台北：中華民國人口學會，1997.

[79] 杨裕富.台湾住宅政策1945-1990[D].台北：台湾大学，1991.

[80] Lin JD, Yen CF, Loh CH, et al.Perceptions of Program Administrators Toward Health Planning for Persons with Intellectual Disabilities: A National Survey in Taiwan[J]. Journal of Policy and Practice in Intellectual Disabilities, 2005, 2（1）: 38-46.

[81] 伍小兰，曲嘉瑶.台湾老年人的长期照护[M].北京：中国社会出版社，2010.

[82] 曾思瑜.北欧高龄者住宅·设施政策与体系建构之研究——以瑞典和丹麦为例[J].建筑学报，2002（9）：23-42.

[83] 朱品凡.老年人住宅标准[J].规划师，1989（01）：21-21.

[84] 温秀.创造老年人的居住环境[J].东南大学学报（自然科学版），1990（05）：65-72.

[85] 叶耀先.适应老龄社会的住宅[J].建筑学报，1997（11）：18-19.

[86] 曹力鸥.人口老龄化对社区规划和住宅建设的影响[J].国外城市规划，1999（03）：19-24.

[87] 刘燕辉.老年社会与老年住宅[J].建筑学报，2000（08）：24-26.

[88] 马晖，赵光宇.独立老年住区的建设与思考[J].城市规划汇刊，2002（03）：56-59.

[89] 胡惠琴.集合住宅的理论探索[J].建筑学报，2004（10）：12-17.

[90] 付本臣，梨晗，张宇.东北严寒地区农村住宅适老化设计研究[J].建筑学报，2014

（11）:90-95.

[91] 方鑑泉，方菊丽．井冈山敬老院 [J]．建筑学报，1962（03）:37-38.

[92] 刘雅群．老年人设施的家庭化因素 [J]．南方建筑，1998（03）:90-92.

[93] 周博，陆伟，刘慧，李乐茹．大连家庭式养老院居住空间的基本特征 [J]．建筑学报，2009（S1）: 69-73.

[94] 周典，周若祁．构建"社区化"城市养老居住设施方法研究 [J]．建筑学报，2009（S1）:74-78.

[95] 周燕珉，陈星．养老设施调研分析及设计建议 [J]．建筑学报，2014（05）:65-69.

[96] 姚威．适合老年人使用的厨卫设计 [J]．住宅科技，2000（05）:03-05.

[97] 周颖．关于城市老年住宅装饰和设计的探讨 [J]．住宅科技，2004（03）:43-46.

[98] 洪毅，周燕珉．浅谈老年住宅消防安全存在的问题及相关建议 [J]．建筑学报，2011（12）: 87-91.

[99] 常怀生，李健红．《老年人建筑设计规范》评介 [J]．建筑学报，2000（08）:36-37.

[100] 卫大可，于戈．养老设施建筑设计的相关问题思考 [J]．华中建筑，2011（08）:204-205.

[101] 周典，徐怡珊．老龄化社会城市社区居住空间的规划与指标控制 [J]．建筑学报，2014（05）:56-59.

[102] 贺镇东．准医疗老人养护设施探讨 [J]．世界建筑，1995（03）:65-67.

[103] 夏虹，王义民．老人医院及其规划初探 [J]．新建筑，1996（02）:44-47.

[104] 徐怡珊，周典，玉镇珲．基于"在宅养老"模式的城市社区老年健康保障设施规划设计研究 [J]．建筑学报，2011（02）:69-72.

[105] 曹云亭．城市社区老年服务设施的建设 [J]．住宅科技，1997（07）:11-13.

[106] 王玮华．城市住区老年设施研究 [J]．城市规划汇刊，2002, 26（03）: 49-52.

[107] 林文洁，宋宁宁，吕晓．居家老年人生活现状与社区服务需求初探 [J]．建筑学报，2012（S2）: 174-177.

[108] 胡惠琴，赵怡冰．社区老年人日间照料中心的行为系统与空间模式研究 [J]．建筑学报，2014（05）:70-76.

[109] 王江．家庭养老与社区志愿服务的立法 [J]．同济大学学报（社会科学版），2001（03）:47-51.

[110] 王维达，童林．老年人照顾体系的建立及其法律完善 [J]．同济大学学报（社会科学版），2005（02）:103-107.

[111] 王承慧．全面连续、集约高效的社区养老服务设施体系规划思考 [J]．城市规划汇刊，2013（10）:90-96.

[112] 白云．对当前我国老干部活动中心（站）设计 [J]．华中建筑，1986（01）:24-33.

[113] 沈济黄，朱江，叶长青．主客互动情景交融——浙江省老年大学 [J]．新建筑，2006（01）: 52-54.

[114] 李宁，王玉平. 以实为屏，以园为心——河南省老干部活动中心建筑方案设计 [J]. 华中建筑，2008（08）：28-32.

[115] 秦铮. 老人与居住区规划 [J]. 建筑学报，1984（12）:38-41.

[116] 张剑敏. 适宜城市老人的户外环境研究 [J]. 建筑学报，1997（09）:11-15.

[117] 丁炜. 从圈层结构到多核结构——适应老年人群心理行为的社区户外空间 [J]. 华中建筑，2010（12）:115-116.

[118] 王松，王伯伟. 步行社区中设施网络与场所网络的轴线图分析——以上海鞍山街道社区的老年社群调研为例 [J]. 华中建筑，2013（02）:77-82.

[119] 吴岩，戴志中. 基于群体多样性的住区公共服务空间适老化调查研究 [J]. 建筑学报，2014（05）:60-64.

[120] 沙钱孙. 综合性公园增设老人活动区的探讨——醴陵市西山公园老人活动区规划设想 [J]. 中国园林，1989（02），04-06.

[121] 李锡然. 老龄化城市无障碍绿色步行系统分析 [J]. 城市规划，1998（05）:47-48.

[122] 韩炳越. 适宜老年人的公共绿地规划设计 [J]. 中国园林，2000（02）:60-62.

[123] 王江萍，童群. 浅谈老年人步行空间设计 [J]. 华中建筑：（10）:49-50.

[124] 张信思，刘明辉，赵丽娜. "广场舞矛盾"与城市公共文化空间的规划管理 [J]. 中国园林,2014（08）:112-115.

[125] 高宝真. 城市人口结构与生活环境——北京市人口老龄化及居住问题 [J]. 住宅科技，1988:（04）:02-05.

[126] 王伯伟. 可持续发展社区与人口老龄化的对策 [J]. 城市规划汇刊，1997（03）:37-39.

[127] 宋言奇. 城市老龄社区构建问题三议 [J]. 城市规划汇刊，2004（05）:81-84.

[128] 李雪妍，孟斌. 京津冀北区域养老住宅产业发展新思路 [J]. 城市发展研究，2010（12）:60-65.

[129] 李麦产. 旧城区复兴与银发革命和养老产业的选择 [J]. 城市发展研究，2011（01）:125-131.

[130] 周典，周若祁. 适宜"老有所居"的城市老龄化社会居住环境建设方法研究 [J]. 华中建筑，2009:（03）:78-81.

[131] 开彦. 对发展老年住宅地产的认识 [J]. 住宅科技，2011（04）:01-03.

[132] 黄晓村，邱镜潭. 厦门社会福利院设计 [J]. 建筑学报，1985（06）:36-37.

[133] 单军，吕富珣，陈龙等. 应答式设计理念——呼和浩特市回民区老人院创作心路 [J]. 建筑学报，2000（11）:31-34.

[134] 黄华，郑东军，张帆. 中原国际老人村设计体会 [J]. 建筑学报，2001（11）:44-46.

[135] 陈政恩，周以文，廖中平等. 南平老人活动中心 [J]. 建筑学报，1989（10）:38-39.

[136] 姜传宗. 选择与创造——南安市老年人活动中心的创作与探索 [J]. 建筑学报，2002（11）：10-13.

[137] 沈济黄，叶长青.浙江老年大学设计 [J].建筑学报，2005（11）:56-59.

[138] 张智，王冠华.城市老年活动中心建筑设计分析——以郑州市老干部活动中心综合活楼为例 [J].华中建筑，2013（11）:60-63.

[139] 姜传銶.营造适合老年人生活的居住环境——苏州新城花园老年社区设计 [J].新建筑，2001（02）:21-24.

[140] 于一平.北京太阳城国际老年公寓规划设计 [J].建筑学报，2002（02）:33-34.

[141] 薛峰."明日之家2012"适老住宅集成技术解决方案 [J].建筑学报，2013（03）:70-75.

[142] 刘炳福.留守老人的问题不容忽视——老年特殊群体调查之一 [J].上海大学学报（社会科学版），1996（4）: 47-51.

[143] 范明林.增龄和家庭环境对高龄老人生活的影响——老年特殊群体调查之二 [J].上海大学学报（社会科学版），1996（4）: 52-56.

[144] 徐勇.城市特困老人生活及最低生活保障机制——老年特殊群体调查之三 [J].上海大学学报（社会科学版），1996（4）: 57-61.

[145] 熊跃根.我国城市居家老年人晚年生活满意程度研究——对一项调查结果的分析 [J].人口与经济，1999（4）: 49-53.

[146] 董军，李小华，王保真.城市老年人接受社区卫生服务的意向性调查 [J].中国卫生事业管理，2000（9）: 557-558.

[147] 林婷，黄俊山，姜小鹰.社区老年人生活质量及其社区护理需求调查分析 [J].护理学杂志，2006（9）: 4-7.

[148] 王改生，侯银萍，段秀红.城市社区老年人健康状况调查 [J].中国当代医药，2011（3）: 143-144.

[149] 余桂珍，曾琨，陈慧.城市社区老年人健康状况调查 [J].中华护理杂志，2005（9）: 711-713.

[150] 李芹，孙艳艳.民办养老机构中老年人基本生活状况调查 [J].社会福利，2003（2）: 31-38.

[151] 陈迎春.养老院老年人生活满意度的调查分析 [J].中国实用医药，2010（10）: 262-264.

[152] 柴彦威，李昌霞.中国城市老年人日常购物行为的空间特征 [J].地理学报，2005（5）: 401-408.

[153] 程慧.西安57.2%老年家庭空巢 [N/OL].西安晚报.http: //epaper.xiancn.com/xawb/html/2011-06/16/content_44173.htm，2011-06-16.

[154] 程慧.西安市养老床位明显不足 七成老人选择民办机构 [EB/OL].西安晚报，2011-3-10（8）.

[155] 宁挺龙.城市社区养老居住设施规划设计方法研究 [D].西安：西安交通大学，2009.

[156] 杨冬艳.论社区概念及其演进中的价值诉求和伦理意蕴 [J].中州学刊，2006（9）: 163-165.

[157] 庞树奇.中国大百科全书·社会学卷 [M].北京：中国大百科全书出版社，1991.

[158] 高鹏.关注社区及社区发展的城市规划理念 [J].规划师，2002（8）: 13-15.

[159] 郭强.中国社区建设报告2007[M].北京：中国时代经济出版社，2008.

[160] 胡鸿保, 姜振华. 从"社区"的语词历程看一个社会学概念内涵的演化 [J]. 学术论坛, 2002（5）：123-126.

[161] 文军. 社区发展略论 [J]. 中国社会工作, 1997（5）：25-27.

[162] 陈涛. 社区发展：历史、理论和模式 [J]. 中国人口资源与环境, 1997（1）：18-23.

[163] 赵民, 赵蔚. 社区发展规划——理论与实践 [M]. 北京：中国建筑工业出版社, 2003.

[164] 何肇发, 黎熙元. 社区概论 [M]. 广州：中山大学出版社, 1991.

[165] 埃里克·达米安·凯利, 芭芭拉·贝克尔. 社区规划——综合规划导论 [M]. 北京：中国建筑工业出版社, 2009.

[166] 许志坚, 宋宝麒. 台北市"社区规划师制度"详解 [J]. 城市管理, 2003（2）：36-40.

[167] 朱巍巍. 社区建设：从探索实验到整体推进——社区建设十年述评 [J]. 中国民政, 2001（8）：10-15.

[168] 孙施文, 邓永成. 开展具有中国特色的社区规划——以上海市为例 [J]. 城市规划汇刊, 2001（6）：16-18.

[169] 薛德升, 曹丰林. 中国社区规划研究初探 [J]. 规划师, 2004, 20（5）：90-92.

[170] 徐怡珊, 周典, 玉镇珲. 城市社区老年健康保障设施规划设计浅析 [J]. 城市规划, 2001（9）：68-73.

[171] M. Stone, A. Barton, O. Coles, M. Dodds and J. Smith.Supporting Frail Elderly People at Home：Comparative Study of Two Domiciliary Care Services[J]. Management in Medicine, 2007, 4（3）：171-178.

[172] 牟新渝, 张恺悌. 赴大连市西岗区一体化社区模式调查报告 [J]. 市场与人口分析, 2005（S1）：47-49.

[173] 严晓萍. 美国社区养老服务设施建设及启示 [J]. 社会保障研究, 2009（4）：19-25.

[174] Hoglund J D.Housing For the Elderly：Privacy and Independence in Enviroments for the Aging[M]. Van Nostrand Reinhold Company, 1985.

[175] 林玉子. 瑞典及丹麦的高龄者居住环境的变迁实态 [R]. 海外社会保障情報：東京, 1996.

[176] 高橋儀平. 高齢者・障害者に配慮の建築設計マニュアル [M]. 东京：彰国社, 1996.

[177] Emiel W. Owens.Poverty Functions and the Aged Population[J]. International Journal of Social Economics, 1990, 17（4）：57-65.

[178] 王莉莉, 郭平. 日本老年社会保障制度 [M]：北京：中国社会出版社, 2010.

[179] Ali Smida.Competitiveness between public, private and non-profit organizations in the promising market for the elderly in France[J]. Foresight, 2005, 7（5）：32-41.

[180] 大塚路子. 最近の住宅政策改革. 調査と情報, 464 号：東京：国立国会図書館, 2005.

[181] 全国人民代表大会常务委员会. 中华人民共和国老年人权益保障法 [EB/OL]. http：//www.people.com.cn/item/flfgk/rdlf/1996/111605199631.html, 1996-8-29.

[182] 周俭，蒋丹鸿，刘煜．住宅区用地规模及规划设计问题探讨 [J]．城市规划，1999（1）：38-40．

[183] 聂兰生，周颖，舒平．21世纪中国大城市居住形态解析 [M]．天津：天津大学出版社，2004．

[184] F.吉伯德．市镇设计 [M]．北京：中国建筑工业出版社，1983．

[185] C.亚历山大，S.伊希卡娃，M.西尔佛斯坦等．建筑模式语言：城镇·建筑·构造 [M]．北京：中国建筑工业出版社，1989．

[186] 冯健，刘玉．中国城市规划公共政策展望 [J]．城市规划，2008（4）：33-40．

[187] 何韶颖．创造良好的居住环境 适应人口老龄化发展 [J]．南方建筑，2003（2）：91-93．

[188] 谢克伟．上海家庭规模不断缩小家庭人数降至每户2.5人 [J]．共产党员，2012（1）：26．

[189] 李铁城．联合国五十年 [M]．北京：中国书籍出版社，1995．

[190] 李福成．国际老龄行动 [M]．天津：天津科学技术出版社，2002．

[191] 陶澈，王红卫．通用设计在原居安老养老模式应用中的探讨 [J]．中国住宅设施，2012（4）：45-48．

[192] 刘邦富．不分年龄人人共享的社会——谈老人福利政策之展望 [J]．社区发展季刊，1987（09）：4-10．

[193] 邬沧萍，姜向群．老年学概论 [M]．北京：中国人民大学出版社，2006．

[194] 郭平．老年人居住安排 [M]．北京：中国社会出版社，2008．

[195] Shengdong Lin, Xue Ke.Chinese glocalization - a study of intergenerational residence in urban China[J]. Consumer Marketing, 2010, 27（7）: 638-644.

[196] まちをつくる集合住宅研究会．都市集合住宅のデザイン [M]．東京：彰国社，1997．

[197] 黄耀荣．由终生住宅发展趋势探讨我国的社区发展方向 [J]．老人福利论坛，2005（7）：36-43．

[198] 周典．日本保障性住宅的规划设计 [J]．建筑学报，2009（8）：22-26．

[199] 邓伟志，徐新．家庭社会学导论 [M]．上海：上海大学出版社有限公司，2006．

[200] 于洪彦，刘艳彬．中国家庭生命周期模型的构建及实证研究 [J]．管理科学，2007（6）：45-53．

[201] 赵冠谦．2000年的住宅 [M]．北京：中国建筑工业出版社，1991．

[202] 小野浩一．行動の基礎 [M]．東京：培風館，2005．

[203] 胡仁禄，周燕珉．居住建筑设计原理 [M]．北京：中国建筑工业出版社，2007．

[204] 坂本啓治．動作とこれからの住環境 [M]．京都：久美，2000．

[205] 日本住宅会議．私たちはどこで老いるか．高齢化社会と住宅問題 [M]．東京：ドメス出版，1992．

[206] 吉田あこ．高齢化時代の住まいづくり [M]．東京：彰国社，1988．

[207] 高桥鹰志+EBS 组. 环境行为与空间设计 [M]. 北京：中国建筑工业出版社，2006.

[208] 杨小东."通用住宅"模式研究 [D]. 北京：中国建筑设计研究院，2004.

[209] 吴晓燕. 基于居家养老模式下的终生可居住城市住宅设计研究 [D]. 西安：西安交通大学，2010.

[210] 蔡琴. 城市老年人的住宅卫生间环境研究 [D]. 北京：清华大学美术学院，2004.

[211] 馬場明生，守明子，朝稲渉等. 車椅子生活移動の観点からの新築住宅における生涯住宅対応性の現状 [J]. 日本建築学会計画系論文集，2004（3）：33-39.

[212] [英] 戈德史密斯. 普遍适用性设计 [M]. 北京：知识产权出版社，2003.

[213] 杨小东. 普适住宅 [M]. 北京：机械工程出版社，2007.

[214] 住房和城乡建设部标准定额司. 无障碍建设指南 [M]. 北京：中国建筑工业出版社，2009.

[215] 詹姆士·霍姆斯-西德尔. 景观与建筑：无障碍设计 [M]. 大连：大连理工大学，2002.

[216] 国土交通省. 住宅の長期計画の在り方－現行の計画提携の見直しに向けて. 国土交通省：東京，2006.

[217] 国土交通省住宅局. 豊かな住生活の実現に向けて. 国土交通省：東京，2006.

[218] 吴东航，章林伟. 日本住宅建设与产业化 [M]. 北京：中国建筑工业出版社，2009.

[219] 創樹社. 高齢化社会の賢い家づくりの決め手 [M]. 东京：創樹社，2003.

[220] 中华人民共和国国务院新闻办公室. 中国老龄事业的发展 [EB/OL]. 2006-12-12. http：//www.gov.cn/jrzg/2006-12/12/content_467201.htm.

[221] 民政部政策研究中心. 2008 中国民政事业发展报告 [EB/OL]. 2008-08-01. http://www.china.com.cn/aboutchina/data/08mzsy/node_7047444.htm.

[222] 上海市老龄科学研究中心. 2007 年上海市老龄事业发展报告书 [EB/OL]. 2008-04-22. http：//www.shrca.cn/2771.html.

[223] 民政部公示稿. 社会养老服务体系建设"十二五"规划 [EB/OL]. 2011-02-10.http://cws.mca.gov.cn/article/jhgh/201102/20110200133793.shtml.

[224] 吴菁. 社会化养老，如何——路走好？（N）. 北京日报，2006-11-02（12）.

[225] 常宗虎. 怎么办 怎么看？——养老机构入住率情况的调查与分析 [J]. 中国民政，2000（9）：30-32.

[226] 李晓宏. 一边入住率低一边无处养老：中国养老院多了还是少了？（N）. 人民日报，2010-06-10（13）.

[227] 卫生部统计信息中心. 2007 年我国卫生事业发展统计公报 [EB/OL]. 2008-04-29. http：//www.moh.gov.cn/publicfiles/business/htmlfiles/mohbgt/s6689/200804/33525.htm.

[228] 櫨志和，小滝一正，小原一興. 介護老人保健施設の施設特性とその変容に関する研究 [J]. 日本建築学会計画系論文集，2004（1）：21-28.

[229] 高市清治，青野昌行. 为了家庭生活的高龄者设施 [J]. 日经建筑，2004（11-29）：62-65.

[230] ヤン・ポールソン. 新しい高齢者住宅と環境：スウエーデンの歴史と事例に学ぶ [M]. 今井一夫監訳，石黒暢訳. 東京：鹿島出版会，2000.

[231] 建築思潮研究所. 高齢者のグループホーム：痴呆性を和らげる住まい [M]. 東京：建築資料研究社，2003.

[232] 鈴木健二，外山儀，三浦研. 痴呆性高齢者グループホームにおける入居者とスダッフのケアの相互浸透 [J]. 日本建築学会計画系論文集，2002，（2）：125-131.

[233] 石井敏，長沢泰. 生活行動に与える環境構成要素 [J]. 日本建築学会計画系論文集，2002（3）：123-129.

[234] 登張絵美，上野淳，竹宮健司等. 利用者の行動からみた通所型高齢者施設の空間構成に関する考察 [J]. 日本建築学会計画系論文集，2002（6）：161-168.

[235] 児玉桂子，足立啓，下垣光等. 痴呆性高齢者が安心できるケア環境づくり [M]. 東京：彰国社，2004.

[236] Harris K. Goldstein, Rex O'Neal, Ann Evans, Diane Miles.Senior Service[J]. Nutrition & Food Science, 1984, 84（5）: 4-6.

[237] 朱钟炎，贺星临，熊雅琴. 建筑设计与人体工程 [M]. 北京：机械工业出版社，2008.

[238] 赵晓征. 养老设施及老年居住建筑 [M]. 北京：中国建筑工业出版社，2010.

[239] 王江萍. 老年人居住外环境规划与设计 [M]. 北京：中国电力出版社，2009.

# 后　记

20世纪90年代初我在日本留学，师从日本大学的関澤勝一、宇杉和夫两位先生，并共同开展有关弱智特殊教育学校的建筑计划研究。在研究课题的选定、案例学校的调研以及论文写作过程中，两位先生的学术思想特别是其中体现出的博爱精神对我产生了重要影响，至今还记得関澤先生带我调研他设计的一所特殊教育学校时见到的场景，当时学校里多数是一些身体机能存在重度和多重障碍的学生，我既看到结合教学需求的空间设置和体现人性化的细部设计，还看到在课堂上因人施教的个性化授课方式，甚至还看到午餐时间教师要一边给学生喂饭，一边抽空完成自己的用餐。这所特殊教育学校所体现出的仁爱与教育精神，让我深刻地感受到无论人的身体机能遇到什么样的功能障碍，无论人的年龄是幼或老，都有获得教育与尊严的生活权利，也理应受到社会的尊重与关爱。消除差别、实现人人共享的社会理念不仅贯穿在当时的课题研究中，也成为我回国后开展老龄化社会居住环境研究的重要指导思想。

在东京(株)相互设计事务所工作期间，通过承担都营住宅的设计项目，对日本在保障性住宅建设中如何提升质量与适应社会老龄化需求变化方面有了切身的体验和认识。为了完成某项都营住宅的改扩建工程设计，我参与了对以老年人为居住主体的旧都营住宅的入户调查，对日本老年人的居住生活现状及面临的问题有了较为深入的认识和理解。同时通过大量研究文献资料的学习和设计案例的考察，日本在研究和解决老年人养老居住问题方面采用的方法和取得的成果给予我很多启发，为我本人后来开展我国老龄化社会居住环境研究打下良好的基础。

2000年回国后来到高校工作，帮助我选择将老年人居住环境作为课题进行研究的是已故的蒋孟厚先生。当时已从工作岗位上退休后的蒋先生仍然对学术研究充满了热情，与我一起对西安的多所养老居住设施进行了调研，收集了大量图纸资料，两人还筹划着将来要编写一部有关养老居住环境方面的书籍。2002年蒋先生不幸故去，加之我当时教学工作繁重，且主要精力放在了绿色建筑研究方面，有关老年人居住环境的课题研究被暂时搁置下来。今天这部书终于撰写完稿并得到出版，除了对蒋孟厚先生的深切怀念和感激之外，也算是多年前的愿望终于有了一个结果。

2005年促使我重拾这一研究课题的是我的导师周若祁先生，先生有着丰富的学识和敏锐的洞察力，在跟着先生开展绿色建筑研究的同时，他建议我将老龄化社会居住环境也作为一个重点进行研究。此后跟着先生在日本和台湾地区进行了大量的调研工作，积累了丰富的研究资料,随着研究的不断深入,阶段性的研究成果也陆续在《建筑学报》和《城市规划》等杂志上发表。这部书从选题的确定、大纲的组织、内容的筛选,先生都给予我精心的指导。就在此书即将出版之际,周若祁先生不幸病故,十多年来跟随先生开展绿色建筑与老龄化社会居住环境研究,其严谨的治学态度和认真的研究精神深深感染着我,与他一起交流、讨论并聆听先生指导的场景成为难以忘怀的记忆。

在本书的写作过程中,为了更好地了解邻国日本在营造安居养老生活环境方面所积累的经验和成果,本人多次赴日进行深入细致的调研。我的导师宇杉和夫先生、友人松田完司夫妇和樋口和男夫妇为我多方联系,陪同我到政府部门了解国家和地方有关安居养老的相关政策以及发展现状,收集了大量的文献资料和统计数据;带领我到不同类型的养老居住设施、养老服务设施和生活共助新型集合住宅进行现场调研,帮我收集设施的图纸资料;陪同我参加在东京召开的养老服务住宅专题学术研讨会,与学者、设施建设者、项目经营者和政府部门管理者进行深入的探讨和交流。这本书中能够呈现出大量案例图纸和现场照片,都与他们的付出是分不开的,在不少图片中还能够见到他们的身影,借此书出版之际衷心地向这些日本友人表示感谢。

此外还要感谢我的学生徐怡珊、宁挺龙、吴晓燕、胡涛、卢倩、李欣、袁庆帆和仇志伟等,感谢他们帮助我进行了社区环境考察和问卷调查工作,拍摄了大批图片,绘制了书稿的插图,完成了资料整理和文稿编辑工作。同时还要感谢我的本科生导师组的几十位学生,他们帮助我完成了在不同类型社区进行的大量问卷发放和回收统计工作。

感谢书中提到的政府民政部门、社区、养老设施等诸多单位和个人,同时还要感谢中国建筑工业出版社吴宇江编审为本书出版所作的努力。

此书的出版既是本人在老龄化社会居住环境研究中收获的阶段性成果,同时也是未来继续此项研究的一个新起点。

周典<br>
2016 年初夏于西安